制造业不连续创新：
模块化结构驱动机理及应用

Modularity-driven Discontinuous Innovation in the
Manufacturing Industry: Mechanism of Structural Transitions
and Applications

王海龙　著

国家自然科学基金项目（70903009，71673036）
中国工程院重点咨询项目（2016-XZ-03）
辽宁省教育厅人文社科重点基地项目（ZJ2013013）　　　资助出版
中央高校基本科研业务费专项项目（DUT14RW127）
大连理工大学人文与社会科学学部公共管理学科建设经费

科学出版社
北　京

内 容 简 介

本书分析了模块化结构演化对制造业不连续创新的重要驱动机制。在比较国内外产业创新前沿理论与制造强国战略实践的基础上，构建了产业不连续创新与模块化的适配关系矩阵，剖析了模块化与产业创新的协同演化机制，揭示了模块化结构演化对产业不连续创新的作用机理，提出了基于模块化平台的产业不连续创新路径，并以信息通信、电动汽车、半导体和智能手机等典型制造业为例进行实证分析，初步探索了制造业不连续创新过程中知识、技术、组织及产业模块化结构的演化规律，并就制造业转型与创新的战略路径提出了政策建议。

本书适合从事企业技术管理、产业创新管理、科技政策管理的研究人员、高校师生以及政府科技管理者阅读和参考。

图书在版编目（CIP）数据

制造业不连续创新：模块化结构驱动机理及应用/王海龙著. —北京：科学出版社，2017.1
　　ISBN 978-7-03-050382-4

　　Ⅰ．①制…　Ⅱ．①王…　Ⅲ．①制造工业–企业创新–研究–中国
Ⅳ．①F426.4

中国版本图书馆 CIP 数据核字（2016）第 253095 号

责任编辑：方小丽　李　莉/责任校对：钟　洋
责任印制：徐晓晨/封面设计：无极书装

科 学 出 版 社出版
北京东黄城根北街 16 号
邮政编码：100717
http://www.sciencep.com

北京京华虎彩印刷有限公司 印刷
科学出版社发行各地新华书店经销

*

2017 年 1 月第　一　版　　开本：720×1000　1/16
2017 年 1 月第一次印刷　　印张：17
字数：340 000

定价：96.00 元
（如有印装质量问题，我社负责调换）

序

　　王海龙博士邀请我为他的新作《制造业不连续创新：模块化结构驱动机理及应用》作序，本人除深感荣幸之外，也十分惶恐，因为该书涵盖范围非常宽广，在国家政策面、产业竞争面、企业经营面均有阐述，具有学术性及实用性的双重功能，实非一般研究可以比拟。目前，国家正大力推动"十三五规划"与《中国制造 2025》等政策，加速迈向工业大国，该书更显现其重要性，为国家制造业从"制造主导型"向"创新导向型"转型提供了重要参考。

　　该书从模块化的视角出发，综合模块化、产业创新系统等理论，运用以实证为主的研究方法对产业不连续创新的模块化结构驱动机理进行了严谨的探讨。在比较国内外产业创新前沿理论与制造强国战略实践的基础上，构建了产业不连续创新与模块化的适配关系矩阵，剖析了模块化与产业创新的协同演化机制，揭示了模块化结构演化对产业不连续创新的作用机理，提出了基于模块化平台的产业不连续创新路径，并以信息通信、电动汽车、半导体、智能手机等典型制造业为例进行实证分析，初步探索了制造业不连续创新过程中知识、技术、组织及产业模块化结构的演化规律，并就制造业转型与创新的战略路径提出了政策建议，同时也为制造业不连续创新提供有效的理论指导和管理工具，为产业技术创新平台建设提供理论依据和智力支持。

　　该书的主要特色如下：

　　（1）技术层面上，从模块化结构演化的视角来探索制造业不连续创新的驱动机理，采用社会网络分析方法的部分指标测度产业技术知识网络模块化结构的变化，识别某些技术领域成为产业颠覆性技术的潜力，判别产业生命周期的发展阶段，甚至可以进行产业不连续创新的预测，突破了现有文献的研究思路，为产业创新提供了新的理论分析范式和现实操作途径。

　　（2）组织层面上，利用专利数据进行实证分析，讨论了典型制造业产业组织模块化与不连续创新两者之间的长期稳定均衡关系。把握产业生命周期中组织层面的产业模块化和技术层面的不连续创新之间的互动机制，有助于不断推进制造业的产业升级和转型，提升制造业的技术和组织能力。

（3）政策层面上，从技术模块化平台、产品模块化平台、组织模块化平台、产业模块化平台四个方面讨论了产业不连续创新的实现路径及其适用条件，识别了产业不连续创新中模块化过程的关键影响因素，丰富和深化了产业创新系统的相关理论，探明了产业创新决策的政策工具作用点。

另外，该书查阅了完整的文献资料，涵盖近 20 年来中外在科技政策、产业创新的精华，提供一份丰富的数据库，包含中国、日本、德国、美国等现代经济强国的政策解析，为学者储备了后续研究的基础。本书适合从事企业技术管理、产业创新管理、科技政策管理的研究人员、高校师生及政府科技管理者阅读和参考。

徐作圣

2016 年 10 月于台湾交通大学科技管理研究所

前　言

　　"中国制造 2025"战略指出，工业制造是国民经济的重要支柱，是实现发展升级的"国之重器"。制造业是实体经济的主体，是国民经济的脊梁，是国家安全和人民幸福安康的物质基础，是我国经济实现创新驱动、转型升级的主战场。世界银行统计数据显示，2010 年以来，我国制造业增加值连续五年超过美国，成为制造大国，一些优势领域已达到或接近世界先进水平。然而，与发达国家相比，我国制造业创新能力、整体素质和竞争力仍有明显差距，大而不强。因此，实现从制造大国向制造强国的转变，是新时期我国制造业应着力实现的重大战略目标。

　　不连续创新为我国制造业从"制造主导型"向"创新导向型"转型提供了重要途径，但是实施产业不连续创新面临着高不确定性的挑战，而模块化理论为应对不确定性提出了解决方案。因此，把不连续创新和产业模块化理论结合起来，研究我国制造业的不连续创新及其模块化驱动机理与实现路径，对增强我国制造业自主创新能力、推进创新驱动发展战略实施具有重要的理论价值和现实意义。

　　本书从模块化的视角出发，综合模块化、产业创新系统等理论，运用以实证为主的研究方法对产业不连续创新的模块化结构驱动机理进行了探讨。首先，对产业不连续创新的内涵进行界定，依据"模块—架构"理论提出了基于模块化的产业创新分类模型，构建了产业不连续创新的环境与模块化的适配关系矩阵，为产业不连续创新的实现路径提供了分析框架，丰富了不连续创新的相关研究；其次，探索了模块化与产业创新的协同演化机制，并以我国信息通信制造业数据进行实证，表明模块化与产业创新二者之间存在互动机制；再次，揭示了模块化对产业不连续创新的作用机理，以汽车产业数据的实证分析论证了模块化对产业不连续创新存在显著正向影响；随后，通过探索性多案例研究识别了产业不连续创新中模块化过程的关键影响因素，揭示了技术自主性、规则开放性及互补性资产等因素对模块化的重要影响；然后，在案例研究的基础上提出了基于模块化的产业不连续创新的路径；最后，根据上述实证研究结果提出了相应的政策建议。本书可为制造业不连续创新提供有效的理论指导和管理工具，为产业技术创新平台建设提供理论依据和智力支持。

在本书的撰写过程中，得到了作者所指导的研究生们（黄明、肖剑杰、和法清、王敏昱、李红、王宁、张赫伦、连晓宇等）的大力支持，书中的部分观点是大家共同讨论的结果。

在研究和成书过程中得到了国家自然科学基金项目（项目批准号：70903009，71673036）、中国工程院重点咨询项目（项目批准号：2016-XZ-03）、辽宁省教育厅人文社科重点基地项目（项目批准号：ZJ2013013）、中央高校基本科研业务费专项项目（项目批准号：DUT14RW127）、大连理工大学人文与社会科学学部公共管理学科建设经费的资助。

技术管理领域的国际著名专家、台湾交通大学科技管理研究所教授兼科技产业策略研究中心主任徐作圣先生在百忙之中通读本书并欣然作序，在此谨致谢忱！

衷心感谢科学出版社经管分社马跃、李莉等编辑为本书出版付出的宝贵时间和辛勤努力！感谢李彤女士在封面设计方面提供的帮助！

本书力图对模块化结构演化与产业不连续创新之间的作用机制加以解析，由于水平和精力所限，书中难免存在不足之处，恳请学术界同行和广大读者批评指正。

王海龙

2016 年 9 月于大连

目 录

第1章 绪　　论

1.1　研究背景与研究意义

1.1.1　问题的提出

当前，不连续创新已成为产业技术创新的重要现象，甚至成为一个国家、一个产业非常规、跨越式发展的重要途径[1]。近年来，半导体照明产业、数控系统产业、电动汽车产业等制造业企业通过模块化在不同产业内部甚至跨产业实现了不连续创新，在实践上提供了一种独特的创新模式，亟待人们展开深入研究。为此，把不连续创新和产业模块化理论结合起来，研究我国制造业的不连续创新及其模块化路径与方式，对于增强我国产业自主创新能力、推进创新驱动发展战略实施具有重要的理论价值和现实意义。

不连续创新经常会给现有企业带来巨大难题，迫使企业不断利用新的技术成果和业务模式探求解决问题的新途径，并有可能导致整个产业链重组和价值链重构。自20世纪80年代以来，我国相关政府部门就把增强自主创新能力作为调整产业结构、转变增长方式的中心环节。然而，我国产业创新能力总体不强，不连续创新极少，其中一个重要原因就在于缺乏与不连续技术变化环境相匹配的、可操作的产业创新实现路径。此外，目前产品设计规则或产业标准大多掌握在发达国家手中，很多产业的自主创新均面临着"设计规则"约束和巨大的技术不确定性及复杂性问题，成为制约中国制造业在全球竞争中获胜的瓶颈，这些都对研究产业不连续创新的实现机理提出了迫切的现实需求。

与此同时，模块化概念的提出在全球范围内引起产业界、学术界和政府对模块化方法的高度关注。模块化理论的应用从产品设计延伸到对企业生产全过程的控制，使产业创新呈现出新的特点，不仅使技术创新速度得到了飞跃性提高[2]，大幅度降低了创新成本，而且促进了产业间的融合和衍生，催生了大批新兴产业，如汽车电子、生物芯片、数字电视等，逐渐成为推动区域和国家发展的新经济增长点。产业创新研究的最新进展表明，技术、产品、组织的模块化是提高产业创新绩效、促进产业交叉创新与融合的有效方式。那么，模块化与产业不连续创新之间存在哪些影响路径，其作用机理是什么？如何通过模块化实现制造业不连续创新？制造业不连续创新中的模块化过程受到哪些关键因素的影响？政府和企业应采用哪些有效的对策推进产业层面的模块化创新过程？这些都是产业界、理论界和政策制定者迫切需要解决的问题。

本书从模块化的视角研究制造业不连续创新的驱动机理问题，以模块化和不连续创新理论为基础，以典型产业案例研究为切入点，分析制造业不连续创新的基本特征和共性规律，讨论模块化与制造业不连续创新的环境适配性，进而解析模块化对产业不连续创新的作用机理，探明基于模块化的产业不连续创新实现过程，识别模块化创新过程中的关键影响因素，为制造业不连续创新提供有效的理论指导和管理工具。

1.1.2　研究意义

当前，创新驱动发展战略和"中国制造 2025"战略的实践亟须对产业不连续创新的驱动机制进行研究。为此，本书从知识网络模块化、技术模块化、组织模块化及其对产业创新的影响入手，并综合专利计量和多案例研究等方法，探讨制造业不连续创新的模块化结构驱动机理，为制造业强国战略提供理论依据和政策支持，具有重要的理论意义与现实意义。

1）以模块化为切入点揭示制造业不连续创新的结构转化本质规律

以知识和技术模块化为切入点来把握和揭示产业创新的结构转化本质特征，有助于阐释技术系统在产业创新系统中的重要地位，深化认识基础技术（infra-technologies）对于产业创新的支撑功能，揭示技术模块化、组织模块化及其互动关系对产业不连续创新的作用机制，丰富和拓展产业动态的一般理论，拓展产业技术管理的研究对象与视野，对于认识在"基于科学的创新"和"产业驱动的创新"中技术模块化的本质规律具有重要的学术价值与理论意义。

2）探索产业知识基础的形成规律，为制造业产学研协同创新提供政策依据

制造业是未来国家经济竞争的制高点，通过对产业知识基础关键形成路径的分析，探明产业知识基础在制造业不连续创新中的作用机理，对于科学判断产业技术发展趋势、推进官产学研合作研发基础技术，具有重要的实践价值和政策意义。制造业回归与复兴正在成为驱动未来经济社会发展的重要力量，世界主要国

家纷纷调整发展战略，大力支持制造业创新，抢占未来经济竞争的制高点。本书运用专利引文分析、社会网络分析和多案例研究相结合的方法，分析信息通信制造业、半导体制造业、新能源汽车、智能制造装备等制造业若干领域的技术知识网络发展态势及知识流动效率，有助于对"中国制造 2025"规划实施提供决策借鉴和管理支持，对于提高自主创新能力、推进创新驱动发展具有深远的战略意义。

1.2 相关研究进展评述

1.2.1 不连续创新与颠覆性变革

1. 创新的分类及测度研究

从理论研究角度进行的创新分类主要是由 OECD（Organization for Economic Cooperation and Development，经济合作与发展组织）[3]提出的，把创新分为两个层次：第一层次分为两类，即过程创新和产品创新；第二层次把过程创新又分为技术创新（含工艺）和组织创新两类，产品创新又分为货物产品创新和服务产品创新。每一类又反映了创新过程中的相应环节：过程创新是指创新是怎样产生的，产品创新是指创新产生了什么。技术过程的创新和商品的创新是以商品形式产生的物质成果，而组织的创新和服务产品的创新是无形的。

从创新计量测度角度进行的分类主要是 2005 年 OECD 公布的《奥斯陆手册》第三版[4]提出的创新评测指南，把创新分成四类，即产品创新、工艺创新、组织创新和营销创新。产品创新包括商品或服务性能的变化，其中既包括全新的产品或服务的出现，也包括对现有产品的显著改进；工艺创新是指生产和交付方式的显著变革；组织创新是指实施新的组织形式，其中包括商业实践、工作场所组织或者企业外部关系的变化；营销创新是指采取新的营销策略，其中包括产品设计和包装、产品促销和定位以及产品和服务定价方法的变化。

比较上述两种分类标准可知，二者本质上大同小异，只是因理论研究或实证分析的目的不同而各有所侧重。例如，理论研究角度提出的组织创新，其中的"组织"是个广义的概念，它既包括生产、营销、管理等组织形式，也包含体现这些组织模式的机构、体制和制度等。各类创新之间存在复杂的交互关系，常常相互补充、相互协同、互为因果（图 1.1）。

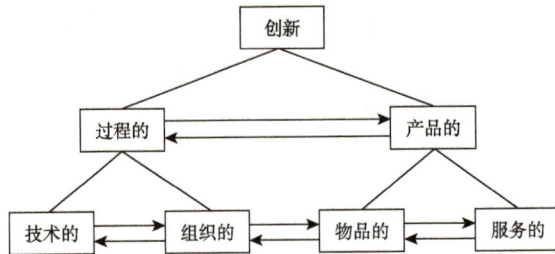

图 1.1　创新的分类[3]

2. 不连续创新的概念与特征

不连续技术变革环境中的创新是近年来创新领域的研究热点，目前这一领域的研究主要集中于微观企业层面。Pilkington 和 Teichert[5]对《技术创新》（Technovation）杂志 1996~2004 年共被引文献数据的因子分析表明，技术不连续性是七个焦点领域之一。一般认为，沿着技术 S 曲线的渐进性改进达到某种极限后，若某种具有更高技术潜力的新兴技术出现并取代现有技术，就表现为技术不连续。Meyers 和 Tucker[6]认为，不连续创新的产品具有全新的功能，提升了用户在消费时的使用效用。Lynn 等[7]认为，不连续创新在技术、市场和时间方面具有较高的不确定性。Veryzer[8]认为不连续创新意味着技术和（或）市场的不连续，Garcia 和 Calantone[9]同样从市场和技术两个方面定义不连续创新。Rice 等[10]指出不连续创新项目具有以下特点，即产品具有全新的性能特征、性能显著提高、成本显著降低。按照 Henderson 和 Clark 的"架构—部件"的变化维度[11]，除连续性（continuous）创新之外的模块（modular）创新、架构（architectural）创新、突破性（radical）创新均可归结为不连续创新。不连续创新的研究是围绕在位企业为何难以应对不连续技术变化这一主线展开的，学者们分别运用"能力增强—破坏型创新"[12]、"模块—架构创新"[11]等理论加以解释。Teece[13]用主导设计范式、互补性资产和专有权制度解释了创新者为何难以赢利，但他后来表示这一框架未考虑业务模式的作用[14]。Christensen[15]对磁盘驱动器行业的分析表明，在位企业难以应变的原因在于高层管理人员忽视了低端或边缘市场的新客户，Henderson[16]则认为组织能力问题才是在位企业应变失败的主要原因。美国 RPI（Rensselaer Polythechnic Institute，伦斯勒理工学院）的不连续创新研究小组通过对 500 强企业创新项目的跟踪研究，发现不连续创新的不确定性主要来自技术、市场、组织和资源[10]。

通过对 Bessant 等[17]、Phillips 等[18, 19]所提出的关于不连续创新的成因进行总结，可以将不连续创新的成因大致归结为 10 类，即文化观念的转变、管理体制和国家政治体制改革、技术经济范式转变、商业模式创新、意外事件、产业结构的调整、新市场和新技术的出现、市场气氛的重大变化等。面对这些诱因，企业应采取不同层面的应对措施，包括战略层面的应对行为和组织层面的应对行为。

Hang 等[20]根据技术性能和市场细分对破坏性创新（或颠覆性创新）和突破性创新进行了区分，其中，破坏性创新类型 I 是服务于现有低端市场、低性能且低价格的创新；破坏性创新类型 II 是服务于低端新市场、低性能且低价格的创新；突破性创新类型 I 是在现有业务的技术/市场域内的创新，突破性创新类型 II 是在企业现有业务"空白区"内的创新；突破性创新类型 III 是在企业当前战略背景以外的创新（图 1.2）。

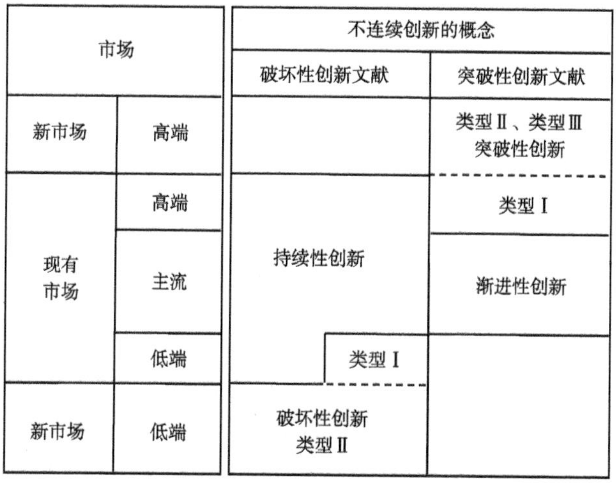

市场		不连续创新的概念	
		破坏性创新文献	突破性创新文献
新市场	高端		类型 II、类型 III 突破性创新
现有市场	高端	持续性创新	类型 I
	主流		渐进性创新
	低端	类型 I	
新市场	低端	破坏性创新 类型 II	

图 1.2 不连续创新的概念[20]

国内一些学者也对不连续创新进行了理论介绍和实证研究，柳卸林[21]、陈劲等[22]及徐河军等[23]对不连续创新或突破性创新进行了特征描述和概念分析，王海龙等[24]对不连续创新导向与企业成长绩效之间的关系进行了实证研究。柳卸林[21]认为不连续创新产品属于性能显著增强的全新产品，它通过开发新市场和创造新知识才能实现，不连续创新不仅能影响服务和产品，还能影响供应链和基础设施。魏江和冯军政[25]认为不连续创新能够给企业带来两方面的重大变化：一是企业的竞争基础，二是企业的技术基础。

但是从总体来看，不连续创新的研究进展尚处于从"描述性"阶段向"规范性"阶段的转化时期[15]，研究内容主要集中在不连续技术创新的特征描述及内涵界定方面，而对其深层次的实现机理等问题关注较少。由于分析维度和分类标准不同，对不连续创新的属性特征尚缺少广泛接受的统一框架，研究内容比较分散。例如，对于不连续创新的构面，目前还缺乏关于其构成与测度的实证研究。从理论上来看，作为创新的关键属性特征，创新的不连续性的基本构面与度量是创新研究的基本问题，而相关实证文献的缺乏将直接制约对不连续创新的战略、行动的前因变量与后果变量的理解和对创新者困境等一系列问题研究的深入展开。

1.2.2 技术的模块化结构及其演化

1. 技术的本质与颠覆性变革

布莱恩·阿瑟[26]指出，技术总是由一些基本的功能模块组合而成的，并提出了关于技术本质的三条原理：①一切技术都是某种组合，即任何具体技术都是由现有的部件、集成件或系统组件建构或组合而成；②技术的每个组件本身也是缩微的技术，即技术具有递归的结构；③所有技术都利用现象达到某个目的。根据上述原理，布莱恩·阿瑟解释了技术结构演化导致的颠覆性创新。新技术是已有技术的组合，"域"是一个技术集群或技术体，是某种具有共性的外在形式，或者是可以使共同工作成为可能而共同固有的能力，即一个域可能是任意一个由不同要素构成的、从中可以产生设备和方法的集群，以及产生这些设备和方法所必须的实践、知识、组合规则及思维方式等的集合。域内发生的某些变化是技术进步的主要方式。重新域定（redomained）是指以一套不同的内容来表达既定的目的，重新域定不仅提供了一套新的、更有效的实现目的的方法，还提供了新的可能性，这意味着技术的颠覆性改变。对于颠覆性改变来说，只有基础技术的改变是不够的。知识构成了新技术呈现过程中至关重要的基础部分。技术有两种发展机制，即内部替换（用更好的部件或子技术更换某一形成阻碍的部件）和结构深化（寻找更好的部件、材料或者加入新组件）。经济的重新域定，是指已有产业去适应新的技术体，从中提取、选择它们所需要的内容，并将其中部分零部件和新领域中的部分零部件组合起来，有时还会创造衍生产业。域和经济共变（mutual change）和共创（mutual creation）的过程称为颠覆性改变。没有科学技术长期的传承和积累，很难在新颖性上有所建树。

2. 技术系统结构及其演化研究现状分析

近年来，许多学者都认为应当把技术理解为一个复杂的技术系统，即技术发展实质上是技术系统的进化。技术系统结构及其演化的研究大体可分为技术系统的知识本质、技术系统的模块化结构和产业技术系统的集成三方面内容。关于技术系统的概念与结构，Carlsson 和 Stankiewicz[27]将技术系统界定为建立于制度基础设施之上，由在某一特定技术领域进行技术的产生、扩散和应用活动的各种主体互动形成的动态网络，并认为技术系统中主要是知识流或能力流。类似地，Jacobsson 和 Bergek[28]提出了技术系统演化的一个分析框架，认为技术系统包括主体、网络和制度三要素。洪勇和苏敬勤[29]从产业与技术协同的视角将技术理解为由关键制造技术、核心元件技术和产品架构技术构成的技术链。刘康[30]认为，技术按照相互联系的紧密程度可以分为单项技术、技术系统和技术种群。

模块化的思想最初是基于技术层面提出的，技术的模块化使产业技术系统的发展也呈现出模块化的特征。Baldwin 和 Clark[31]认为，如果沟通成本相对较低，那么任何程度的模块化设计都会导致理性的创新者选择开放协作创新而不是独立创新。Henderson 和 Clark[11]指出，架构创新是技术系统非线性演化的关键点：对于架构创新引起的非线性演化，在位企业往往不能应对而丧失优势。顾良丰和许庆瑞[32]将技术知识分为架构知识、模块知识和元素知识。毛荐其[33]指出，产业升级的实质是技术升级，技术升级有链内升级、链间升级和链间跨越三种形式。彭双等[34]认为技术创新链是围绕核心技术、基于技术配套的技术创新体系。

关于产业集成，国内外一些学者做了相关的论述。迈克尔·波特[35]提出，决定一国国际竞争力的关键因素在于一国的产业集成状况、各个产业的吸引力和公司的发展水平。技术产出与产生和运用集成性及系统性知识有关，因此产品反映组织的过程特性，即最终产品的集成水平反映了研究与开发组织所采用的集成机制。许多学者都注意到这一现象，相继提出建构知识、建构能力、系统知识和集成能力等重要概念[11]。张贵和周立群[36]指出产业集成发挥了市场最重要的功能，改变了传统产业分工模式和产业国际化发展路径。综合一些学者关于产业集成的研究，知识经济时代的国际产业竞争日益呈现出系统集成的特点，很难有单一的传统产业或高技术产业能够独立产生竞争优势，而是产业间互相渗透，进行能力整合，从而形成综合的产业竞争力。

综合看来，技术知识是产业技术演化的根本要素，产业技术系统具有模块化结构特征。当前已有的关于技术演化的研究大多侧重于对技术创新的发展路径在时间维度上进行描述和分析，而很少对技术在时间维度上的这种演化规律特性的形成以及技术轨道间的转换机理进行深入研究[37]，尤其缺乏对产业技术知识网络自身演化规律的深入研究，对技术追赶和产业升级缺乏指导性。

1.2.3　知识网络模块化与知识流动

随着知识经济的到来，知识作为一种生产要素的地位愈发重要，如何积累知识并在知识流动中提升竞争力，成为企业乃至国家制定战略政策的着力点。

1. 知识在产业发展中的作用研究现状分析

关注知识在创新和产业动态中的作用等一系列问题已成为当前产业动态理论的主流研究领域之一。现有研究试图从两个方面来解释这些问题：一是分析知识基础的隐性、模块性、互补性和外溢性等属性与产业演化及突破性创新的关系；二是研究知识平台与产业集成的关系。Paoli 和 Prencipe[38]基于演化观的分析认为，复杂产品系统中的知识是一系列隐含的、可分的过程系统，它植根于特定生产背景之中。Asheim 和 Coenen[39]将产业知识基础划分为分析型和合成型两种类型，并认为企业和产业的创新过程都显著依赖于其特定知识基础。Yayavaram 和 Ahuja[40]利用专利引用分析发现，企业知识基础的可分性和柔性对其发明有用性存在正向影响。关于突破性技术形成和产业知识基础之间的关系，van den Hoed[41]和 Castiaux[42]均认为突破性技术与现有技术基于不同的知识基础。Schmickl 和 Kieser[43]通过电子产业的案例研究发现，模块化、原型开发、交互记忆三种机制及其相互作用可大幅降低产品创新中专家间相互学习的知识转移成本。Fleming[44]认为可以将每一项新技术发明定义为现有技术组件之间的新集成方式，或是现有集成技术组件之间的一种新链接关系。Nerkar[45]也指出新颖性和独特性的重要来源是对已有知识的重新集成。陈傲等[46]的研究表明，知识基础的新颖性对突破性技术形成具有重要作用。

目前，国外学者对产业知识基础的概念还未能达成共识，国内相关研究还比较少。有较多研究认为知识基础本身的变化是企业劳动和技术变迁的结果[47]，但是缺乏对该动态过程本身的分析。

2. 知识网络研究现状分析

知识网络主要由知识、人和企业研发机构三种主体构成，这三种主体之间相互组合而成的复杂联系就构成了不同形式的知识网络。有些国外学者认为，所谓的知识网络就是知识主体为了达到特定目的而形成的联盟组织。Norman[48]认为，知识联盟就是指各个企业在努力实现创新战略目标时，为了达到知识资源的共享、加快知识流动和新知识创造，与其他企业、各类科研机构之间通过各种约定或股权分配而结成的风险共担、收益共享的网络组织。Seufert 等[49]认为知识网络是创新主体为了达到在知识转移、传递过程中实现知识使用和积累的目的，而将创新主体、资源等加以重新组合。知识网络其本质就是一种特殊的社会网络，将原来的社会关系变换成知识之间的关系，研究知识、知识主体之间各种复杂的关系。这种背景下，可以认为知识网络就是在知识仓库中的知识个体进行利用、共享的活动组合。知识网络就是大量知识及其性质属性形成的网络。网络内结点可以是知识或知识点、学科领域等，网络中的边可以是知识的分类关系以及知识之间的联结关系[50]。

3. 知识网络演化

知识网络演化的动力主要分为两种，其中一种演化动力来自于系统内部，另外一种来自系统外部。知识网络系统内各组分之间竞争和协调会引起系统属性发生变化，这是网络演化的内部动力；演化的外部动力来自系统外部环境的变化及系统与环境相互连接方式的变化，这些变化会引起系统内部不同程度的变化，特别是结构方式、组分特性的改变，还可能引发系统内组分的新陈代谢加速，进而影响到系统整体性质及功能的演化。

国内外研究知识网络的动态演化模型的成果相对不多，国外学者 Cowan 等[51]研究知识演化模型在网络型企业中发生的过程，并用仿真的方法对模型进行检验，比较随机交互知识和正常交互知识这两种转移知识的方式对知识网络演化的影响。Aguirre 等[52]将知识网络模型建立于多智能的研究之中，把企业拥有的知识作为在网络系统中知识传递和存储的重要载体。Akgün 等[53]检验出在研究开发新产品的过程中，合作者之间的信任度及合作稳定性等因素对知识网络的演化具有明显的影响。

国内学者姜照华等[54]将知识网络内外部以及网络参与者间的知识流量作为知识网络演化变量，建立了产业集群中知识网络演化的动力学模型。李勇等[55]认为，企业自身知识吸收能力、知识特性等因素都会影响网络的知识转移效率，进而影响知识网络的演化。梁晶[56]建立了集群内企业的知识网络与传播的仿真模型，研究发现企业在自身发展过程中应该在注重对外知识获取的同时兼顾对内部的现有知识的整合。姚宏霞[57]在对知识转移螺旋模型的改进基础上，进一步提出互联网大规模协作的知识网络演化理论模型。刘刚[58]应用超循环理论，研究了知识网络的网络结构、知识循环及协同演化机制，描述了知识网络协同演化机制的普遍性和应用性。万君和顾新[59]讨论了为节约交易费用对知识网络形成的驱动作用。

4. 知识网络测度与应用

OECD 在 1996 年发布的报告中强调了知识网络及知识网络测度问题，报告指出，知识经济时代，对知识扩散和转移研究的重视程度应同重视知识创造一样[60]。

文庭孝等[61]总结了知识网络测度的四个基本指标，分别是知识网络广度、知识网络深度、知识网络关联强度、知识链接关系和链接方向。詹勇飞和和金生[62]基于知识整合对知识网络的特征进行了描述，利用知识网络的广度、深度、整合能力构建指标体系间接测度知识网络能力。汪涛等[63]利用南京地区化工领域统计数据，使用社会网络分析方法，实证考察了知识网络的结构及其对知识流动的影响。Glückler[64]尝试运用达尔文进化论分析知识网络的空间演变规律，揭示知识网络结构变化与地理空间相互作用的动力机制。王晓娟[65]以浙江黄岩模具产业集群为例进行实证分析，发现集群知识网络开放度、网络中心度、关系质量和关系稳定性对集群企业创新绩效均存在正向影响；而知识网络规模与关系强度仅对集群的中小企业创新绩效存在显著正向影响，对大企业的创新绩效的影响则并不显著。万幼清和王战平[66]从网络的联结机制、产业集群知识流动机制及集群知识扩散三方面对基于知识网络的产业集群知识的扩散进行研究，并总结出产业集群知识扩散的实行机制。李丹等[67]提出知识网络构建过程中的要素、原则、方法，并以春兰集团为例构建知识网络进行实证分析。

知识网络对在情报学和信息管理领域的研究起源于文献合作关系网络的研究。科学计量学著名学者Price[68]指出，在科学论文中存在一张巨大的网络，这张网是由科学论文之间的引用、被引关系构成，这是知识网络在这一领域的重要应用。郭立新和陈传明[69]基于知识和资源的存量及其结构优化度等驱动因素对技术创新系统演化的影响进行了分析，研究结果表明：知识和资源存量的增加对系统演化的影响需要在结构优化度同样增加时才可发挥作用，结构优化度增加的驱动影响大于单纯存量增加带来的影响；企业知识和资源的结构优化度是系统演化的核心驱动因素；在投入约束下，企业应更关注于提高企业知识和资源的系统结构优化度。余东华和芮明杰[70]研究发现，模块化网络组织有利于促进知识流动和技术创新，同时知识流动又能够提升产业模块化分工水平，减少技术创新风险。张龙[71]从知识网络的网络闭合性角度展开研究，提出知识网络模块化、知识载体网络化、外部知识获取制度化等知识管理对策。张帆[72]基于知识网络研究了产业集群技术能力增长的原因。

5. 知识网络模块化的测度方法

在划分网络社团的结构过程中，无法应用描述性的定义定量描述划分的结果。Newman和Girvan[73]定义了一个模块化函数，用于衡量网络社团结构的划分优劣。在模块度计算中，以随机网络中的社团结构作为衡量标准。随机网络的构造方法如下：保持每个顶点不变，顶点间随机连接构成边。实际网络与随机网络划分为同样的社团结构时，内部的边占总边数的比例之差即为模块度。当网络中存在明显的社团结构，社团内部连接的稠密程度应高于随机连接网络的期望水平。用 Q 函数定量描述社团划分的模块化水平。

网络中包含 n 个顶点和 m 条边，该网络的邻接矩阵元素 A_{vw} 的值为

$$A_{vw} = \begin{cases} 1, & \text{如果节点} v \text{和节点} w \text{之间有边相连} \\ 0, & \text{其他情况} \end{cases} \quad (1.1)$$

当进行社团划分后，顶点 v 属于社团 c_v，顶点 w 属于社团 c_w。则社团内部的

边所占的比例为

$$\frac{\sum_{vw} A_{vw}\delta(c_v,c_w)}{\sum_{vw} A_{vw}} = \frac{1}{2m}\sum_{vw} A_{vw}\delta(c_v,c_w) \tag{1.2}$$

当 c_v 与 c_w 为同一社团时,δ 函数 $\delta(c_v,c_w)$ 的值为 1;其他情况时,$\delta(c_v,c_w)$ 为 0。整个网络的总边数 $m=\sum_{vw} A_{vw} / 2$。若使用社团内部的边数来表示模块度 Q,社团内部的边数比例越大,则社团划分得越好。但此时若将所有顶点划分为一个社团,即所有边都为社团内部边,社团内部边数比例为 1。这种计算模块度 Q 的方法并不能准确地衡量社团的划分情况。因此,使用社团内部的边数减去随机图中社团内部边数的期望来衡量社团划分的好坏。

在随机图中,保持顶点的边数不变,顶点间随机连接生成边。顶点的度数 k_v 为与顶点相关联的边的数目,可由如下公式计算:

$$k_v = \sum_w A_{vw} \tag{1.3}$$

由于社团中有 m 条边,社团中顶点的总度数为 $2m$,k_w 为顶点 w 相关联的边的数目,顶点 w 被连接到的概率为 $k_w / 2m$。保持顶点的度不变,顶点之间的边随机连接构成随机图,则随机图中连接顶点 v 与顶点 w 的边的期望值为

$$\frac{k_v k_w}{2m} = \sum_{z=1}^{k_v} 1 \times \frac{k_w}{2m} \tag{1.4}$$

定义模块度为

$$Q = \frac{1}{2m}\sum_{vw}\left(A_{vw} - \frac{k_v k_w}{2m}\right)\delta(c_v,c_w) \tag{1.5}$$

当 Q 值大于 0.3 时,认为网络具有较好的社团特性;Q 值越接近 1,社团结构越明显。在实际应用中,Q 值通常为 0.3~0.7。

6. 知识流动测度及其影响因素

1994 年,OECD 启动了国家创新体系项目,在《以知识为基础的经济》研究报告[74]基础上,OECD 将知识概念引入国家创新体系,认为知识流动是联系国家创新体系各主体的核心要素[75](图 1.3)。

方凌云[76]分析了企业间知识流动方式,包括企业间的技术合作、人才流动和专利技术转让等,并提出了实证测试企业内部知识流动的方法。李金华[77]研究了产业集群的创新网络,使用知识差异度和创新率两个指标探讨了知识流动对网络结构的影响,认为知识流动会影响网络规模和网络密度,但不会影响网络结构。

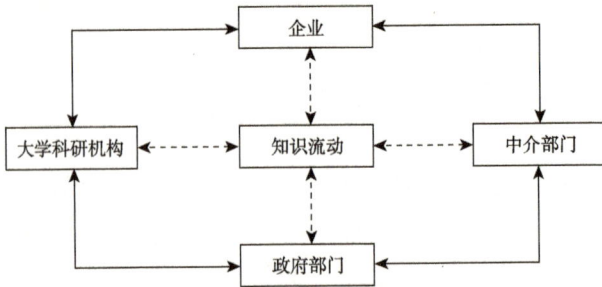

图 1.3　OECD 的国家创新体系结构[75]

范丹宇和金峰[78]定性分析了创新系统中的知识流动路径，从创新的主体、客体和环境三方面分析了知识流动的影响因素，进一步揭示了知识流动转化过程的四种机制。宋保林和李兆友[79]通过对当前技术创新过程中的技术知识流动的研究，发现吸收能力和企业间的距离是影响知识流动的重要因素，认为以后的研究重点应该集中在知识流动的定量测量、增加隐性知识流动的研究和加强对知识流动形成动因的研究。Boisot[80]在研究公司的技术战略时发现，企业内部的技术流动过程主要是知识审视（scanning）、问题解决（problem-solving）、知识扩散（diffusion）和知识吸收（absorption）四个过程的循环往复，它们构成企业内部知识流动过程的学习周期。Pitt 和 Clarke[81]在研究企业战略创新的基础时，从产品—市场、技术及创新导向三个维度分析了企业内部的技术知识流动，结果发现：产品—市场维度的知识流动与技术领域的知识流动相类似，比较依赖企业内部专业技能的知识积累，较强的企业内个人学习能力会显著增强知识流动强度；在创新导向维度，知识的流动与企业具有的良好的创业动力显著相关，而知识流动与企业的商业过程之间并没有显著的关系。Cohen 和 Levinthal[82]研究了企业在学习和创新过程中的知识吸收能力，认为企业吸收外部有价值的新信息的能力在很大限度上决定了企业在商业上创新的水平，并发现增加研发投入有助于增强企业知识吸收的能力。

　　在上述理论分析和定性研究的基础上，很多学者使用专利数据实证分析知识流动。向希尧和蔡虹[83]采用 USPTO（United States Patent and Trademark Office，美国专利商标局）专利库和德温特数据库中我国企业电力系统的专利数据，以专利间的引用、合作人申请和共同发明人信息分别代表显性知识和隐性知识，分析并对显性知识与隐性知识的流动网络做出了对比，结果发现基于专利引用的显性知识流动网络比基于合作申请人和共同发明人的隐性知识流动网络更分散，并且隐性知识网络知识流动效率更高。高继平等[84]分析了专利—论文共被引网络，使用被引次数、中介中心度和引用半周期等指标研究了知识流动下的知识网络结构，发现文献在共被引中通过重组等不断融合，最终可能会分化产生新的知识网络。杨中楷等[85]研究了专利文献包含的信息，结果表明专利的引用过程会产生知识的传播与发展及重组等活动，微观层面的专利引用引发的知识重组可能会进一步促进技术领域的发展，并以莱特兄弟的飞机专利进行实证检验。安宁和刘娅[86]分析了 USPTO 专利库中我国医药技术领域 2003~2008 年的专利，通过构建地域、专利申请人、技术领域和专利时滞四个指标并使用平均被引次数、被引频率测度我国医药技术领域中的知识流入。Jaffe 等[87]在研究知识在不同区域间的流动效率时，最早指出可以使用专利的引用作为衡量知识流动的指标。Singh[88]采用抽样估计方法分析 USPTO 中 3 300 家企业的专利数据，探讨人际关系网络是否会促进知识流动，发现区域内部及企业内部的知识流动强度明显高于跨区域或跨企业边界的知识流动。Sternitzke 等[89]采用基于专利信息的社会网络分析方法，探讨了光电学专利发明人和申请人之间的可视化合作网络关系，发现处于不同发明人之间的起联系作用的发明者申请的发明专利技术领域更广泛，即他们容易从不同的技术领域中获益，发明人之间的合作能给组织带来不同技术领域的知识融合。

组织间知识流动效率是知识管理领域的一个热点领域，这方面的研究主要关注知识流动的定量测度以及跨越组织功能边界的知识流动影响因素识别。von Hippel[90]认为知识黏性的大小可以用知识流动或转移过程的成本大小来衡量。Carlile[91]指出，组织在获取、转化和应用外部知识时，知识难以跨过组织的功能边界（即知识边界）的原因在于组织之间知识的专长度、相互依赖性和创新性。Malerba 和 Montobbio[92]利用产业专利数据分析发现，国际技术分工受到国家间跨产业知识溢出方向的显著影响。Schilling 和 Phelps[93]认为，联盟的网络结构影响其知识创造潜力。向希尧和蔡虹[83]基于我国电力系统专利信息分析发现，显性知识溢出网络和隐性知识流动网络结构存在显著差异。高继平等[84]分析了专利与论文混合共被引下的知识流动，以被引量、中介中心度和引用半衰期等指标定量测度了知识流动中的知识影响力、知识控制力和知识活力。毕克新等[94]的实证研究表明，知识流耦合度、组织环境、知识传递方式和知识节点特性与知识流耦合效率正相关。朱洪涛[95]的研究表明，知识的可表达性、复杂性和黏性等特性对知识交流效率具有显著影响。张宝生和王晓红[96]指出，知识流动意愿是影响知识流动水平和层次的主要因素。

目前，国内外对知识流动的研究较多集中于微观企业层面的知识流动效率问题，采用的方法也多以调查量表为主，而缺少知识流动对产业演化影响的研究，尤其缺乏知识流动对产业创新的影响研究。

1.2.4　专利计量研究现状

20 世纪 50 年代，美国 CHI 研究所（CHI Research Inc.）首先将文献计量学的研究范式和方法引入专利计量中，开创了专利计量的研究[97]。Narin[98]最早在研究中正式引入专利计量这一概念，他将文献计量中常用的引用分析思想带入专利的分析之中，进行专利的引用分析研究，认为专利计量学（patentometrics）可以成为一个独立的研究领域，这也得到了学术界的认可。随着研究的不断进行，专利计量法成为许多学者在对不同层次的专利数量、质量及技术布局等进行分析时广泛应用的方法。Iversen[99]认为专利计量学的重要意义在于将统计学方法应用于专利分析，进而探求专利的分布情况、变化及专利之间关系。由联合国教育、科学及文化组织（简称联合国教科文组织）发布的《1998年世界科学报告》指出，可以通过专利局公布的专利数量对技术活动进行描述，并且可以将专利相关数据看做技术能力处于知识前沿的标志[100]。

1. 专利计量统计与指标

进行专利研究时，最常用的方法就是专利统计分析法。统计专利的数量、引用和被引用情况、发明人国家、申请授权时间等。这种方法能够直观地展现出专利的特有属性。专利计量评价中最常用的是专利引用、被引次数。Narin 和 Hamilton[101]扩充了可以作为专利评价的计量指标，包括专利影响因子和技术强度两个新的指标。Chen 等[102]继续改进了技术强度指标，提出了必要专利指数和必要技术强度等专利评价指标。次仁拉珍等[103]将专利数分为专利授权数和专利申请数；将专利权人 h 指数深化为专利授权 h 指数和专利申请 h 指数；国家、地区、产业、特定专利权人的生产力及技术发展水平都可以用专利计量指标进行分析。

2. 专利计量应用研究

在使用专利计量方法进行实证研究时，主要集中在国家、产业和企业三个层面上。

国家层面上，Griliches[104]利用专利数据进行统计分析，描述了专利和专利数据的一些主要特点，研究了专利与 R&D 费用之间的关系及专利在技术变革中的指标作用。陈达仁等[105]将 TFT-LCD（thin film transistor-liquid crystal display，薄膜晶体管液晶显示器）制程相关技术分成八大技术主题，并从国家、产业、公司及技术主题等观点出发，调查了中国 TFT-LCD 制程相关技术的专利表现，并根据此八大项技术主题探讨了产业内 15 家重要公司的技术布局。

产业层面上，栾春娟和侯海燕[106]运用专利计量和信息可视化相结合的研究方法，利用德温特数据库中的纳米产业专利数据对全球纳米产业专利分布进行了可视化研究。邱均平[107]对有机电激发光技术领域进行了专利计量研究分析，并分别从宏观、中观、微观三个层次构建了专利计量的指标体系，对拥有高被引专利的机构进行了可视化分析和共引分析。唐健辉和叶鹰[108]运用德温特专利数据库内的数据对 3G 通信技术进行分析,识别了 3G 通信技术领域的核心技术并探讨了专利质量的评价指标。

企业层面上,栾春娟[109]运用美国波音的专利数据对其热点技术领域及研发前沿做了可视化分析。康宇航和苏敬勤[110]建立了确定技术创新机会的研究框架,在技术和市场两个尺度上结合专利计量方法对创新机会进行分析,为工程项目中技术创新管理提供必要的决策支持。

由此可见,通过专利计量分析可以进行相关技术领域内的核心技术识别;衡量知识流动、扩散的作用及影响;分析竞争对手的行业地位等。专利计量的广泛应用对国家依据国内外技术发展形势制定合理的产业政策以及企业针对行业内竞争对手和自身的技术实力,调整细分技术发展方向和发展战略起到至关重要的作用。

1.2.5　综合评述

国内外相关领域的现有文献为制造业不连续创新机制的研究提供了坚实的理论基础。但是,现有研究尚存在以下不足。第一,对产业基础技术缺乏关注且研究欠缺深度。一方面,现有研究较多关注技术基础设施的共性技术(generic technologies)层面,而对产业基础技术缺少必要的关注;另一方面,产业基础技术的现有研究多从宏观层面考察基础技术的增长驱动作用,或者从概念上分析基础技术与共性技术及专有技术的区别和联系,而缺乏从技术知识演化机理这一微观层面进行的深度探究。第二,产业演化领域的研究多集中于宏观层面产业创新系统的构成与政策问题,很少深入探究中观层面的产业创新实现机理;而模块化领域的研究多集中于微观企业层面的战略和能力,多侧重于其在产品设计和组织设计上的影响,很少深入研究产业知识网络尤其是知识流动的演化规律,缺乏对产业知识网络自身演化规律的深入研究,未能把握技术知识及其动态变化这一产业技术系统进化的"底层因子",对产业升级和技术追赶缺乏实践指导性。

综上所述,现有研究成果对基于模块化的制造业不连续创新实现机理研究奠定了坚实的理论基础并提供了方法指导,而中国制造业产业技术能力提升和自主创新的实践则提出了产业不连续创新研究的现实需求。因此,从模块化的视角来解析产业不连续创新的实现机理并结合具体产业进行深入的案例研究,可通过努力获得新的研究结论和成果,并提升为可操作的管理理论和技术,以指导制造业经营实践活动并为政府相关部门制定产业政策提供决策依据。

1.3　本书的内容、方法与特色

1.3.1　内容框架与逻辑结构

本书旨在建立模块化结构演化驱动的制造业不连续创新机理框架，其基本思路如下：首先，从理论和实践上探讨模块化与不连续创新的适配性，为制造业不连续创新的驱动机制奠定理论基础；其次，采用制造业典型产业数据对模块化结构驱动产业不连续创新的机制进行实证分析；最后，采用产业案例分析模块化驱动不连续创新的机理应用。

在逻辑关系上，全书主体共分成三个部分，共 10 章。第一部分是理论框架部分，包括第 2 章、第 3 章和第 4 章，主要通过理论基础、研究进展和实践比较分析，提出产业不连续创新与模块化的匹配性，构建理论框架。第二部分是实证分析部分，包括第 5 章、第 6 章和第 7 章，主要通过专利计量方法结合信息通信、汽车、半导体等制造业数据进行实证分析。第三部分是案例应用部分，包括第 8 章和第 9 章，主要通过华为、佳能、苹果公司等多案例研究分析产业不连续创新中模块化的影响因素，并进一步基于台湾联发科技股份有限公司（MTK）、大众、丰田、比亚迪等跨案例研究探讨基于模块化平台的产业不连续创新路径，为制造业创新实践提供决策借鉴和参考（图 1.4）。

各章的具体内容如下：

第 1 章 "绪论"。首先介绍研究的背景和意义，其次分别从不连续创新与颠覆性变革、技术模块化结构及其演化、知识网络模块化与知识流动、专利计量四个方面对现有研究进展进行综合评述，最后提出本书的内容框架、研究方法和研究特色。

第 2 章 "制造业创新战略与实践的国际比较研究"。通过美国、德国、日本、中国等制造业创新战略实践与政策的国际比较，为探讨制造业的创新机理奠定实践基础。

第 3 章 "制造业不连续创新机制的理论基础"。首先分别梳理产业创新生态系统、模块化、产业基础技术等理论研究进展，其次从环境不确定性、技术与组织结构的互动作用等方面剖析模块化与不连续创新的适配性，进而提出基于模块化结构的产业创新分类，建立不连续创新与模块化的匹配矩阵，为探讨制造业的不连续创新机理奠定理论基础。

第 4 章 "产业模块化与产业创新的协同演化：以信息通信制造业为例"。运用产业生命周期、A-U 模型等理论，以信息通信制造业为例挖掘产业技术模块化

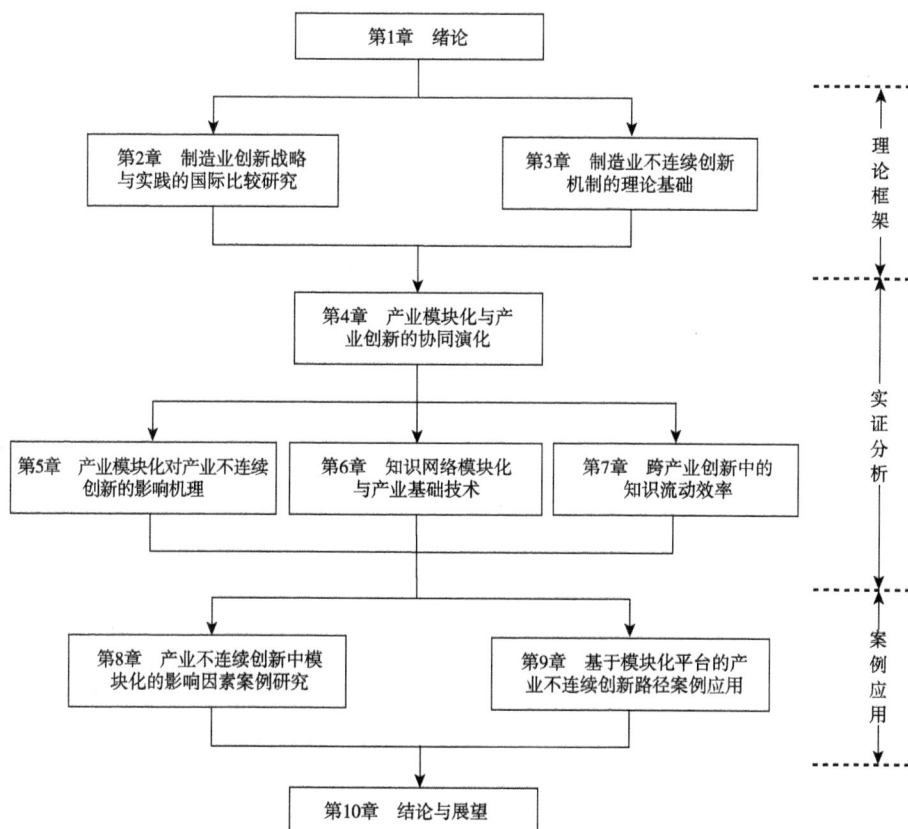

图 1.4　本书的逻辑结构框架

与技术不连续性的演化规律，进一步探寻技术、产品、组织维度的产业模块化与产业不连续创新的协同演化机制，为产业不连续创新中的模块化时机及路径选择提供决策支持。

第 5 章 "产业模块化对产业不连续创新的影响机理：以汽车制造业为例"。为了揭示产业不连续创新的模块化驱动机理，必须先弄清模块化如何影响不连续创新。为此，在上述研究基础上，以汽车制造业为例分别对模块化和产业不连续创新进行定量测度，然后运用数理统计方法研究模块化对产业不连续创新的影响路径和作用机理。

第 6 章 "知识网络模块化与产业基础技术：以半导体技术领域为例"。以半导体制造业为研究对象、以专利信息为载体、以专利计量为研究方法，分析半导体产业知识网络模块化及其与产业基础技术的关系，通过专利计量方法对行业的知识网络模块化程度进行定量测算，对模块化程度与基础技术发明的效用指数进行格兰杰因果关系检验，探寻知识模块化与基础技术的影响关系，为企业的技术研发路径选择提供可靠的支持。

第 7 章"跨产业创新中的知识流动效率：以电动汽车领域为例"。以电动汽车产业为例，通过整理和提取专利文献中各项字段信息的共现关系及专利之间的引用和被引用关系，构建电动汽车产业知识网络，综合运用专利引文分析、社会网络分析等方法分析电动汽车产业技术知识网络结构和特点。基于专利数据和知识网络结构指标，采用数据包络分析（data envelope analyse，EDA）方法评价跨产业创新过程技术知识网络中的知识流动效率，并结合相关影响因素对知识流动效率评价结果进行分析。

第 8 章"产业不连续创新中模块化的影响因素案例研究"。以苹果公司、佳能公司、华为公司三个不同国家的产业不连续创新样本进行探索性跨案例研究，系统分析不确定性、复杂性等因素对模块化过程实施的影响，识别产业不连续创新中模块化过程的关键影响因素，针对这些因素分析促进产业创新的政策工具作用点，为企业的不连续创新行为和政府产业政策制定提供决策参考。

第 9 章"基于模块化平台的产业不连续创新路径案例应用"。选取 MTK 手机芯片、大众 MQB（modularer querbaukasten，即横置发动机模块战略）平台、丰田普锐斯项目、比亚迪电动汽车为案例研究样本，先在案例研究和统计分析的基础上，研究企业在进行产业不连续创新时采用的模块化路径，不同路径的适用条件及方式，然后构建基于模块化平台的产业不连续创新路径模型，研究如何通过技术、产品、组织、产业的模块化平台进行产业内外资源整合，实现核心模块、关键架构或两方面的共同突破，实现产业内或跨产业的不连续创新。

第 10 章"结论与展望"。在对本书主要结论进行总结和概括的基础上，提出实施制造业不连续创新的相关政策建议。

1.3.2　研究方法与技术路线

本书从系统论、演化观、资源基础观和能力观等多维度理论视角考察制造业不连续创新与模块化的关系，采用定量与定性分析相结合的综合集成研究方法，探讨模块化结构变化驱动的产业不连续创新实现机理问题。

总体研究流程如下：首先，根据研究总体设计对研究问题和概念进行界定，在前期研究工作、文献综述和制造业创新战略与实践国际比较研究的基础上选取信息通信制造业、汽车制造业、半导体制造业、电动汽车产业等典型制造业产业为样本进行实地调研、企业深度访谈和数据收集，建立专利数据库和案例库，并进行数据的信度和效度检验。其次，针对主要研究问题进行假设检验，根据检验结果不断对模型进行修正和优化,直到建立的模型能够解释案例或验证假设为止。

最后，整理研究成果。本书的总体研究方法、研究流程和技术路线如图 1.5 所示。

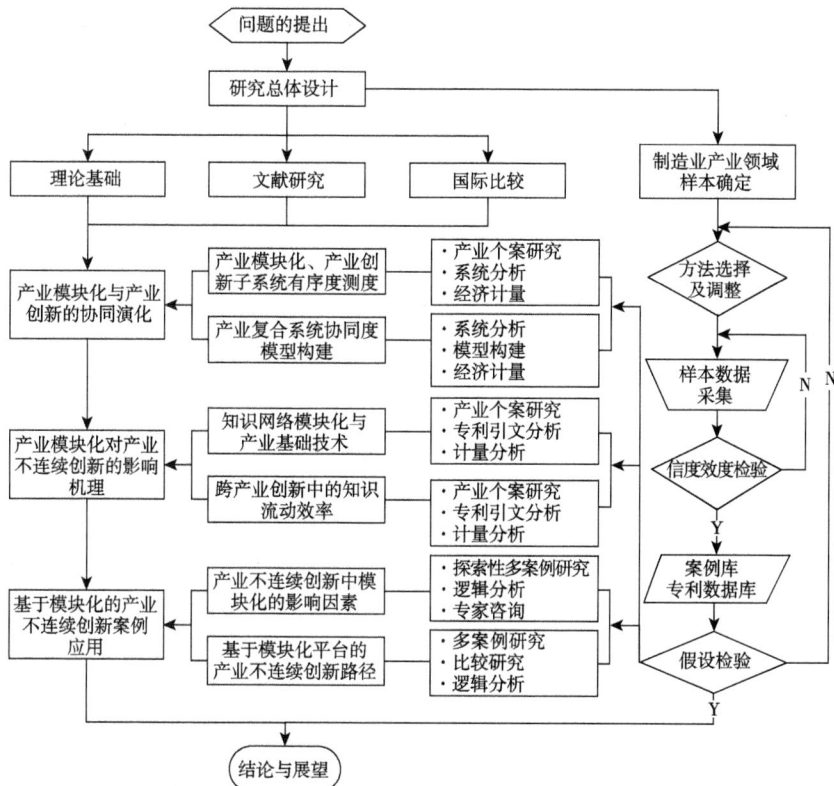

图 1.5 本书的总体研究方法、研究流程和技术路线

在研究方法上，主要采取探索性多案例研究、专利引文分析、社会网络分析和比较研究等方法，并结合专家咨询研讨、统计分析、逻辑分析等多种定性与定量相结合的综合集成方法。

1）探索性多案例研究

由于制造业不连续创新机理问题尚处于研究的初期阶段，且属于"如何"和"为什么"的问题，适于采用案例研究，而多案例研究可以提高结论的外部有效性，在数据来源上采用实地访谈数据、专利统计数据、公开统计数据等多数据来源以保证研究信度。在产业案例样本筛选上，考虑到样本典型性和数据可获得性，对于产业不连续创新中模块化的影响因素研究主要选取了移动通信设备制造业、办公设备制造和移动智能终端等产业为样本；对于基于模块化平台的产业不连续创新路径研究则主要选取了智能手机芯片、汽车发动机产品、电动汽车项目和电动汽车产业等不同层次的样本为研究对象。

2）专利引文分析

专利引用的过程是在前人知识的基础上进行知识的选择、遗传和变异的过程，即知识流动过程。专利引文分析是利用各种数学及统计学的方法和比较、归纳、抽象、概括等逻辑方法，对专利、发明人等各种分析对象的引用与被引用关系进行分析，以便揭示其数量特征和内在规律的一种计量分析方法。专利引文分析能够说明核心技术对后续发明的重要性，也能反映出引用专利和被引用专利所属产业、所属企业、所属技术领域之间的联系。因此，本书运用专利引文分析，主要探讨特定制造业产业的知识网络结构变化、基础技术演化及跨域创新中的知识流动情况。因微观层级上的企业技术系统是产业技术系统的行为主体，故采用的专利数据既包括企业专利数据，也包括产业专利数据。

3）社会网络分析

社会网络分析通过建立关系模型描述群体关系的结构，研究该结构对群体功能或者群体内部个体的影响。对于技术专利发明人和申请人所进行的社会网络分析，能够辨识出某技术领域中所存在的核心发明人，并能够揭示出此发明人与其他发明人所形成的直接或间接的错综复杂的合作关系，以及某产业领域中技术领先的企业或者研究机构以及其与其他企业之间在技术竞争中的关系。因此，本书运用社会网络分析，主要探讨产业知识网络的结构属性特征、跨域创新中的知识流动作用机制以及企业内知识网络和企业间合作网络的演化情况。

4）比较研究

美国、德国、日本、中国等各制造业大国的工业化阶段、产业技术基础、主导产业和运行机制不同，但各国都认识到了制造业发展的机遇和挑战，都有举全国之力抢占新一轮产业竞争制高点的战略意图。本书通过横向比较，分析各国在制造业创新发展的核心理念、发展重点及方法路径等方面的异同，为理论框架的提出奠定实践基础。

1.3.3　本书的创新点与特色

和现有相关研究相比，本书具有创新性的研究成果主要表现在以下几个方面：

（1）解析模块化结构演化对产业不连续创新的驱动机理，厘清模块化对产业不连续创新的影响关系。构建了产业不连续创新与模块化的适配关系矩阵，建立了模块化对产业不连续创新的影响关系模型并进行实证。采用汽车产业专利数据通过协整检验等方法探明模块化对不连续创新存在显著正向影响且长期影响较为显著，突破了现有文献的研究思路，为发展中国家或区域的制造业不连续创新提供了新的理论分析范式和现实操作途径。

（2）识别制造业不连续创新中模块化的关键影响因素，探明产业创新决策的政策工具作用点。识别产业不连续创新中模块化过程的关键影响因素，发现产业不连续创新的关键因素为核心模块技术自主性、设计规则的适度开放性和互补性资产，丰富和与深化产业创新系统相关理论，并据此提出引导激励产业建立自主技术、推动形成模块化设计规则、建设产业创新平台等相关政策建议，为企业的不连续创新行为和政府制造业创新政策制定提供管理支持和决策参考。

（3）建立基于模块化平台的产业不连续创新路径模型，探明通过模块化实现产业不连续创新的过程和途径。建立基于模块化的产业不连续创新路径模型并通过案例研究进行实证，为相关产业创新提供分析范式和政策依据。基于产业多案例研究发现产业不连续创新存在技术模块化平台、产品模块化平台、组织模块化平台、产业模块化平台四种实现路径及其共性适用条件，从而为企业或产业模块化创新提供时机及路径选择的理论依据。

本书的特色如下：

（1）理论层面，从模块化结构演化的视角来探索制造业不连续创新的驱动机理，突破了现有文献的研究思路，能为发展中国家的产业不连续创新提供新的理论分析范式和现实操作途径。

（2）方法层面，从演化观视角分析模块化与不连续创新在产业生命周期不同阶段的协同演化机理，避免了静态分析导致的理论应用局限性，从而为企业或产业模块化创新的时机及路径选择提供可操作的方法工具。

（3）应用层面，从典型产业案例着手分析基于模块化平台的产业不连续创新路径，既能考察不连续创新特征的产业差异性，又能通过跨产业多案例研究总结出共性规律，通过案例研究形成理论构建，并指导实践。

参 考 文 献

[1] 傅家骥. 技术经济学科发展前沿问题探讨. 科技和产业，2004，4（1）：18-20.
[2] 青木昌彦，安藤晴彦. 模块时代——新产业结构的本质. 周国荣译. 上海：上海远东出版社，2003.
[3] OECD. Cities and regions in the new learning economy. Education and Skills：OECD Washington Center，2001.
[4] OECD. Oslo Manual：Guidelines for Collecting and Interpreting Innovation Data. 3rd ed. Paris：OECD，2005.

[5] Pilkington A，Teichert T. Management of technology：themes, concepts and relationships. Technovation，2006，26（3）：288-299.

[6] Meyers P W，Tucker F G. Defining roles for logistics during routine and radical technological innovation. Journal of the Academy of Marketing Science，1989，17（1）：73-82.

[7] Lynn G S，Morone J G，Paulson A S. Marketing and discontinuous innovation：the probe and learn process. California Management Review，1996，38（3）：8-37.

[8] Veryzer R W. Discontinuous innovation and the new product development process. Journal of Product Innovation Management，1998，15（4）：304-321.

[9] Garcia R，Calantone R. A critical look at technological innovation typology and innovativeness terminology：a literature review. Journal of Product Innovation Management，2002，19（2）：110-132.

[10] Rice M P，Leifer R，O'Connor G C. Commercializing discontinuous innovations：bridging the gap from discontinuous innovation project to operations. IEEE Transactions on Engineering Management，2002，49（4）：330-340.

[11] Henderson R M，Clark K B. Architectural innovation：the reconfiguration of existing product technologies and the failure of established firms. Administrative Science Quarterly，1990，35（1）：9-30.

[12] Tushman M L，Anderson P. Technological discontinuities and organizational environments. Administrative Science Quarterly，1986，31（3）：439-465.

[13] Teece D J. Profiting from technological innovation：implications for integration，collaboration，licensing and public policy. Research Policy，1986，15（6）：285-305.

[14] Teece D J. Reflections on "profiting from innovation". Research Policy，2006，35（8）：1131-1146.

[15] Christensen C M. The ongoing process of building a theory of disruption. Journal of Product Innovation Management，2006，23（1）：39-55.

[16] Henderson R. The innovator's dilemma as a problem of organizational competence. Journal of Product Innovation Management，2006，23（1）：5-11.

[17] Bessant J，Lamming R，Noke H，et al. Managing innovation beyond the steady state. Technovation，2005，25（6）：1366-1376.

[18] Phillips W，Lamming R，Bessant J，et al. Discontinuous innovation and supply relationships：strategic dalliances. R & D Management，2006，36（4）：451-461.

[19] Phillips W，Noke H，Bessant J，et al. Beyond the steady state：managing discontinuous product and process innovation. International Journal of Innovation Management，2006，10（2）：175-196.

[20] Hang C C，Neo K B，Chai K H. Discontinuous technological innovations：a review of its categorization//2006 IEEE International Conference on Management of Innovation and Technology. Singapore：IEEE，2006：253-257.

[21] 柳卸林. 不连续创新的第四代研究开发——兼论跨越发展. 中国工业经济，2000，（9）：53-58.

[22] 陈劲，戴凌燕，李良德. 突破性创新及其识别. 科技管理研究，2002，（5）：22-28.

[23] 徐河军，高建，周晓妮. 不连续创新的概念和起源. 科学学与科学技术管理，2003，（7）：53-56.

[24] 王海龙，王国红，武春友. 面向不连续创新的科技创业企业绩效实证研究. 科研管理，2008，29（6）：44-51.

[25] 魏江，冯军政. 国外不连续创新研究现状评介与研究框架构建. 外国经济与管理，2010，（6）：9-16.

[26] 布莱恩·阿瑟. 技术的本质：技术是什么，它是如何进化的. 曹东溟，王健译. 杭州：浙江人民出版社，2014.

[27] Carlsson B，Stankiewicz R. On the nature，function and composition of technological systems. Journal of Evolutionary Economics，1991，1（2）：93-118.

[28] Jacobsson S，Bergek A. Transforming the energy sector：the evolution of technological systems in renewable energy technology. Industrial and Corporate Change，2004，13（5）：815-849.

[29] 洪勇，苏敬勤. 发展中国家核心产业链与核心技术链的协同发展研究. 中国工业经济，2007，（6）：38-45.

[30] 刘康. 技术系统进化论初探. 科学学研究，2011，29（3）：333-336.

[31] Baldwin C Y，Clark K B. The architecture of participation：does code architecture mitigate free riding in the open source development model? Management Science，2006，52（7）：1116-1127.

[32] 顾良丰，许庆瑞. 企业知识的模块化管理与全球化战略. 中国地质大学学报(社会科学版)，2005，5（3）：17-21.

[33] 毛荐其. 全球技术链的一个初步分析. 科研管理，2007，28（6）：85-92.

[34] 彭双，顾新，吴绍波. 技术创新链的结构、形成与运行. 科技进步与对策，2012，29（9）：4-7.

[35] 迈克尔·波特. 国家竞争优势. 北京：华夏出版社，2002.

[36] 张贵，周立群. 产业集成化：产业组织结构演进新趋势. 中国工业经济，2005，（7）：36-42.

[37] 吴晓波，聂品. 技术系统演化与相应的知识演化理论综述. 科研管理，2008，29（2）：103-114.

[38] Paoli M，Prencipe A. The role of knowledge bases in complex product systems：some empirical evidence from the Aero engine industry. Journal of Management & Governance，1999，3（2）：137-160.

[39] Asheim B T，Coenen L. Knowledge bases and regional innovation systems：comparing Nordic clusters. Research Policy，2005，34（8）：1173-1190.

[40] Yayavaram S，Ahuja G. Decomposability in knowledge structures and its impact on the usefulness of inventions and knowledge-base malleability. Administrative Science Quarterly，2008，53（2）：333-362.

[41] van den Hoed R. Sources of radical technological innovation：the emergence of fuel cell technology in the automotive industry. Journal of Cleaner Production，2007，15（11~12）：1014-1021.

[42] Castiaux A. Radical innovation in established organizations：being a knowledge predator. Journal of Engineering and Technology Management，2007，24（1~2）：36-52.

[43] Schmickl C，Kieser A. How much do specialists have to learn from each other when they jointly develop radical product innovations? Research Policy，2008，37（3）：473-491.

[44] Fleming L. Recombinant uncertainty in technological search. Management Science，2001，47
（1）：117-132.

[45] Nerkar A. Old is gold? The value of temporal exploration in the creation of new knowledge.
Management Science，2003，49（2）：211-229.

[46] 陈傲，柳卸林，高广宇. 突破性技术发明的涌现轨迹——以心脏起搏器行业为例. 系统工
程，2011，29（9）：1-8.

[47] 任晓红，张宗益. 产业动态理论研究新进展. 管理评论，2010，22（2）：79-85.

[48] Norman P M. Protecting knowledge in strategic alliances：resource and relational characteristics.
Journal of High Technology Management Research，2002，13（2）：177-202.

[49] Seufert A，Krogh G V，Back A. Towards knowledge networking. Journal of Knowledge
Management，1999，3（3）：180-190.

[50] 席运江，党延忠. 基于知识网络的专家领域知识发现及表示方法. 系统工程，2005，（8）：
110-115.

[51] Cowan R，Jonard N，Özman M. Knowledge dynamics in a network industry. Technological
Forecasting & Social Change，2004，71（5）：469-484.

[52] Aguirre J L，Brena R，Cantu F J. Multiagent-based knowledge networks. Expert Systems with
Applications，2001，20（1）：65-75.

[53] Akgün A E，Byrne J，Keskin H，et al. Knowledge networks in new product development
projects：a transactive memory perspective. Information & Management，2005，42（8）：
1105-1120.

[54] 姜照华，隆连堂，张米尔. 产业集群条件下知识供应链与知识网络的动力学模型探讨. 科
学学与科学技术管理，2004，（7）：55-60.

[55] 李勇，史占中，屠梅曾. 知识网络与企业动态能力. 情报科学，2006，24（3）：434-437.

[56] 梁晶. 面向客户需求的企业集群知识传播模型与仿真. 运筹与管理，2010，19（4）：150-159.

[57] 姚宏霞. 互联网群体协作的知识网络演化：基于SECI模型的扩展. 情报杂志，2009，（1）：
59-62.

[58] 刘刚. 知识网络的超循环结构及协同演化. 科技进步与对策，2007，24（8）：145-148.

[59] 万君，顾新. 知识网络的形成机理研究. 科技管理研究，2008，（9）：243-245.

[60] OECD. 以知识为基础的经济. 杨宏进，薛澜译. 北京：机械工业出版社，1997.

[61] 文庭孝，汪全莉，王丙炎，等. 知识网络及其测度研究. 图书馆，2009，（1）：1-6.

[62] 詹勇飞，和金生. 基于知识整合的知识网络研究. 研究与发展管理，2009，21（3）：28-32.

[63] 汪涛，任瑞芳，曾刚. 知识网络结构特征及其对知识流动的影响. 科学学与科学技术管理，
2010，（5）：150-155.

[64] Glückler J. Economic geography and the evolution of networks. Journal of Economic
Geography，2007，7（7）：619-634.

[65] 王晓娟. 知识网络与集群企业创新绩效——浙江黄岩模具产业集群的实证研究. 科学学研
究，2008，26（4）：874-879.

[66] 万幼清，王战平. 基于知识网络的产业集群知识扩散研究. 科技进步与对策，2007，24（2）：
132-134.

[67] 李丹，俞竹超，樊治平. 知识网络的构建过程分析. 科学学研究，2002，20（6）：620-623.

[68] Price D J D. Network of scientific papers. Science，1965，149（3683）：510-515.

[69] 郭立新，陈传明. 模块化网络中企业技术创新能力系统演进的驱动因素——基于知识网络和资源网络的视角. 科学学与科学技术管理，2010，（2）：59-66.

[70] 余东华，芮明杰. 模块化网络组织中的知识流动与技术创新. 上海管理科学，2007，（1）：20-26.

[71] 张龙. 知识网络结构及其对知识管理的启示. 研究与发展管理，2007，19（2）：86-91.

[72] 张帆. 基于知识网络的产业集群技术能力增长研究. 浙江大学硕士学位论文，2006.

[73] Newman M E，Girvan M. Finding and evaluating community structure in networks. Physical Review E，2004，69（2）：026113.

[74] OECD. The Knowledge-Based Economy. Paris：OECD，1996.

[75] OECD. National Innovation System. Paris：OECD，1997.

[76] 方凌云. 企业之间知识流动的方式及其测度研究. 科研管理，2001，（1）：74-78.

[77] 李金华. 知识流动对创新网络结构的影响——基于复杂网络理论的探讨. 科技进步与对策，2007，（11）：91-94.

[78] 范丹宇，金峰. 创新系统中知识流动的机理及其影响因素. 科学管理研究，2006，（3）：92-95.

[79] 宋保林，李兆友. 技术创新过程中技术知识流动研究述评. 科技进步与对策，2010，（16）：156-160.

[80] Boisot M H. Is your firm a creative destroyer? Competitive learning and knowledge flows in the technological strategies of firms. Research Policy，1995，24（24）：489-506.

[81] Pitt M，Clarke K. Competing on competence：a knowledge perspective on the management of strategic innovation. Technology Analysis & Strategic Management，1999，11（3）：301-316.

[82] Cohen W M，Levinthal D A. Absorptive capacity：a new perspective on learning and innovation. Administrative Science Quarterly，1990，35（1）：128-152.

[83] 向希尧，蔡虹. 组织间跨国知识流动网络结构分析——基于专利的实证研究. 科学学研究，2011，29（1）：97-105.

[84] 高继平，丁堃，滕立，等. 专利—论文混合共被引网络下的知识流动探析. 科学学研究，2011，29（8）：1184-1189.

[85] 杨中楷，梁永霞，刘倩楠. 专利引用过程中的知识活动探析. 科研管理，2010，（2）：171-177.

[86] 安宁，刘娅. 基于专利引证的我国医药技术领域知识流入研究. 科技管理研究，2010，（18）：168-172.

[87] Jaffe A B，Trajtenberg M，Henderson R. Geographic localization of knowledge spillovers as evidenced by patent citations. Quarterly Journal of Economics，1993，108（3）：577-598.

[88] Singh J. Collaborative networks as determinants of knowledge diffusion patterns. Management Science，2005，51（5）：756-770.

[89] Sternitzke C，Bartkowski A，Schramm R. Visualizing patent statistics by means of social network analysis tools. World Patent Information，2008，30（2）：115-131.

[90] von Hippel E. Sticky information and the locus of problem-solving：implications for innovation. Management Science，1994，40（4）：429-439.

[91] Carlile P R. Transferring, translating, and transforming：an integrative framework for managing knowledge across boundaries. Organization Science，2004，15（5）：555-568.

[92] Malerba F, Montobbio F. Exploring factors affecting international technological specialization: the role of knowledge flows and the structure of innovative activity. Journal of Evolutionary Economics, 2003, 13（4）: 411-434.

[93] Schilling M A, Phelps C C. Interfirm collaboration networks: the impact of large-scale network structure on firm innovation. Management Science, 2007, 53（7）: 1113-1126.

[94] 毕克新, 黄平, 李婉红. 产品创新与工艺创新知识流耦合影响因素研究——基于制造业企业的实证分析. 科研管理, 2012, 33（8）: 16-24.

[95] 朱红涛. 知识特性对知识交流效率的影响研究. 情报理论与实践, 2012, 35（7）: 34-37.

[96] 张宝生, 王晓红. 虚拟科技创新团队知识流动意愿影响因素实证研究——基于知识网络分析框架. 研究与发展管理, 2012, 24（2）: 1-9.

[97] Callaert J, Looy B V, Verbeek A, et al. Traces of prior art: an analysis of non-patent references found in patent documents. Scientometrics, 2006, 69（1）: 3-20.

[98] Narin F. Patent bibliometrics. Scientometrics, 1994, 30（1）: 147-155.

[99] Iversen E J. An excursion into the patent-bibliometrics of norwegian patenting. Scientometrics, 2000, 49（1）: 63-80.

[100] 李建蓉. 专利信息与利用. 北京: 知识产权出版社, 2006.

[101] Narin F, Hamilton K S. Bibliometric performance measures. Scientometrics, 1996, 36（36）: 293-310.

[102] Chen D Z, Lin W Y C, Huang M H. Using essential patent index and essential technological strength to evaluate industrial technological innovation competitiveness. Scientometrics, 2007, 71（1）: 101-116.

[103] 次仁拉珍, 乐思诗, 叶鹰. 世界百强企业 h 指数探析. 大学图书馆学报, 2009, （2）: 76-79.

[104] Griliches Z. Patent statistics economic indicator: a survey. Journal of Economic Literature, 1990, （28）: 1661-1707.

[105] 陈达仁, 王俊杰, 周永铭. 由中国专利探讨 TFT-LCD 专利表现及主要公司技术布局. 图书情报知识, 2006, （114）: 96-104.

[106] 栾春娟, 侯海燕. 全球纳米技术领域专利计量分析. 科技与经济, 2008, 21（4）: 38-40.

[107] 邱均平. 专利计量的概念指标及实证——以全球有机电激发光技术相关专利为例. 情报学报, 2008, 27（4）: 556-565.

[108] 唐健辉, 叶鹰. 3G 通讯技术之专利分析. 图书与情报, 2009, （6）: 70-73.

[109] 栾春娟. 基于专利计量与可视化手段的技术前沿探测——以波音公司为例. 情报理论与实践, 2009, 32（8）: 68-71.

[110] 康宇航, 苏敬勤. 技术创新机会的可视化识别基于专利计量的实证分析. 科学学研究, 2008, 26（4）: 695-701.

第2章　制造业创新战略与实践的国际比较研究

　　无论是从工业增加值指标，还是从经常贸易账户余额来看，欧美发达国家在全球金融危机以来推行的"再工业化"发展战略已取得了初步成效。与此同时，中国制造业发展的前景却出现令人忧虑的迹象，产能过剩问题在近些年更是一直困扰着制造业的发展。本章在资料收集的基础上，系统分析美国、德国、日本主要制造强国的制造业创新战略和实践，并与"中国制造 2025"战略进行比较，通过经验借鉴提出政策建议。

2.1　美国制造业创新战略

　　21 世纪以来，各个发达国家开始重新重视先进制造业的发展，实施"再工业化"战略。美国的"再工业化"主要目标是调整产业结构、转变发展方式和发展先进制造业，包括调整、提升传统制造业结构及竞争力和发展高新技术产业两条主线。自 2000 年以来，美国制造业劳动生产率增长了 41%，增长速度远高于加拿大、德国、法国和日本等传统制造业大国。此外，美国在高附加值和高技术密集度的化工、宇航、机械、医疗和半导体领域仍然占据全球领导者的地位。可见，美国仍是制造业价值链的掌控者和主导者。2010 年，美国制造业产出近 1.8 万亿美元，稍稍领先于中国，比日本制造业产出高 2/3，是德国制造业产出的三倍，仍居世界首位。根据德勤全球消费与工业产品行业和美国竞争力委员会联合发布的

《全球制造业竞争力指数》报告，中国 2011 年、2013 年及 2016 年国家制造业竞争力指数排名位居第一；但未来五年内，美国有望超越中国成为全球最具竞争力的制造业大国。美国制造业的主要问题是就业岗位在减少，成因主要是国内生产自动化和劳动成本过高，迫使美国大公司将产业转移到国外。金融危机后，美国提出"制造业回归"，奥巴马签署了《制造业促进法案》，决心利用美国的技术和劳动生产率优势重振制造业。在奥巴马政府一系列制造业战略和政策的推动下，制造业成为美国经济复苏的重要支撑，已出现某些制造业回归美国的迹象。

　　1900 年，美国实现工业化，20 世纪 80 年代完成现代化进程。但从 20 世纪 80 年代初起，由于放松了对金融市场的宏观监管，虚拟经济恶性膨胀，2007 年爆发次贷危机。美国制造业的基础研究在全球居于领先位置，但并没有转化为美国本土的制造能力和产品，这是因为面临技术、金融等方面的挑战，仅靠企业、学术机构或政府都无法独立解决。为此，意识到先进制造对美国经济的重要性，美国于 2009 年年初开始调整经济发展战略。2009 年 12 月，公布《重振美国制造业框架》。2011 年 6 月和 2012 年 2 月，美国联邦政府相继启动《先进制造业伙伴计划》和《先进制造业国家战略计划》，实施"再工业化"。2012 年，在国防部领导下，建立了首个制造创新机构（manufacturing institutes）。随后，2014 年和 2015 年国防部和能源部又先后建立了增材制造等制造创新机构。2014 年 12 月 16 日，美国议会还通过了《复兴美国制造业和创新法案》（*Revitalize American Manufacturing and Innovation Act of* 2013，RAMI），赋予商务部部长建立和协调制造创新网络的权利。

　　美国政府提出"再工业化"旨在达到"一石数鸟"效果：短期目标是刺激经济复苏、缓解严重失业、缓和社会矛盾；中期目标是调整结构、培育新的增长动力、促进经济再平衡；长期目标是抓住新一轮产业革命机遇，谋划战略主导权、重塑国家竞争优势。美国"再工业化"与"制造业回归"是奥巴马上台以来大力推动并已初见成效的一项经济战略。

2.1.1　先进制造伙伴计划

　　先进制造是指采用新方法创造现有产品以及利用新兴技术创造新产品[1]。为巩固美国制造业竞争优势，并确保其在世界制造业强国中保持领先地位，美国总统科技顾问委员会（President's Council of Advisors on Science and Technology，PCAST）于 2011 年 6 月 24 日向美国总统奥巴马呈交了题为《确保美国在先进制造业的领先地位》[2]的专题报告。报告认为，虽然美国一百多年来始终在制造业方面居于世界领先，但是近几十年来美国的制造业正在衰退。报告呼吁政府、企业与学术界紧密合作，以振兴美国的先进制造业，确保其制造业强国霸主地位。根据该项报告的建议，奥巴马政府启动了美国"先进制造伙伴"（advanced manufacturing partnership，AMP）计划[3]，并于国会通过该项议案，计划在未来 4 年投入 5~10 亿美元推动该项计划。

1. 战略构想

PCAST 报告[2]指出，在美国的历史上，像电话、微波、飞机引擎、互联网等这些改变世界的发明创造，正是由于政府以战略高度汇聚人才、投入关键资金才得以实现。AMP 计划就是要在顶尖大学、具有创新能力的制造商和联邦政府之间建立合作伙伴关系，通过构筑官、产、学、研各方紧密合作的工作机制，集聚人才、引导投资、制定先进制造技术发展路线。尽快使创新思想、新技术、新创意从实验室走向工厂，不但创造就业、增强中小企业竞争力，而且实现未来若干年内使美国确保制造业领袖地位的目标。

实施先进制造业伙伴计划的一个鲜明特点是采用产学研合作，并使大学和企业从中发挥主导性的作用。美国的顶尖大学在基础研究和应用研究领域的力量非常强大，特别是一些研究型大学是培养高层次科技人才的重要基地，是推动经济发展的重要动力源；而美国的大型企业更是技术创新的领导者，研发力量雄厚，大都有独立的研发机构，形成了从应用基础研究、技术开发到商业化的完整创新体系。奥巴马政府让美国的顶尖大学和知名企业主导这一计划，并通过相关的联邦政府部门予以必要的指导，从而保障计划的顺利实施。

2. 计划目标

PCAST 报告[2]提出的计划目标如下：

第一，强化关系国家安全的关键产业本土制造能力。自 2011 年夏，美国国防部、国土安全部、能源部、农业部和商务部等部门将先期投入 3 亿美元，与产业界合作，在关系美国国家安全的关键产业和关系关键产业长期发展的创新技术方面进行投资。起初的投资方向包括小型大功率电池、先进合成材料、金属加工、生物制造和替代能源等。

第二，缩短先进材料从开发到应用推广的时间。美国政府启动一项名为"材料基因组"的项目，计划投入 1 亿多美元，通过研究、培训和基础设施建设等方式，力求使美国企业发现、开发、制造和应用推广先进材料的速度提高一倍，以应对先进制造业、清洁能源和国家安全等方面提出的挑战。

第三，发展新一代机器人。美国国家科学基金会（National Science Foundation，NSF）、国家航空航天局（National Aeronautics and Space Administration，NASA）、

国立卫生健康研究院（National Institutes of Health，NIH）和农业部将共同投入7 000万美元支持新一代机器人的研发。这些机器人将使工人、外科医生、医护人员、士兵和宇航员获得和提高执行关键艰巨任务的能力。

第四，研究开发创新型的节能制造工艺。美国能源部将整合现有和预算的资金，初期投入1.2亿美元，开发节能制造工艺和材料，使美国制造企业能以更少的能源制造更多的产品，减少制造成本，从而提高竞争力。

3. 组织形式

奥巴马政府虽然认识到先进制造业对美国整体的战略意义，但并没有将其作为联邦政府自身的一项工作，而是让大学和企业承担关键性的角色，联邦政府只负责提供良好的创新环境，如推行税收抵免、提供政府引导资金等，共同结成强有力的产学研合作联盟。

组织机构。先进制造业伙伴计划的负责人由陶氏化学公司主席兼总裁安德鲁·利伟诚和麻省理工学院校长苏珊·霍克菲尔德共同担任，他们与国家经济委员会、科技政策办公室、总统科技顾问委员会结成了紧密的工作关系。

执行主体。先进制造业伙伴计划将主要由美国顶尖的工程大学和主要的制造公司承担。为投资、部署这些新技术，白宫方面已经选择了全美六所顶尖大学组成"先进制造业合作联盟"，包括卡内基梅隆大学、佐治亚理工学院、斯坦福大学、加州大学伯克利分校和密歇根大学。此外，还有11家制造企业加入高新制造业鼓励发展计划中，包括阿勒格尼技术公司、卡特彼勒公司、康宁公司、陶氏化学公司、福特汽车公司、霍尼韦尔公司、英特尔公司、强生公司、诺斯罗普·格鲁曼公司、宝洁公司和斯特瑞克公司。

4. 配套实施的六项举措

（1）美国国防先进研究项目局（Defense Advanced Research Projects Agency，DARPA）将开发新技术，大大缩短从设计、建造到成品测试的产品周期，目标是将产品周期缩短为原来的1/5，从而使企业满足国防部的要求。

（2）麻省理工学院、卡内基梅隆大学、佐治亚理工学院、斯坦福大学、加州大学伯克利分校和密歇根大学六大名校形成协作联盟共享先进制造和创新项目方面的资源。这些大学还将与产业界、联邦政府机构合作，发现研究机会，为关键技术编制合作研究的技术路线图。

（3）美国商务部将在2012财年初期投入1 200万美元组建"先进制造技术联合体"，以公私合作方式对新产品开发的共性技术联合攻关。

（4）宝洁公司将通过最近组建的中西部"模型与模拟"联盟免费为美国中小

型制造商提供先进的软件。通常，小型制造公司没有能力拥有自身的数字化设计工具，这无疑提供了重要的创新资源平台。

（5）美国能源部联合福特汽车公司和全国制造商协会有效利用全国培训和教育资源，共同推出一项旨在培养新一代制造商的计划。

（6）美国国防部在 2011 财年投入 2 400 万美元用以开发作战用途而迫切需要的国内制造技术，同时开发一个网上交易平台，对接国防部及其他国家机构的需求，来提高关系美国国家安全关键产业的本土生产能力[4]。

5. 政策建议

2012 年 7 月 17 日，美国先进制造伙伴关系指导委员会编写的《赢得国内先进制造竞争力优势》[5]报告被美国总统科技顾问委员会采纳。该报告是在 2011 年《确保美国先进制造领导地位》的基础上形成的。该报告认为，美国制造业的领导地位正在遭受挑战，先进制造业所遭受的威胁不但将使美国整体经济陷入风险之中，还可能危害美国未来能否繁荣的关键因素——创新。为此，该报告提出了针对先进制造的 3 大支柱 16 项建议，认为美国政府应该将注意力集中在国际一流、能使制造业面目一新的新技术上，而不是讨论过去几十年制造业流失的岗位能否回到美国。先进制造并不局限于新兴技术，它包括美国具有全球竞争力的制造商和供应商所采用的高效率、高产出、高集成度、严格控制的工艺流程。先进制造业在美国的加速发展和繁荣，需要大众、教育界、工商界及各级政府的主动参与（表 2.1）。

表2.1　先进制造伙伴关系指导委员会建议列表[5]

类别	序号	建议
促进创新	1	制定国家先进制造战略
	2	增加对前沿交叉学科的研发投入
	3	建立国家制造业创新机构网络
	4	加强高校和产业界在先进制造研究领域的合作
	5	营造更加有利于先进制造技术产业化的环境
	6	建设国家先进制造门户网站
保证人才输送管道通畅	7	纠正公众对制造业的认识误区
	8	发挥退伍老兵的才智
	9	向社区学院教育投资
	10	发展伙伴关系提供技能证书及认证
	11	推进先进制造业大学项目
	12	启动制造业奖学金和实习

续表

类别	序号	建议
改善商业环境	13	推行税收改革
	14	精简管理政策
	15	改善贸易政策
	16	更新能源政策

《赢得国内先进制造竞争力优势》报告勾画了制造业创新的战略蓝图，对复兴美国制造业领导力具有重要影响，该报告在"先进制造伙伴关系"战略基础上提出的制定国家先进制造战略、建立国家制造业创新机构网络等重大政策建议均为政府采纳，上升为国家战略并付诸实施。

2014年10月，"先进制造伙伴关系2.0指导委员会"提交了《推进美国制造业》[6]报告，考察了2012年AMP政策建议的执行状态，并进一步将16项政策建议浓缩为12项，以推进美国制造业振兴。

2.1.2 国家先进制造战略计划

2012年2月22日，美国国家科学技术委员会公布了《国家先进制造战略计划》[3]。该计划是依据美国国会2010年竞争力再授权法案，并在2011年6月奥巴马总统宣布的"先进制造伙伴计划"基础上制定的。

1. 战略构想与计划目标

长期以来，美国制造业一直是美国经济的核心，同时也是应对国家挑战、产生创新性解决方案的发动机。先进制造业战略计划由美国商务部、国防部和能源部牵头，相关联邦部门参与，旨在协调各部门发展先进制造的政策。该计划设定了五方面的政策目标：①加速对先进制造的投资，特别是对中小型制造企业；②开发一个更加适应岗位技能要求的教育和培训系统；③优化联邦政府对先进制造的R&D投入；④增加公共和私营部门对先进制造的R&D投入；⑤加强国家层面和区域层面所有涉及先进制造的机构的伙伴关系。这些计划目标是相互关联的，任何单个目标的进展都会使其他目标更容易进行。通过国家科学技术委员会（National Science and Technology Council，NSTC）对联邦机构的协调，将促进战略目标的实施。

2. 利益相关者和组织形式

国家先进制造战略的利益相关者包括：联邦机构撰写这份报告的工作小组代表

及国防生产法委员会（The Defense Production Act Committee，DPAC）代表；国家、区域和当地支持产业集群和相关伙伴关系的公共和私人实体；各种规模的制造企业；多样化的高等教育机构，包括研究型大学和社区学院；工人和工会；广大公众。计划特别强调必须包含所有的利益方，包括联邦政府、州政府、地方政府、大学、研究机构、工会、专业人士、各种规模的制造企业，否则计划不可能实现。

3. 长效机制及其实施阶段

一个国家的研究和创新体系高度依赖于能持续不断地提供问题和挑战解决方案的制造业基础，先进制造伙伴关系的主要目标是建立一个长久的机制，识别能够对美国经济增长和竞争力产生重大影响的下一代制造业技术。联邦政府、产业界和学术界必须合作建立一个持续的工作进程，来甄别那些能引领美国制造业走向成功的技术，并将其商业化。先进制造伙伴关系指导委员会根据技术生命周期将该机制分为四个阶段（表 2.2）。

表2.2　《先进制造国家战略计划》需建立的机制的四个阶段[5]

项目	目标	说明	产出
阶段一	制定国家先进制造战略计划与目标	指导委员会同意并支持美国国家科学技术委员会发布的《先进制造国家战略计划》，此外建议先进制造国家计划办公室与产业界和学术界紧密合作制定国家先进制造战略。在这个阶段，将基于国家战略分析（国防、能源、健康、安全和经济）和全球（市场）需求，以及预测宏观经济走势，建立未来情景和预测。这种分析应每五年进行一次，官产学研领导人参与，包括交流观点、收集情报并在参与者之间建立共识。优先目标的确定应与美国国家安全需要、全球市场需求、美国商业竞争力准备及全球性技术准备等相一致	战略需求和关键技术优先度列表
阶段二	制定技术路线图	委托产业界、学术界和相关机构的专家制定关键技术路线图，指导新技术开发，并转移至现有供应链中。路线图应当包括关键价值指南和性能指标。对于成熟技术，应由官产学领导人推动路线图的制定；对于新兴技术，联邦政府应建立重点学科专家组成的工作小组	关键技术路线图
阶段三	设立并管理研究项目	在阶段二所制定的路线图指引下，建议设立跨年度的研究计划并提供稳定的资助，用于发展研究能力和建设机构型中心，以协调技术转移转化并提供职业再培训，行业和政府的共同资助模式至关重要。对成熟产业，联盟应建立和管理研究计划；对新兴产业，政府在推动科研和基础设施建设方面应发挥更大的作用，研究项目应由政府相关机构管理。在可能的情况下，应由建议设立的制造创新研究院开展研究，并开发和维持行业人才培养渠道。超过30万个的中小型企业及扩展价值链的成员参与其中，并获得科研基础设施的访问权限，这些也很重要。由于项目得到来自多方的资助，需要明确规定知识产权问题	制定并执行技术研发项目
阶段四	对过程进行审查和修正	关键利益相关方、机构代表，以及来自学术界和产业界的专家应定期进行审查，以确定目标是否达成或过程是否需要修正。项目执行过程中，审查小组应提供实时的技术援助和互动性的咨询服务。尽管资助的资金必须是稳定的，但是资金分配应提交审查，并根据严谨的计量分析进行调整	相关方定期对项目执行情况进行审查

2.1.3 国家制造创新网络

创新是国家经济的命脉和经济发展的主要动力来源。但是，在一个高度竞争的全球市场中，仅仅依靠自发性的创新是不够的。许多国家都在通过整体的政府引导方式实施、推动创新。美国国家制造创新网络（national network for manufacturing innovation program，NNMI）旨在创造一个竞争性的、有效的和可持续发展的科研—制造体系，使美国工业界和学术界一起解决相关产业日益严峻的挑战。2014 年 12 月 16 日，美国议会通过了 RAMI，赋予商务部部长建立和协调制造创新网络的权利。

1. 战略构想

尽管美国长期以来在基础研究和科学发现方面全球领先，然而许多科研成果难以快速转换成美国制造的产品。技术无法商业化的原因主要在于私营部门尤其是中小企业缺乏足够的技术资源，难以在技术发展的早期阶段进行充分的投资，这条研究成果与生产之间的鸿沟被称为"死亡之谷"。由图 2.1 可以看出，技术成熟度可分为 9 个阶段，美国政府和高校的投入集中在 1~4 阶段，私营部门的投入集中在 7~9 阶段，而在技术成熟度第 4 阶段（技术开发阶段）和第 6 阶段（技术展示阶段）之间存在投资缺口。为了使美国成功地将研究成果转化为产品和应用，建议成立国家制造业创新研究机构网络，以弥补这一空白，这些机构将作为嵌入式分布网络内的创新节点，同时支撑国家和区域创新体系。

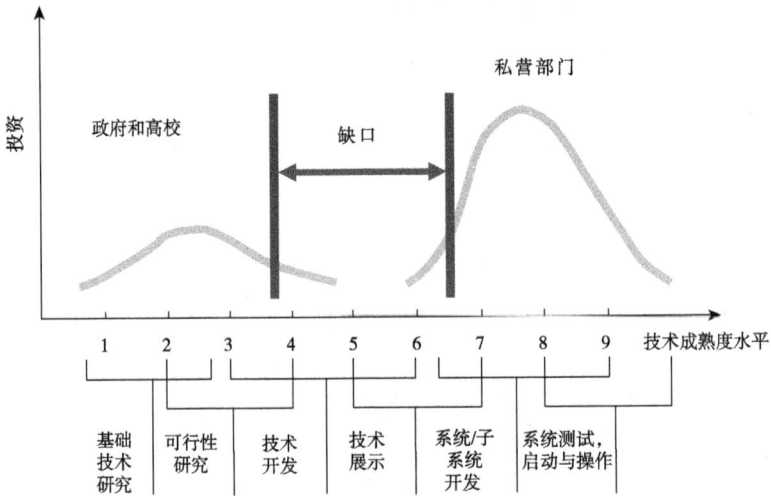

图 2.1　美国制造业创新：投资缺口[5]

制造业创新机构（Manufacturing Innovation Institute）建立在企业、高校、地方政府和联邦机构共同投资于世界领先的技术和能力的公私合作伙伴关系基础之上。每一家创新机构为富有前景的技术协同开发提供必要的中心和最先进的设施，进行劳动力教育和培训，为先进制造创造稳定和可持续的创新生态系统[1]。制造业创新机构的一大战略就是缩小研发与需求的差距，加快技术转化速度。

2. NNMI 战略规划的愿景和战略目标

NNMI 计划的愿景是使美国在先进制造领域居于全球领先地位。为实现这一愿景，国家制造创新网络计划战略规划列出了该计划的四项战略目标，可以概括为提升竞争力、促进技术转化、加速制造劳动力、确保稳定和可持续的基础结构（图 2.2）。

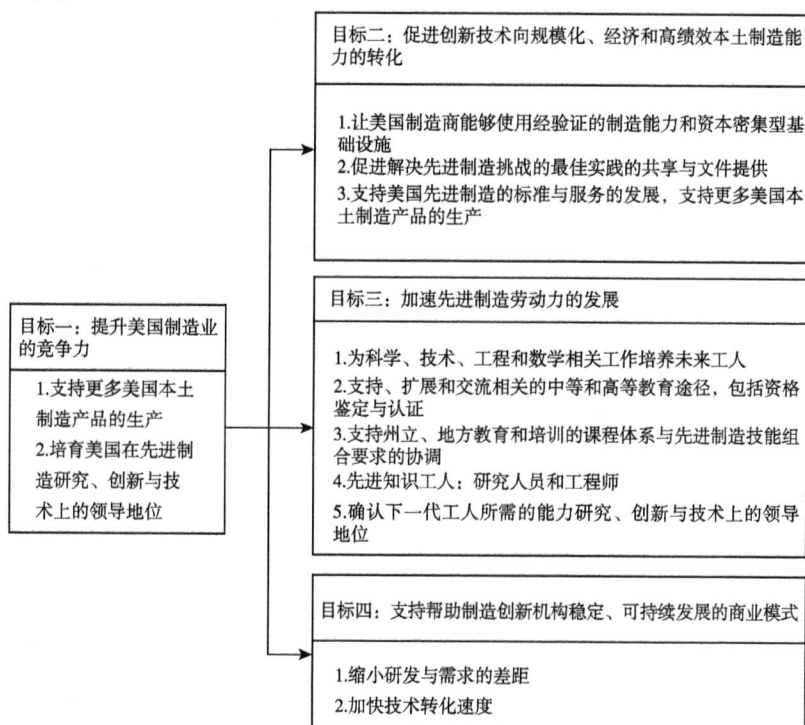

图 2.2　NNMI 战略目标[1]

NNMI 战略计划征求了来自国家制造创新网络各个利益相关方的反馈与建议，表达了国防部、能源部等计划参与部门和波音、洛马、通用电气公司（General Electric，GE）等工业领袖对该计划未来至少三年该如何发展的共识。NNMI 战略计划识别了实现这些目标的方法手段，以及评价该计划的标准。

3. 利益相关群体及组织形式

制造创新机构是 NNMI 计划的核心，提供了资源和能力，通过产业界和学术机构合作解决基础研究和生产之间衔接的有关行业问题，使产业界、学术机构（包括大学、院校、技术研究所）、联邦实验室以及联邦、州和地方政府联手应对先进制造业高风险的挑战，并协助厂商保持或扩大在美国的工业生产（图 2.3）。它从法定部门下的资助机构获得初始资金而成立，机构功能是基于公私合营的伙伴关系：在最初 5~7 年的资金募集期，非联邦资源必须等于或超过联邦提供的资金的要求；初始资金募集期后，该机构实现自负盈亏的持续发展。

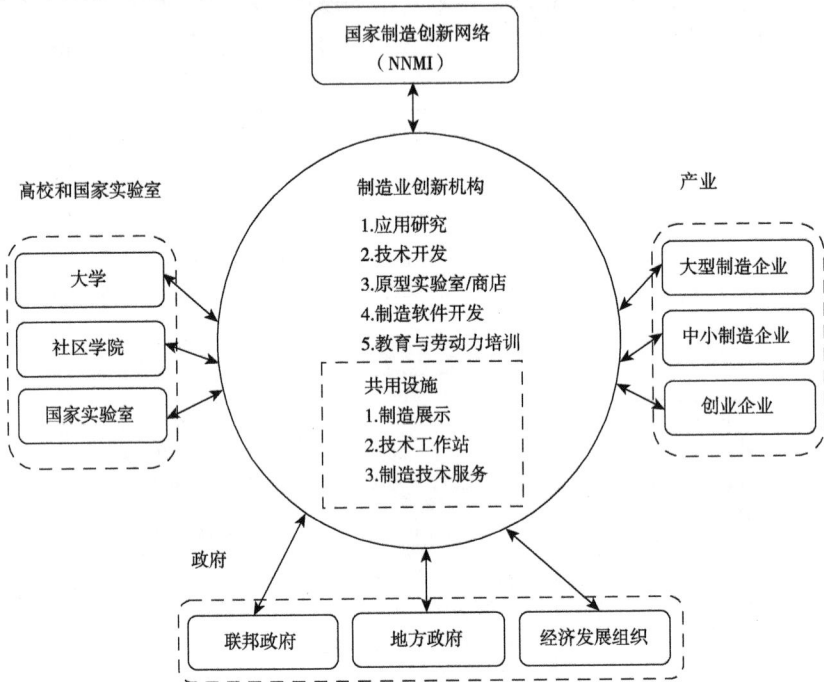

图 2.3　制造业创新机构生态系统中的利益相关群体[1]

每个国家制造业创新机构的职能范围如下：①专注于有关美国国家经济实力的领域或有前途的新兴技术领域；②由行业协会（两个或两个以上的成员）和一所大学或国家实验室主办，可以向政府申请匹配资金建设国家制造业创新研究机构，成员包括两个或更多的大型企业、有相关中小企业参与、有至少一所主要的研究型大学及其他地区的大学和社区学院积极参与；③由来自商界、学术界和政府相关部门代表组成的董事会管理；④独立运作，所有的制造业创新机构都将遵循国家管理委员会制定的管理模式；⑤配备全职研究员、工程师、推动技术商业化的创新推动者、驻校行业技术人员、兼职教师、博士后和实习生等；⑥作为大学和社区学院的实践能力培训中心；⑦执行包括竞争前研究、专有技术和产品研究等在内的研究项目，在一个强有力的知识产权协议框架下保障制造商权益；⑧接受来自产业界、学术界和政府的各类资助；⑨产业界投入和政府拨款达到1∶1匹配；⑩建立分布式制造技术支撑中心，以协助区域内中小型企业采用新技术；⑪向社区学院提供支持，发展和强化先进制造项目；⑫向其他发展互补性和使能技术的大学及企业提供资助；⑬提供技术开发用的共享基础设施，作为"合作实验室"向研究型大学和企业提供服务；⑭提供多种业务服务，如设计、数字化制造、原型和测试服务及人员培训等。

自奥巴马总统发起美国制造创新网络起，计划建立 45 家制造创新机构，7 家已经建成的研究机构如下[6]：美国制造（America Makes），即国家增材制造创新机构，关注增材制造和三维（3D）打印技术；数字制造与设计创新机构（Digital Manufacturing and Design Innovation Institute），关注数字设计与制造的集成；明日轻质创新（Lightweight Innovations for Tomorrow，LIFT），即美国轻质材料制造创新机构，关注轻金属制造技术；电力美国（Power America），下一代电力电子制造创新机构，关注基于宽能带隙半导体的电子器件；先进复合材料制造创新机构（Institute for Advanced Composites Manufacturing Innovation，IACMI），关注先进纤维增强聚合物复合材料；AIM 光子（AIM Photonics），即美国集成光子制造创新机构，关注集成光子电路制造；下一代柔性（Flexible Hybrid Electronics），即柔性混合电子制造创新机构，关注半导体与柔性电子器件的制造和集成。此外，还有两家将要建成的制造创新机构，包括革命性的纤维和纺织品创新机构（Revolutionary Fibers and Textiles Institute for Manufacturing Innovation），智能制造创新机构（Manufacturing Innovation Institute on Smart Manufacturing），关注先进传感器、控制、平台和模具等的制造（征集中）。

NNMI 还打造基于制造创新机构的生态系统，营造充满活力、高度合作的环境，促进技术成果的转化。为此，各机构创造适当规则保护下的可信环境，携手制定研发投资线路图，共享知识产权。同时，每一个制造创新机构都是未来先进制造的关键节点，各成员共享基础设施和设备，共同解决技术挑战，并为工人提供未来制造方法和技术的培训。到 2016 年年底，要建成 15 家，逐步打造一个先进制造协作网。

4. NNMI 计划协调和评估

根据 RAMI 法案，商务部部长通过下属的国家标准技术研究所（National Institute of Standards and Technology，NIST）建立了 NNMI 的执行和监督团队先进制造国家计划办公室（Advanced Manufacturing National Program Office，

AMNPO），先进制造国家计划办公室将执行下述任务：①监督 NNMI 计划的规划、管理和协调。②依据联邦部门和机构的谅解备忘录，执行 NNMI 计划目标。③建立协调 NNMI 计划的活动所需的程序、流程、标准，以促进与其他联邦部门和机构最大限度地合作。④建立有关 NNMI 计划活动的公共信息交流中心（clearinghouse）。⑤担当网络计划的召集人（根据 NNMI 计划，商务部部长是制造创新网络召集人）。⑥更新战略计划——不得少于每 3 年一次，以指导 NNMI 计划。⑦扩展霍林斯制造业扩展伙伴关系（Manufacturing Extension Partnership，MEP）到 NNMI 方案规划，以确保 NNMI 计划涵盖中小企业。

先进制造国家计划办公室成立于 2012 年，主要任务则是协调联邦政府机构在制造领域的合作，这些机构包括 DOC（Department of Commerce，商务部），DoD（Department of Defense，国防部），DOE（Department of Energy，能源部），NASA（National Aeronautics and Space Administration，航空航天局），DoEd（Department of Education，教育部），USDA（United States Department of Agriculture，农业部），NSF（National Science Foundation，国家科学基金），FAA（Federal Aviation Administration，联邦航空管理局），FDA（Food and Drug Administration，食品与药物管理局）。成立于 2015 年 3 月的先进制造子委员会（Subcommitte on Advanced Manufacturing，SAM）是 NSTC 技术委员会的信息共享和协作平台，使参与机构就联邦先进制造项目、政策、预算指南达成共识。

另外，作为 NNMI 项目的有机组成部分，计划还要求评估和汇报。2016 年发布了新版的战略规划[1]和年度报告[7]。2016 年的年度报告介绍了已成立的各制造创新机构的最新进展，未来的报告将包括对计划活动的年度财年审查、三年一度审查，以及战略计划的更新。

2.2　德国工业 4.0 战略

2.2.1　工业 4.0 的提出背景

德国是全球制造业中最具竞争力的国家之一，其装备制造行业全球领先。德国经济增长的动力来自其基础产业——制造业所维持的国际竞争力。制造业的发展是德国工业增长的不可或缺因素。对于德国而言，制造业是传统的经济增长动力。在制造工程领域，全球竞争愈演愈烈，德国不是唯一已经认识到要在制造行业引入物联网和服务的国家。此外，不仅亚洲对德国工业构成竞争威胁，美国也正在采取措施，通过各种计划来应对去工业化，以促进先进制造业的发展[8]。

　　制造业的数字化、虚拟化正在彻底改变人们制造产品的方式。为此，以德国为代表的欧洲，以及美国都打算大幅提升工业产值。美国的通用电气于 2012 年秋季提出了"工业互联网"（industrial internet）概念，这是一个将产业设备与 IT 融合的概念，目标是通过高功能设备、低成本传感器、互联网、大数据收集及分析技术等的组合，大幅提高现有产业的效率并创造新产业。而日本的各企业也在推进 M2M（machine to machine）和大数据应用。因此，德国以其独特的优势开拓新型工业化的潜力——工业 4.0（Industry 4.0），并开始推进这个产官学一体项目的新一代工业升级计划。

　　德国工业 4.0 的大体概念是由德国人工智能研究中心行政总裁沃尔夫冈·瓦尔斯特尔教授在德国举行的 2011 年汉诺威工业博览会上提出的，即要通过物联网等媒介来推动第四次工业革命，提高制造业水平。此后，由德国机械设备制造联合会等协会牵头，来自企业、政府、研究机构的专家成立了"工业 4.0 工作组"，进一步加强工业 4.0 的研究并向德国政府进行报告，2013 年发表了工业 4.0 标准化路线图，组建了由协会和企业参与的工业 4.0 平台。德国政府也将工业 4.0 纳入《高技术战略 2020》中，使工业 4.0 正式成为一项国家战略，联盟政府计划投入 2 亿欧元，其目的在于奠定德国在关键技术上的国际领先地位，夯实德国作为技术经济强国的核心竞争力。2013 年 4 月，由产官学专家组成的德国"工业 4.0 工作组"在汉诺威工业博览会上发表了最终报告——《保障德国制造业的未来：关于实施"工业 4.0"战略的建议》[8]。与美国流行的第三次工业革命的说法不同，德国将 18 世纪引入机械制造设备定义为工业 1.0，20 世纪初的电气化为 2.0，始于 20 世纪 70 年代的信息化定义为 3.0，而物联网和制造业服务化宣告着第四次工业革命的到来。目前，德国正计划制定推进工业 4.0 的相关法律，把工业 4.0 从一项产业政策上升为国家法律。德国工业 4.0 在很短的时间内得到了来自党派、政府、企业、协会、院所的广泛认同，并取得一致共识，从一个来自民间的概念迅速演变成国家产业战略，正从一个产业政策上升为国家法律。

　　作为全球工业实力最为强劲的国家之一，德国在新时代发展压力下，为进一步增强国际竞争力，从而提出了该概念。在新一轮技术革命和产业变革中，德国试图在工业领域继续保持全球领先的地位，基本途径就是在向工业 4.0 迈进的过程中先发制人，与世界制造强国争夺新科技产业革命的话语权，抢占产业发展的制高点。

2.2.2　工业 4.0 的基本内涵

　　德国工业 4.0 战略旨在通过充分利用信息通信技术和信息物理系统（cyber-physical system，CPS）相结合的手段，推动制造业向智能化转型。工业

4.0 概念中的关键是将软件、传感器和通信系统集成于所谓的物理网络系统。在这个虚拟世界与现实世界的交汇处，人们越来越多地构思、优化、测试和设计产品。工业 4.0 概念包含了由集中式控制向分散式增强型控制的基本模式转变，目标是建立一个高度灵活的个性化和数字化的产品与服务的生产模式。在这种模式中，传统的行业界限将消失，并会产生各种新的活动领域和合作形式。创造新价值的过程正在发生改变，产业链分工将被重组。

工业 4.0 的关键技术是信息通信技术（ information communications technology，ICT ），具体包括联网设备之间自动协调工作的 M2M、通过网络获得的大数据的运用、与生产系统以外的开发/销售/ERP（ enterprise resource planning，企业资源计划)/PLM(product lifecycle management，产品生命周期管理)/SCM(supply chain management，供应链管理) 等业务系统联动等。而第三次工业革命的自动化只是在生产工艺中运用 ICT，工业 4.0 将大幅扩大应用对象。工业 4.0 的核心是连接，即要把设备、生产线、工厂、供应商、产品、客户紧密地连接在一起。工业 4.0 适应了万物互联的发展趋势，将无处不在的传感器、嵌入式终端系统、智能控制系统和通信设施通过 CPS 形成一个智能网络，使产品与生产设备之间、不同的生产设备之间及数字世界和物理世界之间能够互联，使机器、工作部件、系统及人类能够通过网络持续地保持数字信息的交流。

德国工业 4.0 计划强调，未来工业生产形式的主要内容包括：在生产要素高度灵活配置条件下大规模生产高度个性化产品，顾客与业务伙伴对业务过程和价值创造过程广泛参与，以及生产和高质量服务的集成等。物联网、服务网及数据网将取代传统封闭性的制造系统成为未来工业的基础。工业 4.0 将无处不在的传感器、嵌入式终端系统、智能控制系统和通信设施通过 CPS 形成一个智能网络，使人与人、人与机器、机器与机器及服务与服务之间能够互联，从而实现横向、纵向和端对端的高度集成[8]。

工业 4.0 涵盖了多种类型的创新。首先，是技术创新。工业 4.0 是传统工业与信息技术的融合发展，它既包括 CPS、智能工厂整体解决方案等一系综合集成技术，也包括集成工业软硬件的各种嵌入式系统、虚拟制造、工业应用电子等单项技术突破。其次，是产品创新。信息通信技术不断融入工业装备中，推动着工业产品向数字化、智能化方向发展，使产品结构不断优化升级。再次，是模式创新。工业 4.0 将发展出全新的生产模式、商业模式。在生产模式层面，基于 CPS 的智能工厂和智能制造模式正在引领制造方式的变革；此外，在商业模式层面，工业 4.0 的 "网络化制造"、"自我组织适应性强的物流" 和 "集成客户的制造工程" 等特征，也使其追求新的商业模式以率先满足动态的商业网络而非单个公司，网络众包、异地协同设计、大规模个性化定制和精准供应链管理等新型智能制造模式将加速构建产业竞争新优势。然后,是业态创新。伴随信息等技术的升级应用,从现有产业领域中衍生叠加出的新环节、新活动,将会发展成为新的业态,进一步来讲,即在新市场需求的拉动下,将会形成引发产业体系重大变革的产业。就目前来看,工业云服务、工业大数据应用、物联网应用都有可能成为或者催生出一些新的产业和新的经济增长点。最后,是组织创新。在工业 4.0 时代,现有的组织体系将会被改变,符合智能制造要求的组织模式将会出现。基于 CPS 的智能工厂将会加快普及,进一步推动企业业务流程的优化和再造[9]。

工业 4.0 也意味着转型,物联网和(服)务联网将渗透到工业的各个环节,形成高度灵活、个性化、智能化的产品与服务的生产模式,推动生产方式从大规模生产向大规模定制转型、从生产型制造向服务型制造转型、从要素驱动向创新驱动转型。

2.2.3 德国工业 4.0 战略的要点

德国工业 4.0 战略的要点可以概括为建设一个网络、研究两大主题、实现三项集成、实施八项计划。

(1)建设一个网络:CPS 网络。CPS 就是将物理设备连接到互联网上,让物理设备具有计算、通信、精确控制、远程协调和自治五大功能,从而实现虚拟网络世界与现实物理世界的融合。CPS 可以将资源、信息、物体及人紧密联系在一起,从而创造物联网及相关服务,并将生产工厂转变为一个智能环境。这是实现工业 4.0 的基础。

(2)研究两大主题:智能工厂和智能生产。智能工厂是未来智能基础设施的关键组成部分,重点研究智能化生产系统及过程以及网络化分布生产设施的实现。智能生产的侧重点在于将人机互动、智能物流管理、3D 打印等先进技术应用于整个工业生产过程,从而形成高度灵活、个性化、网络化的产业链。生产流程智能化是实现工业 4.0 的关键。

(3)实现三项集成:横向集成、纵向集成与端对端的集成。为了将工业生产转变到工业 4.0,德国需要采取双重战略。德国的装备制造业应不断地将信息和通信技术集成到传统的高技术战略来维持其全球市场领导地位,以便成为智能制造技术的主要供应商。与此同时,有必要为 CPS 技术及产品建立和培育新的主导市场。为了实施双重战略,需要研究制造系统的横、纵向集成,以及工程端到端集成。工业 4.0 将传感器、嵌入式终端系统、智能控制系统、通信设施通过 CPS 形成一个智能网络,使人与人、人与机器、机器与机器及服务与服务之间能够互联,从而实现横向、纵向和端对端的高度集成。横向集成是企业间通过价值链及信息网络所实现的一种资源整合,是为了实现各企业间的无缝合作,提供实时产品与服务；纵向集成是基于未来智能工厂中网络化的制造体系，实现个性化定制生产，替代传统的固定式生产流程；端对端集成是指贯穿整个价值链的工程化数字集成，是在所有终端数字化的前提下实现的基于价值链与不同公司之间的一种整合，最大限度地实现个性化定制。

（4）实施八项计划：工业 4.0 得以实现的基本保障。一是标准化和参考架构。需要开发出单一的共同标准，不同公司间的网络连接和集成才会成为可能。二是管理复杂系统。适当的计划和解释性模型可以为管理日趋复杂的产品和制造系统提供基础。三是综合的工业宽带基础设施。可靠、全面、高品质的通信网络是工业 4.0 的一个关键要求。四是安全和保障。在确保生产设施和产品本身不能对人和环境构成威胁的同时，要防止生产设施和产品滥用及未经授权的获取。五是工作的组织和设计。随着工作内容、流程和环境的变化，对管理工作提出了新的要求。六是培训和持续的职业发展。有必要通过建立终身学习和持续职业发展计划，帮助工人应对来自工作和技能的新要求。七是监管框架。创新带来的，如企业数据、责任、个人数据及贸易限制等新问题，需要包括准则、示范合同、协议和审计等适当手段加以监管。八是资源利用效率。需要考虑和权衡在原材料和能源上的大量消耗给环境和安全供应带来的诸多风险。

总的来看，"工业 4.0"战略的核心就是通过 CPS 网络实现人、设备与产品的实时连通、相互识别和有效交流，从而构建一个高度灵活的个性化和数字化的智能制造模式。在这种模式下，生产由集中向分散转变，规模效应不再是工业生产的关键因素；产品由趋同向个性转变，未来产品都将完全按照个人意愿进行生产，极端情况下将成为自动化、个性化的单件制造；用户由部分参与向全程参与转变，用户不仅出现在生产流程的两端，而且广泛、实时参与生产和价值创造的全过程[10]。

2.2.4　德国工业 4.0 战略的实施

1. 德国工业 4.0 战略的实施：举全国之力

第一，德国联邦政府以最快的速度把一个来自民间的概念转化为国家产业战略，在工业 4.0 概念提出不久就将其纳入国家《高技术战略 2020》，作为德国未来十大高技术项目之一。第二，德国联邦议会也为工业 4.0 的实施提供法律、预算等方面的支持，部分议会党团就工业 4.0 已经提出一些建议，呼吁政府制定相关政策。第三，德国多个州政府不断完善创新集群政策和中小企业创新政策，围绕帮助中小企业全方位参与工业 4.0，整合政府、协会、院所及大企业资源，组织开展专题咨询、技术支持、平台建设、创业辅导、融资扶持、人才培训等全方位服务。第四，德国的行业协会，如德国机械及制造商协会（Verhand Deutschen

Marchinen and Anlagenban，VDMA），信息技术、通信与新媒体协会（Bundesverband informationswirtschaft，neue Telekommnikation und neue Medien，BITKOM），电子电气制造商协会（Zentralverband Elektrotechnik und Elektronikindustrie e.v.，ZVEI）等，既是德国工业 4.0 的发起者、组织者，也是其引领者、实施者。2013 年 4 月，上述三个协会及相关企业合作设立了工业 4.0 平台（Platform-i4.0），成立了 4.0 平台董事会、指导委员会、科学顾问委员会、秘书处办公室和业务工作组 5 个组织机构，全面负责工业 4.0 的推广普及工作。第五，德国企业是工业 4.0 战略的真正主体，它们的积极性、主动性和创造性才是工业 4.0 成败的关键。ABB、巴斯夫、宝马、博世、戴姆勒、英飞凌、SAP、西门子、蒂森克虏伯（ThyssenKrupp）、通快（TRUMPF）、蔡司（zeiss）是德国工业 4.0 坚定的支持者、引领者和实践者。第六，联邦政府和州政府的研究所及大学已参与到工业 4.0 技术开发、标准制定和人才培养体系，成为工业 4.0 战略实施的一支重要力量。德国人工智能研究中心、国家科学与工程院等顶级研究机构已开展涉及工业 4.0 一系列项目研究，弗劳恩霍夫研究所（Fraunhofer）在其所属的 7 个研究所引入工业 4.0 研发项目，凯泽斯劳滕大学、隆德大学、慕尼黑大学、达姆施塔德大学和莱茵美茵大学等围绕 CPS、智能工厂、智能服务及系统生命周期管理等开展一系列前瞻性的研发和人才培养，部分大学也参与到了工业 4.0 平台的工作体系中。

2. 优先行动：标准、技术、人才

一是标准先行。数据的标准化是工业 4.0 面临的最大挑战，德国也把标准作为工业 4.0 战略实施的优先领域，这既是信息技术与工业技术融合发展的内在要求，也是德国工业发展进程中长期以来坚持的基本理念。德国电气电子和信息技术协会于 2013 年 12 月发表了工业 4.0 标准化路线图，为工业 4.0 行业标准制定提供了概览和规划基础，在参考体系结构、用例、术语与模型、技术流程、仪器和控制系统、服务流程、人机交互技术、开发流程、标准库、知识库等 12 个领域提出具体建议。德国工业 4.0 平台、电气电子信息技术协会（Verband der Elektrotechnik Elektronik Informationstechnik e.v，VDE）和电工委员会（Deutsche Kommission Elektrotechnik Elektronik，DKE）及相关企业联合组成跨行业、跨领域的工作组，加快标准化路线图的实施，当前重点是加快工业 4.0 参考模型、术语及急需标准的制定工作。

二是技术引领。工业是德国经济的基石，而这块基石的基础是百年来德国在工业技术领域坚持不懈的创新。就工业 4.0 战略的实施而言，继续保持并不断强化德国在工业软件、工业电子、基础材料、基础工艺、基础装备、基础器件及交叉融合领域的技术优势，并力图在虚拟仿真、人工智能、智能工厂、智能产品和

CPS 等新的技术领域抢占先机。德国教育和研究部、经济和能源部、交通和数字基础设施部、弗劳恩霍夫研究所等一批联邦和州政府支持的研究院所，SAP、西门子、博世及一批"隐形冠军"，已经参加到抢占新一轮技术制高点的竞争中，德国提出要成为智能制造技术的主要供应商和 CPS 技术及产品的领导者。

三是人才优先。工业 4.0 导致了对优秀员工标准的转变，工业 4.0 建立在一个开放、虚拟化的工作平台之上，重复性的熟练体力和脑力工作不断被智能机器所替代，人机交互及机器之间的对话将会越来越普遍，员工从服务者、操作者转变为一个规划者、协调者、评估者和决策者。工业 4.0 的实践不仅对企业自身提出了挑战，而且对传统的教育体制也提出了新的挑战。

3. 组织形式：跨行业项目推动

德国的技术创新由政府和行业组织主导，跨政府部门、跨行业横向推动。工业 4.0 平台中将"技术、标准、业务模式的发展"作为目的，最初主要是推动德国企业间合作，而目前是以德国企业、社团组织为对象主体。德国政府支持的研究项目通常也以跨行业的形式开展。例如，德国教育与研究部拿出约 560 万欧元，资助研究与智能工厂相关的生产系统开发项目"CyProS"。大型车床厂商 Trumpf 公司（VDMA 会员）、著名 IT 企业 Salto 公司（BITKOM 会员）、大型电子设备企业西门子公司（ZVEI 会员）和德国弗劳恩霍夫协会等，总共 21 家企业、大学和研究机构参加，联合开展研究。企业、大学和研究机构是项目的参与对象，给企业最多 50%的研究经费资助，大学和研究机构能得到全额资助。

2.3　日本制造业振兴战略

2.3.1　科学技术创新综合战略

日本作为制造业强国，在世界经济舞台上具有重要的影响力。经济复兴是日本政府当前政策的最主要目标与最紧迫任务。为此，日本颁布科技计划或创新战略，政策重心进一步向环境、能源、生物、信息通信等重点领域倾斜，以促进经济增长。2006 年日本制定"新经济增长战略"（the new growth strategy），2009 年调整确立危机后日本长期经济发展方向，2010 年 6 月确定面向 2020 年的 10 年"经济增长新战略"，在产业领域、能源和环境、技术和平台、公共机构改革、人才培养等方面层层推进科技成果广泛应用，提供更多就业机会。2007 年 6 月，日本内阁审议通过"创新 25 战略"（innovation 25），以科技和服务创造新价值等措施，应对人口急剧老龄化和婴儿出生率迅速下降、知识和智力竞争成为国际竞争主流、环境和能源等可持续发展课题增加三大挑战。2011 年 8 月，日本政府通过"第 4 期科学技术基本计划"（the 4th science and technology basic plan），确定"绿色创新""民生创新""灾后复兴"三项任务，提出一体化展开"科学技术创新政策"、进一步重视"人才和支撑人才发展的组织的作用"、实现"与社会共同推进创造的政策"等措施，促进科学技术创新。2012 年 7 月，日本总务省 ICT 基本战略委员会发布《面向 2020 年的 ICT 综合战略》，提出发展舒适和有活力的生活、通过大数据应用促进社会发展和经济增长、享受丰富的数字内容、构建强大和灵活的信息通信技术基础设施、实现世界最高水平的安全保障 5 个重点领域。2013 年 6 月，日本出台以"日本再兴战略"为名的经济增长战略和中长期经济财政运营指引，提出以"日本产业再兴计划""战略市场创造计划""国际开拓战略"为三大支柱的众多措施，重新激发日本经济活力。2013 年 6 月，日本通过"科学技术创新综合战略"，2014 年汇总为"科学技术创新综合战略 2014"，2014 年 6 月审议通过新版"科学技术创新综合战略 2014——为了创造未来的创新之桥"[11]（以下简称《综合战略 2014》），汇总科技创新在经济复兴中所起的作用，继续分析日本面临的五个政策课题，进一步发展"信息通信技术"、"纳米技术"和"环境技术"三个跨领域技术，创造适宜科技创新的环境[12]。

《综合战略 2014》认为，日本正在从经济复兴迈向持续增长，而"科学、技术与创新"是日本迈向未来的"救命稻草"与"生命线"。在全球已进入真正的知识大竞争时代的背景下，日本正在转向科技创新主导的经济增长模式。《综合战略 2014》提出以"综合科学技术创新会议"（council for science, technology and innovation）为平台，重点推进信息通信技术、纳米技术和环境技术三大跨领域技术发展，并使其成为日本产业竞争力增长的源泉。

1. 战略方向与愿景：打造"全球领先的创新中心"

一是打造"全球领先的创新中心"。日本政府旨在通过科技创新为日本经济社会提供复兴的原动力，寻找未来持续发展的突破口，提升日本在全球经济社会中的地位。《综合战略 2014》提出，日本科技创新政策的基本方向是全国上下致力于实现"全球最适宜创新的国家"，将日本打造成为"全球领先的创新中心"。科学、技术与创新是日本经济发展的驱动力，科技创新政策是日本国家战略的重要组成，从国家战略的高度安排财政预算，进行必要的"先行"及"先攻"投资。《综合战略 2014》提出，应将"2020 年东京奥运会"作为向世界展示日本科技创新的大舞台，向世界宣告日本已成为"全球领先的创新中心"。

二是描绘 2030 年的三大战略愿景。面向 2030 年，日本正面临着复杂多变的形势：人口减少和快速老龄化，知识社会、信息社会和全球化的飞速发展，全球可持续发展的挑战（人口、自然资源、环境等），新兴经济体的快速发展改变着世界经济格局等。在此背景下，《综合战略2014》描绘了至2030年日本将通过科技创新实现三大愿景：①拥有世界一流的、可持续发展的经济；②国民能够切实感受到富足、安全和放心的社会；③与世界共生、为人类进步做出贡献的经济社会。

2. 战略重点与抓手：聚焦三大跨领域技术

致力于解决至2030年的五大政策课题，《综合战略2014》提出重点聚焦信息通信（如信息安全、大数据分析、机器人、控制系统技术等）、纳米（用于开发元件、传感器及具备新功能的先进材料）和环保三大跨领域技术，使其成为增强日本产业竞争力的源泉。

一是信息通信技术：以大数据推动经济社会发展。近年来，日本信息通信技术产业的国际竞争力呈下降趋势，在软件、信息通信终端与设备等领域的全球市场份额不到5%，国际竞争力较低。信息通信技术旨在整合人类知识、物质信息及多种数据库，通过分析，创造新的物质和概念，构建虚拟空间，对现实社会进行预测，创造新的服务。

二是纳米技术：以实现低碳节能环保为目标，兼顾新功能材料研发。纳米技术是日本制造业的基础技术，在提高能源利用率、推动新能源汽车普及、加强新一代信息设备制造等领域具有广泛的应用。一方面，以应用为导向布局重要的课题，利用新的装置与系统开展研发；另一方面，开发具有新功能的材料，并加强基础技术研究。

三是环保技术：促进先进技术在全球的推广普及。《综合战略2014》希望促进先进环保技术在全球的应用，提高日本产业竞争力。首先，要加速地球观测技术研究，向用户提供观测数据等信息；其次，开展废弃物、污染物等的治理，实现经济增长与环境和谐发展。

3. 政策措施：全面营造适宜创新的软环境

一是充分发挥"综合科学技术创新会议"的功能。2014年5月，日本修正《内阁府设置法》将"综合科学技术会议"更名为"综合科学技术创新会议"，强化了其促进创新的调查审议事务相关职能。《综合战略2014》认为，"综合科学技术创新会议"作为日本科技创新政策的指挥塔，具备统揽全局和横向串联的功能，可以一体化推进科技振兴及创新政策。要采取强力措施安排预算和修正法律，摆脱固有的成功模式，迎接创造新价值的挑战，推动持续创新，营造最适宜的研究环境，为日本经济复兴做出巨大贡献。具体措施包括：①主导科技相关预算的编制；②改善创新环境；③投资超越现有框架限制的创新性研究；④通过世界最高水平的新型研究开发法人制度，实现创新循环。

二是将"2020 年东京奥运会"打造成为展示日本创新的舞台。《综合战略 2014》提出，将"2020 年东京奥运会"作为向世界展示日本科技创新成果的平台。为了最大限度地利用好此次机遇，需要重新评估现有工程进度表，在加速推进各项课题的同时，吸引全球精英创新型人才。《综合战略 2014》还提出，"2020 年东京奥运会"期间具体实施如下项目：①以技术创新支持奥运会各项服务，包括针对海外来访者的国际导航系统、签证环境、外国人医疗服务体系等；②针对奥运会期间入境人员剧增可能带来传染病流行的潜在危险，强化传染病监控，做到迅速掌握疫情；③加强最尖端健康护理系统走向实用化，如具备感觉功能的假肢、运动能力辅助技术、生物信息的实时获取和利用等；④推进支撑东京经济增长和老龄化社会的公共道路交通系统建设；⑤加强氢气制造、运输、储藏和利用技术应用，推进零污染社会发展；⑥提升对于无预期强降雨和龙卷风等突发自然灾害的预测技术；⑦利用大数据技术，建立促进犯罪调查、反恐等多方面的 CPS。

三是继续布局营造创新环境的三大重点课题。2013 年发布的综合战略为创造适宜科技创新的环境提出了"培育创新萌芽"、"驱动创新体系"和"诞生创新成果"三大重点课题。《综合战略 2014》继续推进三大重点课题的实施，从而推进"全球领先的创新中心"建设：①培育创新萌芽。旨在扩大发挥运用多样灵活思维和经验的机会，强化大学和研究开发法人的功能，提升研究能力，充实人才资源，重新构筑研究资金制度。②驱动创新体系。旨在形成发挥组织优势和地方特性的创新核心，强化承担中介职能的公立研究机构的功能，充实研究推进体制。③诞生创新成果。旨在激发致力于新事业的企业的活力，推进监管和制度改革，强化国际标准化和知识产权战略（表 2.3）。

表2.3　日本为科学、技术和创新创造适宜的环境政策[11]

主要政策挑战	重点政策措施
培育创新萌芽	扩大发挥运用多样灵活思维和经验的机会
	强化大学和研究开发法人的功能，提升研究能力，充实人才资源
	重新构筑研究资金制度
驱动创新体系	形成发挥组织优势和地方特性的创新核心
	强化承担中介职能的公立研究机构的功能
	充实研究推进体制
诞生创新成果	激发致力于新事业的企业的活力
	推进监管和制度改革
	强化国际标准化和知识产权战略

2.3.2　日本制造业竞争力策略及相关法案

日本非常重视科技对经济的推动作用，制定了众多关于科技开发和转让促进的相关法律，推动科技创新。例如，1959 年的《科学技术会议设置法》（1959 年法律第 4 号）、1998 年的《大学等技术转让促进法》（1998 年法律第 52 号）、2001 年的《内阁府设置法》（1999 年法律第 89 号）、2014 年的《内阁府设置法》修正，促进科学技术会议咨询机构、技术转让机构（Technology Licensing Office，TLO）调整设置及其职能。1995 年的《科学技术基本法》（1995 年法律第 130 号）为日本的科学技术政策定下基本框架。1999 年的《新事业开创促进法》（1998 年法律第 152 号）及其废止后 2005 年开始实施的《产业活力复苏特别措施法》（1999 年法律第 131 号），2006 年的《关于提升中小企业制造业基础技术的法律》（2006 年法律第 33 号），创立中小企业技术创新制度，并扩大对其支持力度。2003 年的《知识财产基本法》（2002 年法律第 122 号）促进大学研究开发及知识财产转移，强化新领域知识财产保护，保障研究者待遇和改善环境，培养擅长知识财产领域的专家。2000 年的《产业技术力强化法》（2000 年法律第 44 号）及其 2007 年的《产业技术力强化法》修正，多方面构筑与调整技术开发体制，促进日本持续创新。2013 年 10 月，日本通过《产业竞争力强化法案》，鼓励企业进入新的生产领域、开展科研开发和技术创新。2014 年开始实施《产业竞争力强化法》，按照企业各发展阶段来制定支持策略，创立企业实证特例制度改革企业单位管制，推动产业重组，复苏日本经济，促进创业[12]。

此外，制造业方面，1999 年 3 月，日本政府颁布了《制造基础技术振兴基本法》，并基于该法律从 2001 年起连续两年，发表由经济产业省、厚生劳动省、文部科学省联合编制的《制造基础白皮书》，以加强对制造业发展的政策指导和相应的对策措施支持。日本政府认为，即使在未来的信息社会，制造业始终是基础战略产业，必须持续加强和促进制造业基础技术的发展。该法案通过改善税收政策、提高福利待遇等措施，以确保有丰富经验的技术工人不会流失，并加强了企业、大学和科研院所的合作。

日本国际贸易委员会 2009 年发布《日本制造业竞争力策略》（*Japan's manufacturing competitiveness strategy*），日本经济产业省 2010 年发布专题报告《日本制造业》（*Japan's manufacturing industry*），对日本制造业的优势产业、竞争力和未来战略进行分析。这些都充分反映了日本政府对发展制造业的明确态度和实际努力（图 2.4）。

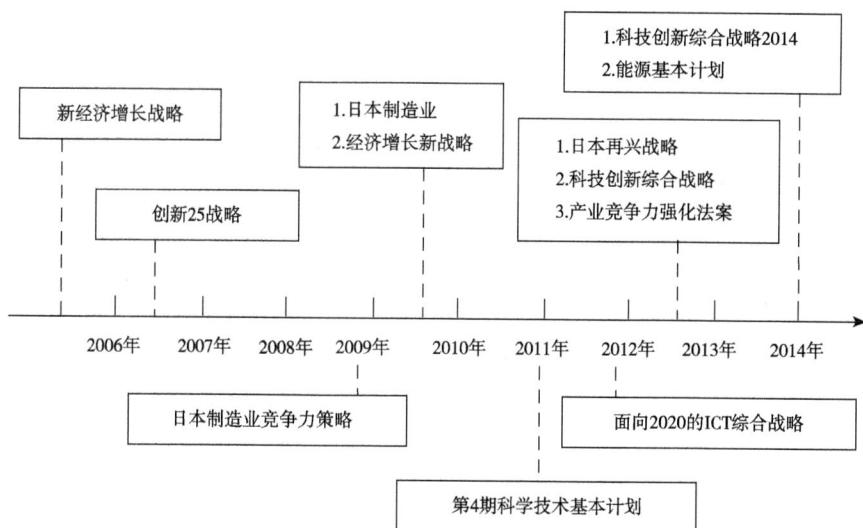

图 2.4　日本制造业相关主要创新政策或法案[12]

　　日本政府也极端重视高端制造业的发展，大规模编制技术战略图。首先，政府加大了开发企业 3D 打印机等尖端技术的财政投入。2014 年，经济产业省继续把 3D 打印机列为优先政策扶持对象，计划当年投资 45 亿日元，实施名为"以 3D 造型技术为核心的产品制造革命"的大规模研究开发项目，开发世界最高水平的金属粉末造型用 3D 打印机。其次，快速更新制造技术，提高产品制造竞争力。近年日本制造业出现了三个新现象。一是采用"小生产线"的企业增多。本田公司通过采取新技术减少喷漆次数、减少热处理工序等措施把生产线缩短了 40%，并通过改变车身结构设计把焊接生产线由 18 道工序减少为 9 道，建成了世界最短的高端车型生产线。二是采用小型设备的企业增多。日本电装公司对铝压铸件的生产设备、工艺进行改革，使铸造线生产成本降低了 30%，设备面积减少 80%，能源消费量降低 50%。三是通过机器人、无人搬运机、无人工厂和"细胞生产方式"等突破成本瓶颈。佳能公司从"细胞生产方式"到"机械细胞方式"，再到世界首个数码照相机无人工厂，大幅度提高了成本竞争力[13]。

2.4　中国制造 2025 战略

　　"中国制造 2025"[14]是我国实施制造强国战略第一个十年的行动纲领。"中国制造 2025"提出了中国从制造大国转变为制造强国"三步走"的战略：第一个十年进入世界强国之列；第二个十年要进入世界强国的中位；第三个十年，即 2045

年，进入世界强国的领先地位，最终要在建国一百周年成为制造强国。

制造业是国民经济的主体，是立国之本、兴国之器、强国之基。没有强大的制造业，就没有国家和民族的强盛。打造具有国际竞争力的制造业，是我国提升综合国力、保障国家安全和建设世界强国的必由之路。新中国成立尤其是改革开放以来，我国制造业持续快速发展，建成了门类齐全、独立完整的产业体系，有力推动工业化和现代化进程，显著增强综合国力，支撑世界大国地位。然而，与世界先进水平相比，我国制造业仍然大而不强，在自主创新能力、资源利用效率、产业结构水平、信息化程度和质量效益等方面差距明显，转型升级和跨越发展的任务紧迫而艰巨。

当前，新一轮科技革命和产业变革与我国加快转变经济发展方式形成历史性交汇，国际产业分工格局正在重塑。必须紧紧抓住这一重大历史机遇，按照"四个全面"战略布局要求，实施制造强国战略，加强统筹规划和前瞻部署，力争通过三个十年的努力，到新中国成立一百年时，把我国建设成为引领世界制造业发展的制造强国，为实现中华民族伟大复兴的中国梦打下坚实基础。

2.4.1　发展形势和环境

1. 制造业格局面临重大调整

新一代信息技术与制造业深度融合，正在引发影响深远的产业变革，形成新的生产方式、产业形态、商业模式和经济增长点。各国都在加大科技创新力度，推动 3D 打印、移动互联网、云计算、大数据、生物工程、新能源、新材料等领域取得新突破。基于 CPS 的智能装备、智能工厂等智能制造正在引领制造方式变革；网络众包、协同设计、大规模个性化定制、精准供应链管理、全生命周期管理和电子商务等正在重塑产业价值链体系；可穿戴智能产品、智能家电、智能汽车等智能终端产品不断拓展制造业新领域。我国制造业转型升级、创新发展迎来重大机遇。

全球产业竞争格局正在发生重大调整，我国在新一轮发展中面临巨大挑战。国际金融危机发生后，发达国家纷纷实施"再工业化"战略，重塑制造业竞争新优势，加速推进新一轮全球贸易投资新格局。一些发展中国家也在加快谋划和布局，积极参与全球产业再分工，承接产业及资本转移，拓展国际市场空间。我国制造业面临发达国家和其他发展中国家"双向挤压"的严峻挑战，必须放眼全球，加紧战略部署，着眼建设制造强国，固本培元，化挑战为机遇，抢占制造业新一轮竞争制高点。

2. 我国经济发展环境发生重大变化

随着新型工业化、信息化、城镇化和农业现代化同步推进,超大规模内需潜力不断释放,为我国制造业发展提供了广阔空间。各行业新的装备需求、人民群众新的消费需求、社会管理和公共服务新的民生需求及国防建设新的安全需求,都要求制造业在重大技术装备创新、消费品质量和安全、公共服务设施设备供给和国防装备保障等方面迅速提升水平和能力。全面深化改革和进一步扩大开放,将不断激发制造业发展活力和创造力,促进制造业转型升级。

我国经济发展进入新常态,制造业发展面临新挑战。资源和环境约束不断强化,劳动力等生产要素成本不断上升,投资和出口增速明显放缓,主要依靠资源要素投入、规模扩张的粗放发展模式难以为继,调整结构、转型升级、提质增效刻不容缓。形成经济增长新动力,塑造国际竞争新优势,重点在制造业,难点在制造业,出路也在制造业。

3. 建设制造强国任务艰巨而紧迫

经过几十年的快速发展,我国制造业规模跃居世界第一位,建立起门类齐全、独立完整的制造体系,成为支撑我国经济社会发展的重要基石和促进世界经济发展的重要力量。持续的技术创新,大大提高了我国制造业的综合竞争力。载人航天、载人深潜、大型飞机、北斗卫星导航、超级计算机、高铁装备、百万千瓦级发电装备和万米深海石油钻探设备等一批重大技术装备取得突破,形成了若干具有国际竞争力的优势产业和骨干企业,我国已具备了建设工业强国的基础和条件。

但我国仍处于工业化进程中,与先进国家相比还有较大差距。制造业大而不强,自主创新能力弱,关键核心技术与高端装备对外依存度高,以企业为主体的制造业创新体系不完善;产品档次不高,缺乏世界知名品牌;资源能源利用效率低,环境污染问题较为突出;产业结构不合理,高端装备制造业和生产性服务业发展滞后;信息化水平不高,与工业化融合深度不够;产业国际化程度不高,企业全球化经营能力不足。推进制造强国建设,必须着力解决以上问题。

建设制造强国,必须紧紧抓住当前难得的战略机遇,积极应对挑战,加强统筹规划,突出创新驱动,制定特殊政策,发挥制度优势,动员全社会力量奋力拼搏,更多依靠中国装备、依托中国品牌,实现中国制造向中国创造的转变,中国速度向中国质量的转变,中国产品向中国品牌的转变,完成中国制造由大变强的战略任务。

2.4.2　战略方针和目标

1. 指导思想

全面贯彻党的十八大和十八届二、三、四中全会精神，坚持走中国特色新型工业化道路，以促进制造业创新发展为主题，以提质增效为中心，以加快新一代信息技术与制造业深度融合为主线，以推进智能制造为主攻方向，以满足经济社会发展和国防建设对重大技术装备的需求为目标，强化工业基础能力，提高综合集成水平，完善多层次多类型人才培养体系，促进产业转型升级，培育有中国特色的制造文化，实现制造业由大变强的历史跨越。基本方针如下：

（1）创新驱动。坚持把创新摆在制造业发展全局的核心位置，完善有利于创新的制度环境，推动跨领域跨行业协同创新，突破一批重点领域关键共性技术，促进制造业数字化、网络化、智能化，走创新驱动的发展道路。

（2）质量为先。坚持把质量作为建设制造强国的生命线，强化企业质量主体责任，加强质量技术攻关、自主品牌培育。建设法规标准体系、质量监管体系和先进质量文化，营造诚信经营的市场环境，走以质取胜的发展道路。

（3）绿色发展。坚持把可持续发展作为建设制造强国的重要着力点，加强节能环保技术、工艺、装备推广应用，全面推行清洁生产。发展循环经济，提高资源回收利用效率，构建绿色制造体系，走生态文明的发展道路。

（4）结构优化。坚持把结构调整作为建设制造强国的关键环节，大力发展先进制造业，改造提升传统产业，推动生产型制造向服务型制造转变。优化产业空间布局，培育一批具有核心竞争力的产业集群和企业群体，走提质增效的发展道路。

（5）人才为本。坚持把人才作为建设制造强国的根本，建立健全科学合理的选人、用人、育人机制，加快培养制造业发展急需的专业技术人才、经营管理人才和技能人才。营造大众创业、万众创新的氛围，建设一支素质优良、结构合理的制造业人才队伍，走人才引领的发展道路。

2. 基本原则

市场主导，政府引导。全面深化改革，充分发挥市场在资源配置中的决定性作用，强化企业主体地位，激发企业活力和创造力。积极转变政府职能，加强战略研究和规划引导，完善相关支持政策，为企业发展创造良好环境。

立足当前，着眼长远。针对制约制造业发展的瓶颈和薄弱环节，加快转型升级和提质增效，切实提高制造业的核心竞争力和可持续发展能力。准确把握新一轮科技革命和产业变革趋势，加强战略谋划和前瞻部署，扎扎实实打基础，在未来竞争中占据制高点。

整体推进，重点突破。坚持制造业发展全国一盘棋和分类指导相结合，统筹规划，合理布局，明确创新发展方向，促进军民融合深度发展，加快推动制造业整体水平提升。围绕经济社会发展和国家安全重大需求，整合资源，突出重点，实施若干重大工程，实现率先突破。

自主发展，开放合作。在关系国计民生和产业安全的基础性、战略性、全局性领域，着力掌握关键核心技术，完善产业链条，形成自主发展能力。继续扩大开放，积极利用全球资源和市场，加强产业全球布局和国际交流合作，形成新的比较优势，提升制造业开放发展水平。

3. 战略目标

立足国情，立足现实，力争通过"三步走"实现制造强国的战略目标。

第一步：力争用十年时间，迈入制造强国行列。

到 2020 年，基本实现工业化，制造业大国地位进一步巩固，制造业信息化水平大幅提升。掌握一批重点领域关键核心技术，优势领域竞争力进一步增强，产品质量有较大提高。制造业数字化、网络化、智能化取得明显进展。重点行业单位工业增加值能耗、物耗及污染物排放明显下降。

到 2025 年，制造业整体素质大幅提升，创新能力显著增强，全员劳动生产率明显提高，两化（工业化和信息化）融合迈上新台阶。重点行业单位工业增加值能耗、物耗及污染物排放达到世界先进水平。形成一批具有较强国际竞争力的跨国公司和产业集群，在全球产业分工和价值链中的地位明显提升。2020 年和 2025 年制造业主要指标见表 2.4。

表2.4　2020年和2025年制造业主要指标[14]

类别	指标	2013年	2015年	2020年	2025年
创新能力	规模以上制造业研发经费内部支出占主营业务收入比重 / %	0.88	0.95	1.26	1.68
	规模以上制造业每亿元主营业务收入有效发明专利数[1) / 件	0.36	0.44	0.70	1.10
质量效益	制造业质量竞争力指数[2)	83.1	83.5	84.5	85.5
	制造业增加值率提高	—	—	比2015年提高2%	比2015年提高4%
	制造业全员劳动生产率增速 / %			7.5左右（"十三五"期间年均增速）	6.5左右（"十四五"期间年均增速）
两化融合	宽带普及率[3) / %	37	50	70	82
	数字化研发设计工具普及率[4) / %	52	58	72	84
	关键工序数控化率[5) / %	27	33	50	64

续表

类别	指标	2013年	2015年	2020年	2025年
绿色发展	规模以上单位工业增加值能耗下降幅度	—	—	比2015年下降18%	比2015年下降34%
	单位工业增加值二氧化碳排放量下降幅度	—	—	比2015年下降22%	比2015年下降40%
	单位工业增加值用水量下降幅度	—	—	比2015年下降23%	比2015年下降41%
	工业固体废物综合利用率 / %	62	65	73	79

1）规模以上制造业每亿元主营业务收入有效发明专利数=规模以上制造企业有效发明专利数/规模以上制造企业主营业务收入

2）制造业质量竞争力指数是反映我国制造业质量整体水平的经济技术综合指标，由质量水平和发展能力两个方面共计12项具体指标计算得出

3）宽带普及率用固定宽带家庭普及率代表，固定宽带家庭普及率=固定宽带家庭用户数/家庭户数

4）数字化研发设计工具普及率=应用数字化研发设计工具的规模以上企业数量/规模以上企业总数量（相关数据来源于3万家样本企业，下同）

5）关键工序数控化率为规模以上工业企业关键工序数控化率的平均值

第二步：到2035年，我国制造业整体达到世界制造强国阵营中等水平。创新能力大幅提升，重点领域发展取得重大突破，整体竞争力明显增强，优势行业形成全球创新引领能力，全面实现工业化。

第三步：新中国成立一百年时，制造业大国地位更加巩固，综合实力进入世界制造强国前列。制造业主要领域具有创新引领能力和明显竞争优势，建成全球领先的技术体系和产业体系。

2.4.3　战略任务和重点

"中国制造2025"实现目标需要动员各方面的力量共同推进。具体措施包括成立国家制造强国建设领导小组，要制定"1+X"的实施方案和规划体系。规划提出了九大任务、十大重点领域和五项重点工程。其中，九大任务包括提高国家制造业创新能力等；十大重点领域包括新一代信息通信技术产业、高档数控机床和机器人、生物医药等领域；五项重点工程包括国家制造业创新中心建设、智能制造等。

实现制造强国的战略目标，必须坚持问题导向，统筹谋划，突出重点；必须凝聚全社会共识，加快制造业转型升级，全面提高发展质量和核心竞争力。

1）提高国家制造业创新能力

完善以企业为主体、市场为导向、政产学研用相结合的制造业创新体系。围绕产业链部署创新链，围绕创新链配置资源链，加强关键核心技术攻关，加速科技成果产业化，提高关键环节和重点领域的创新能力。加强关键核心技术研发，

提高创新设计能力，推进科技成果产业化，完善国家制造业创新体系。到 2020年，重点形成 15 家左右制造业创新中心（工业技术研究基地），力争到 2025 年形成 40 家左右制造业创新中心（工业技术研究基地）。加强标准体系建设，强化知识产权运用。

2）推进信息化与工业化深度融合

加快推动新一代信息技术与制造技术融合发展，把智能制造作为两化深度融合的主攻方向；着力发展智能装备和智能产品，推进生产过程智能化，培育新型生产方式，全面提升企业研发、生产、管理和服务的智能化水平。研究制定智能制造发展战略，加快发展智能制造装备和产品，推进制造过程智能化，深化互联网在制造领域的应用，加强互联网基础设施建设。到 2020 年，制造业重点领域智能化水平显著提升，试点示范项目运营成本降低 30%，产品生产周期缩短 30%，不良品率降低 30%。到 2025 年，制造业重点领域全面实现智能化，试点示范项目运营成本降低 50%，产品生产周期缩短 50%，不良品率降低 50%。

3）强化工业基础能力

核心基础零部件（元器件）、先进基础工艺、关键基础材料和产业技术基础（以下统称"四基"）等工业基础能力薄弱，是制约我国制造业创新发展和质量提升的症结所在。要坚持问题导向、产需结合、协同创新、重点突破的原则，着力破解制约重点产业发展的瓶颈。到 2020 年，40% 的核心基础零部件、关键基础材料实现自主保障，受制于人的局面逐步缓解，航天装备、通信装备、发电与输变电设备、工程机械、轨道交通装备和家用电器等产业急需的核心基础零部件（元器件）和关键基础材料的先进制造工艺得到推广应用。到 2025 年，70% 的核心基础零部件、关键基础材料实现自主保障，80 种标志性先进工艺得到推广应用，部分达到国际领先水平，建成较为完善的产业技术基础服务体系，逐步形成整机牵引和基础支撑协调互动的产业创新发展格局。

4）加强质量品牌建设

提升质量控制技术，完善质量管理机制，夯实质量发展基础，优化质量发展环境，努力实现制造业质量大幅提升。鼓励企业追求卓越品质，形成具有自主知识产权的名牌产品，不断提升企业品牌价值和中国制造整体形象。推广先进质量管理技术和方法，加快提升产品质量，完善质量监管体系，夯实质量发展基础，推进制造业品牌建设。

5）全面推行绿色制造

加大先进节能环保技术、工艺和装备的研发力度，加快制造业绿色改造升级；积极推行低碳化、循环化和集约化，提高制造业资源利用效率；强化产品全生命周期绿色管理，努力构建高效、清洁、低碳、循环的绿色制造体系。加快制造业绿色改造升级，推进资源高效循环利用，积极构建绿色制造体系。到 2020 年，建成千家绿色示范工厂和百家绿色示范园区，部分重化工行业能源资源消耗出现拐点，重点行业主要污染物排放强度下降 20%。到 2025 年，制造业绿色发展和主要产品单耗达到世界先进水平，绿色制造体系基本建立。

6）大力推动重点领域突破发展

瞄准新一代信息技术、高端装备、新材料和生物医药等战略重点，引导社会各类资源集聚，推动优势和战略产业快速发展。到 2020 年，在新一代信息技术产业、高档数控机床和机器人、航空航天装备、海洋工程装备及高技术船舶、先进轨道交通装备、节能与新能源汽车、电力装备、农机装备、新材料、生物医药及高性能医疗器械等领域实现自主研制及应用。到 2025 年，自主知识产权高端装备市场占有率大幅提升，核心技术对外依存度明显下降，基础配套能力显著增强，重要领域装备达到国际领先水平。

7）深入推进制造业结构调整

推动传统产业向中高端迈进，逐步化解过剩产能，促进大企业与中小企业协调发展，进一步优化制造业布局。

8）积极发展服务型制造和生产性服务业

加快制造与服务的协同发展，推动商业模式创新和业态创新，促进生产型制造向服务型制造转变。大力发展与制造业紧密相关的生产性服务业，推动服务功能区和服务平台建设。

9）提高制造业国际化发展水平

统筹利用两种资源、两个市场，实行更加积极的开放战略，将引进来与走出去更好结合，拓展新的开放领域和空间，提升国际合作的水平和层次，推动重点产业国际化布局，引导企业提高国际竞争力。

2.5　本章小结

中国工程院发布的《制造业强国战略研究综合卷》构建了制造业强国评价指标体系[15]。按照这个指标体系分析，世界主要工业国家中，美国制造业遥遥领先，处于第一方阵；德国、日本处于第二方阵；中国、英国、法国、韩国处于第三方阵。中国与美国、德国、日本相比显然存在竞争力基础的差异性，应该在充分理解自身的优劣势的情况下寻找符合自身状况的工业振兴道路，实现从"制造大国"向"制造强国"的转变。

1. 美国、德国、日本、中国的制造业创新战略比较

尽管美国、德国、日本、中国的工业化阶段不同、企业水平不同、技术基础不同、主导产业不同、运行机制不同，但面对新一轮产业技术革命的趋势，都认识到了发展的机遇和挑战，都有举全国之力抢占新一轮产业竞争制高点的战略意图，各国的战略在核心理念、发展重点、方法路径等方面也比较相似。

第一，核心理念方面。剥开工业 4.0、产业互联网及两化深度融合等这些新概念的外壳，我们可以看到，不同国家应对新一轮产业技术变革的理念和战略布局的差异性（表 2.5），但其最根本的内核是一致的，如美国的工业互联网、德国的工业 4.0 和中国的两化融合本质上与智能车间、智能工厂、个性定制、数据驱动和服务化转型等发展路径是一致的，这些理念也是推进制造业创新所秉持的核心理念。

表2.5　制造强国与中国制造业发展战略、纲领比较表[16]

美国	德国	日本	中国
《重振美国制造业框架》（2009）	《制造技术2000框架方案》（1990）	《智能制造系统计划》（1989）	《国务院关于加快振兴装备制造业的若干意见》（2006）
《制造业促进法案》（2010）	《小型股份企业及国家放松对其股权干预法》（1994）	《制造基础技术振兴基本法》（1999）	《装备制造业调整和振兴规划》（2009）
《美国制造业创新网络计划》（2011）	《2000生产计划》（1995）	《新产业创造战略》（2004）	《"十二五"工业转型升级规划》（2012）
《先进制造伙伴计划》（2011）	《中小企业创新核心计划》（2008）	《未来开拓战略》（2009）	《智能制造装备产业"十二五"发展规划》（2012）
《美国创新战略》（2015）	《保障德国制造业的未来：关于实施"工业4.0"战略的建议》（2013）	《日本制造业竞争策略》（2010）	《中国制造2025》（2015）

第二，实施路径方面。作为先进制造计划的一部分，美国先进制造、再工业化法案和相关系列行动的根本目的都是推动基础科研能力的转化。换言之，美国制造业创新的真正核心不在于工业互联网，而是力图在生产系统最基础的原料端（能源和材料）、工业产品的使用服务端（互联网技术和 ICT 服务）及不断由创新驱动的商业模式端，牢牢掌握住工业价值链当中价值含量最高的几部分，这样即便德国的制造设备再先进、中国的制造系统再高效，都可以从源头和价值的投放端确保其竞争力的核心优势。日本也意识到科技在制造业发展中的关键作用，推出系列相关法案和政策，持续加强及促进制造业基础技术的发展。

第三，企业实践方面。提升企业核心竞争力是所有制造业产业战略规划的出发点和落脚点，为此各国纷纷扶持中小企业发展。在美国，小企业是创新的主力军，为大公司提供了源源不断的创新技术和人才；而在德国，一大批中小企业隐

形冠军为德国制造提供了强有力的基础保障，使德国制造的质量从产业链的最前端开始就得到了保障。德国的隐形冠军企业规模都不大，年收益也少于 50 亿欧元，但却在其领域占领着很高的市场份额，在全球位列前三。这些中小企业占据德国出口总量的 70%，它们的销售回报率平均超过德国普通企业的两倍，拥有着高水平的研发能力与技术创新能力，注重产品价值与客户的贴合、高质量高效率的制造能力和精益化、柔性化的全球化高效运营体系，它们很大一部分已经传承了百年[17]。日本也通过制定提升中小企业制造业基础技术的法律和制度，扩大对其支持力度。而中国的中小企业还远远没有达到美国、德国、日本的质量，依然是机会为导向的发展模式，即哪里有了最新的机会和政策支持就大量涌入，同质化的现象过于严重，创新性的多样性亟须提高。

2. 对中国制造业创新的启示

近年来，我国一直致力于推进创新型国家建设，提升企业创新能力。过去十年，我国企业研发投入增长了近 5 倍，工业企业研发人员增长了近 4 倍，企业的研发机构数量增长了 2.3 倍，但我国制造业的创新能力与世界工业强国的差距还很大。究其原因，从根本上可以归结为我国的制造业创新生态亟待完善。基于创新生态系统理论，一个国家技术创新能力的提升，不仅需要研发资金和人才投入等要素数量的增加，更需要创新要素之间、创新要素与系统、系统与环境之间动态关系的优化，即整个创新生态系统的改善。因此，完善制造业创新生态系统对提升我国制造业创新能力、推进制造强国建设具有重要意义。

第一，夯实产业技术知识基础。美国国家制造创新网络 NNMI 旨在打通产学研鸿沟，构建从研究到制造的宏观引领架构和促进基础技术转化，其战略思路是不强调当下的技术应用，而是致力于推进未来的科研能力转化。日本更是通过《制造基础技术振兴基本法》推进制造业基础技术能力提升。当前我国的制造业技术空心化问题不容忽视。以计算机产业为例，当英特尔、高通、博通、英伟达等芯片巨头，以及苹果、谷歌、微软等软件互联网巨头在三四年前已围绕智能汽车在芯片和操作系统进行全方位布局时，我们的计算机产业却缺少核心技术，当未来越来越多的产品高度智能化时，我们有可能仍然面临智能汽车、智能机器人、智能穿戴、智能家电、智能工厂等这些产品"空心化"的局面。因此，构建技术领先、自主可控、安全可靠的制造业产业体系的任务更加紧迫而艰巨。

第二，产学研用联合推动制造业创新发展。事实上，政府支持产学研合作的动机不单纯来自于市场考量，通过产学研合作创新促进竞争往往成为发达国家重要的战略意图。美国 NNMI 的项目采用的模式都是公私合营模式（public-private partnership，PPP），即联邦政府出资一部分，然后企业、院所、地方政府提供大约 1 : 1 的配套资金，并作为区域性的技术辐射中心，通过细致的组织保障和完善的资金使用机制，真正发挥使"政府—院所—企业"三者的网络捆绑和孵化效应。德国工业 4.0 是由德国工程院、弗劳恩霍夫协会、西门子公司等联合发起的，工作组成员也是由产学研用多方代表组成的。因此，工业 4.0 战略一经提出，很快得到了学术界、产业界的积极响应。日本也通过系列法案和政策促进大学研究开发及知识财产转移，强化新领域知识财产保护。近几年，从综合"专利许可收入"和"从企业获得的研发经费"两项指标来看，我国高校科技成果转化的总体情况还算不错。但这仅仅停留在数量增长很快，真正能够转化和应用的专利不多。为此，我国应该充分吸收和借鉴发达国家产学研用联合模式，一方面，针对不同类型自发的产学研合作网络或产业研发联盟，政府要通过引导和支持的方式促进其发展；另一方面，选择几个重点行业和关键技术领域进行试点，以行业骨干企业为龙头，联合科研实力雄厚的大学和科研机构，组建多种形式的产学研研发联盟，充分调动各方资源和力量，共同推进技术研发和应用推广。此外，强化支持科技成果转移转化的政策措施，促进科技与经济深度融合。鼓励国家设立的研究开发机构和高等院校，通过转让、许可或作价投资等方式，向企业或其他组织转移科技成果，并享受多项政策优惠，以调动创新主体积极性。

第三，用标准引领信息网络技术与工业融合。美国国家制造业创新网络、德国工业 4.0 战略的关键是建立一个人、机器、资源互联互通的网络化社会，各种终端设备、应用软件之间的数据信息交换、识别、处理、维护等必须基于一套标准化的体系。为了保障工业 4.0 的顺利实现，德国把标准化排在八项行动中的第一位，同时建议在工业 4.0 平台下成立一个工作小组，专门处理标准化和参考架构的问题。2013 年 12 月，德国电气电子和信息技术协会发表了德国首个工业 4.0 标准化路线图[10]。可以说，标准先行是工业 4.0 战略的突出特点。为此，我们在推进"中国制造 2025"的具体实践中，也应高度重视发挥标准化工作在产业发展中的引领作用，及时制定出台标准化路线图，引导企业推进信息化建设。同时，还要着力实现标准的国际化，使中国制定的标准得到国际上的广泛采用，以夺取未来产业竞争的制高点和话语权。

参 考 文 献

[1] EOP, NSTC, AMNPO. National Network for Manufacturing Innovation Program Strategic Plan: Executive Office of the President. National Science and Technology Council, Advanced

Manufacturing National Program Office. February 2016.

[2] EOP, PCAST. Report to the President on Ensuring Leadership in Advanced Manufacturing: Executive Office of the President. President's Council of Advisors on Science and Technology. June 2011.

[3] EOP, NSTC. A National Strategic Plan for Advanced Manufacturing: Executive Office of the President. National Science and Technology Council. February 2012.

[4] 朱星华. 美国 AMP 计划的内容、政策措施及启示. 全球科技经济瞭望, 2012, 27(2): 61-67.

[5] EOP, PCAST. Report to the President on Capturing Domestic Competitive Advantage in Advanced Manufacturing: Executive Office of the President. President's Council of Advisors on Science and Technology. July 2012.

[6] EOP, PCAST. Report to the President Accelerating U.S. Advanced Manufacturing: Executive Office of the President, President's Council of Advisors on Science and Technology. October 2014.

[7] EOP, NSTC, AMNPO. National Network for Manufacturing Innovation Program Annual Report: Executive Office of the President, National Science and Technology Council, Advanced Manufacturing National Program Office. February 2016.

[8] 工业 4.0 工作组. 把握德国制造业的未来：实施"工业 4.0"攻略的建议. 德国联邦教育研究部, 2013.

[9] 安筱鹏. 工业 4.0：为什么?是什么?如何看? 中国信息化, 2015, (2): 7-11.

[10] 罗文. 德国工业 4.0 战略对我国推进工业转型升级的启示. 工业经济论坛, 2014, (6): 72-79.

[11] Cabinet Decision of Japan. Comprehensive Strategy on Science, Technology and Innovation 2014. Bridge of Innovation toward Creating the Future. June 24, 2014.

[12] 祝毓. 国外政府促进制造业创业创新对策研究. 竞争情报, 2015, 11 (6): 47-54.

[13] 丙宸. 坐稳了, 欢迎来到工业 4.0 时代. 科学之友（上半月）, 2015, (2): 6.

[14] 国务院. 中国制造 2025. 2015.

[15] 制造强国战略研究项目组. 制造强国战略研究综合卷. 北京：电子工业出版社, 2015.

[16] 李金华. 世界制造强国行动框架对中国的借鉴启示. 人文杂志, 2016, (5): 35-43.

[17] 李杰. 工业大数据：工业 4.0 时代的工业转型与价值创造. 邱伯华, 等译. 北京：机械工业出版社, 2015.

第3章　制造业不连续创新机制的理论基础

制造业不连续创新机制属于多学科交叉研究领域，涉及的理论非常广泛。为了较为全面地把握其内涵，本章对产业创新生态系统理论、模块化理论、产业基础技术理论的研究进展进行梳理，在此基础上讨论不连续创新与模块化的适配性，为制造业不连续创新机制的研究奠定理论基础。

3.1　产业创新生态系统理论

3.1.1　产业技术系统

20 世纪 80 年代以来，技术革命、竞争全球化及大批新兴产业诞生等使企业生存环境不断发生变化，产业创新成为企业战略管理的主题。从狭义来看，产业创新指的是以技术创新为核心，创新主体之间通过协同作用，实现技术的创造发明和产业化应用，从而实现产业突破性的进步、企业竞争力的大幅提升；从广义来看，产业创新指的是产业创新主体政府、企业等通过制度创新、技术创新、组织创新、环境创新和组合创新，充分利用社会资源和能力，培育新兴产业，或使原有产业在一定区域内处于领先地位，或使其获得突破性的发展，从而促使产业发展实现质的飞跃的创新活动[1]。

1. 产业技术演化及其专利计量研究

（1）产业技术的系统结构。近年来，许多学者都认为应当把技术理解为一个复杂的技术系统，即技术发展实质上是技术系统的进化。Malerba[2]认为，产业创新系统主体为个人或组织，它们通过沟通、交换、合作竞争等进行互动。Carlsson和Stankiewicz[3]将技术系统界定为建立于制度基础设施之上，由在某一特定技术领域进行技术的产生、扩散和应用活动的各种主体互动形成的动态网络。谢伟[4]将技术结构划分为产品开发技术、产品制造技术和管理技术。毛荐其和刘娜[5]指出，技术演化包括单个技术、技术间、技术与环境的协同演化。

（2）创新网络与技术演化。Carayannis和Campbell[6]认为，创新网络是真实的和虚拟的基础结构和基础技术，强调不同知识模块的连接和交互、不同知识及创新模式的共生和协同演化。Jacobsson和Bergek[7]提出了技术系统演化的一个分析框架，认为技术系统包括主体、网络和制度三要素。Pyka等[8]采用基于Agent的SKIN仿真模型模拟了异质性创新网络中的知识产生和分配过程，他们还发现大学-产业合作增加了企业知识多样性，提升了创新扩散的速度和质量[9]。李晓华和刘峰[10]认为，新兴产业核心技术的突破是一个长期复杂的过程且需要其他众多配套技术的重要突破和配合支持。

（3）产业技术演化的专利计量。Kim和Lee[11]比较了创新研究的专利数据库，指出USPTO是最适于创新研究的专利数据库。Andersen[12]通过美国专利数据发现，技术轨道中的技术变化逐渐趋向于跨领域和复杂技术系统，且新旧技术领域往往并非彼此替代而是相互补充、扩展和集成的。Wang和Xiao[13]以USPTO专利数据库为样本，研究了半导体产业知识网络模块化对发明效用的影响。Momeni等[14]采用专利发展路径和主题模型分析方法识别了潜在的颠覆性技术。杨武等[15]构建了我国技术能力的专利数据计量模型并进行了实证。

（4）产业标准设定及其作用。标准反映了技术演化的轨迹信息。标准化对累积的技术经验加以整理成文并使其法定化，是由新技术创立的基准，在通过一系列程序来描述技术演化的过程中，实现了技术演化过程中的技术变异、选择和保留。王博等[16]认为技术标准的制定实现了技术演化过程中技术保留的过程，并以移动通信产业为例进行了分析。曾德明等[17]指出，企业个体网络密度和可达效率对标准化的影响力比较显著。

2. 产业创新系统

Rothwell[18]考察了产业创新成功的关键因素，认为企业向系统集成与网络化的第五代研发模式转移过程中需要设计柔性的、创新友好的组织结构。Mansfield[19]认为日本的产业创新比美国更成功地应用了外部技术。Prahalad[20]指出，企业在产业层次上构建创新能力才能获取持续竞争优势。国内学者柳卸林[21]认为，中国产业创新过程中制造能力强而技术能力弱，要加强技术能力构建。张治河等[22]构建了由产业创新政策系统、产业创新技术系统、产业创新环境系统和产业创新评价系统组成的产业创新系统模型。汪秀婷和杜海波[23]将战略性新兴产业创新的系统结构分为战略子系统、核心网络子系统、知识技术子系统和环境子系统四大子系统，分析了四个子系统之间的相互作用影响机制，并提出了产业竞争优势的培育路径。赵一鸣等[24]从节点、通道、环境的角度分析了产业创新体系的特征，并总结了创新联盟的建立和联盟之间的竞争合作对产业创新体系形成的影响。

张研等[1]以中国通信与电子设备制造产业为例，对产业的技术标准与产业创新的作用机理进行了实证研究。常玉苗[25]总结了海洋产业创新系统的构成，并分析了海洋产业创新系统的动力机制和运行机制。彭勃和雷家骕[26]归纳了大飞机产业创新系统的主要特点，进而提出了适合中国国情的大飞机产业创新系统的模型框架。苟仲文等[27]在分析电子信息产业创新体系的形成动因和创新机理的基础上，提出电子信息产业创新体系是由技术创新、产业链创新、产业集群创新、应用创新和政策创新五个方面构建的。王明明等[28]指出，由于不同产业的创新系统中的要素构成及相互作用关系的侧重点存在差异，在构建或完善具体产业创新系统模型时，要考虑该产业的技术体系和知识领域等产业特性及产业的阶段性特征，并以中国石化产业为例，构建与分析了关于石化产业的产业创新系统模型。此外，还有一些学者关于产业创新的研究成果见表 3.1。

表3.1　产业创新理论研究成果

作者（年代）	内容
Ronstadt和Kramer[29]（1983）	进行了产业创新的国际化研究
Davis[30]（1995）	对发展中国家产业创新的环境问题进行了探索
Rothwell[18]（1992）	分析了20世纪90年代产业创新中的关键因素，并研究了产业创新的战略趋势
Daniel和Burton[31]（1993）	探讨了德国的技术政策对产业创新的激励作用
严潮斌[32]（1999）	对产业创新的产生及其内涵进行探讨，并对企业创新、产业创新和国家创新进行了比较
石定寰[33]（1999）	从制造能力与技术能力对比分析方面，重点探讨、研究了产业创新的能力
胡树华[34]（2000）	对汽车产业进行了实例分析，探讨了产业创新的深刻内涵，并为"国家汽车创新工程"提出了政策建议
俞海山[35]（2001）	探讨和阐述了产业创新、科技创新和制度创新三者的关系
梁雄健[36]（2002）	通信产业创新的概念、模式、内容、过程及创新系统等内容
张治河[37]（2003）	产业创新的理论基础、研究内容、研究对象和动力机制等
陆国庆[38]（2003）	将传统产业、衰退产业和新兴产业进行比较，认为企业持续发展的基本战略是产业创新，研究了产业创新的动力机制
Frenkel[39]（2003）	对区域产业创新发展中的障碍和限制进行了分析
Hsu[40]（2005）	通过研究构建了产业创新机制

从研究趋势来看，产业创新理论正经历着从微观、宏观到中观层面的发展阶段。国外的研究多以研究具体产业的创新或结合某个部门的创新为基础，检验产业创新中的产品、市场或组织的结构特征，考察思想、行为或人为因素为何并如何产生影响。国内有关研究基本围绕狭义上的产业技术创新和广义上的产业创新系统两个方面来展开，尚缺乏针对某几个具体产业深入挖掘其不连续创新的内在共性规律的研究。

3.1.2　创新生态系统

生态系统的概念是由英国生态学家 Tansley[41]于 1935 年首先提出的，他认为，在自然界任何生物群落都不是孤立存在的，它们与其生存的环境相互依存、相互作用，共同形成一个统一的整体，这样的整体就是生态系统。

1. 企业创新生态系统

Moore 首次系统地论述了企业生态系统，将企业生态系统定义为一种基于组织互动的经济联合体[42]，并认为企业生态系统是一种由客户、供应商、主要生产商、投资商、贸易合作伙伴、标准制定机构、工会、政府、社会公共服务机构和其他利益相关者等利益相关组织或者群体构成的动态结构系统[43]。在此基础上，Iansiti 和 Levien[44]提出生态位的概念来阐述创新生态系统，认为创新生态系统由占据不同但彼此相关的生态位的企业组成，一旦其中的一个生态位发生变化，其他生态位相应也会发生变化。Adner[45]认为，创新生态系统是公司及周围组织之间的一种合作性安排，创新离不开创新生态系统，企业的创新战略必须与创新生态系统匹配，创新生态系统创造的价值远大于单个企业创造的价值。此外，Adner等关注创新生态系统本身，认为创新需要依赖外部环境的变化与生态系统的成员参与[46]，创新生态系统是指一种协同机制，企业这种协同机制将个体与他者联系，并提供面向客户的解决方案和输出价值。Chesbrough 和 Agogino[47]对 Ches Panisse的案例研究，揭示了小企业如何通过构建成功的商业生态系统而逐步壮大。梅亮等[48]梳理了创新生态系统的理论框架，柳卸林等[49]提出了基于创新生态观的科技管理模式。徐婧等[50]认为，Fab Lab 引领工程师和企业家贯穿创新价值链，起到了创造教育、商业、创新和社会效益的作用，是新的创新生态系统中的重要部分。

Prahalad 和 Hamel[51]指出，企业核心能力是组织中的集体学习能力，特别是关于如何协调不同的生产技能和集成多种流派的技术。Carayannis 和 Campbell[6]认为，"模式 3"允许并强调不同知识与创新范式之间的共存和协同演化：一个知识系统的竞争力和优越性很大限度上由其适应能力决定，即通过协同演化、协同专业化和合作竞争的知识存量及流动动态方式整合与集成不同知识和创新模式的能力。Brusoni 和 Prencipe[52]指出，企业作为系统集成商需要具备多领域的技术能力才能发挥产品模块化中的知识与组织协调职能。Hobday 等则指出系统集成能力是企业的一种核心能力[53]。

综合看来，企业生态系统中企业核心能力的实质是知识集成能力。Subramaniam[54]通过对消费品、消费耐用品和工业品制造业的跨产业调研，结果发现跨国公司中跨国合作对知识集成效应显著，而跨国团队和跨国沟通尽管促进了知识流动，但并不能导致有效的知识集成，表明多种来源的知识集成对新产品开发仍然是一个重要挑战。

2. 产业创新生态系统

Malerba[55]认为，产业创新系统具有特定的知识基础、技术、投入和需求，其主体为个人或组织，它们通过沟通、交换、合作竞争等进行互动，产业系统的变化是通过其各种要素协同演化的结果。从结构上看，产业创新技术系统是以关键技术为核心、多种生产技术与之匹配、具有特定结构的技术体系，主要包括产业共性技术和产业关键技术。从功能上看，产业创新技术系统是产业创新系统的供给系统，是产业创新系统的核心。

Adner[45]提出创新生态系统（innovation ecosystem）是"协同整合机制的一种范式，将生态系统中的不同企业的创新成果整合到一起，面向客户提供解决方案"。对产业创新生态系统的研究集中在提高产业绩效、促进产业发展及商业生态系统战略的确立，以及如何使生态系统内各合作伙伴得到竞争优势[56]。Dhanasai 和 Parkhe[57]认为，创新生态系统的价值创造潜力是网络设计和业务流程两个维度的函数。Fransman[58]认为通信系统的生态模型是由四个主要的模块组成，即供应商、网络运营商、应用提供者和最终顾客。Phene 和 Almeida[59]则认为消费者、供应商、竞争者、大学和科研机构可以为生态系统贡献特有的且不重复的输入要素，这些要素可以促进企业的知识重组及创新。Adner 和 Kapoor[60]认为，产业创新生态系统使产业之间形成固有的联系，从而提高产业绩效并推动技术进步，创造更高的价值。Dougherty 和 Dunne[61]认为，创新可以促进生产力的发展，构建创新生态系统有益于合作关系的建立，从而推动不同产业的发展。Davies 等[62]提出开放的、跨越组织边界、深入到更广泛创新生态系统的方法才能够获得成功。Wareham 等[63]提出技术创新生态的完善同样需要多变性和异质性来满足不断发展的市场需求。Sandberg 和 Aarikka-Stenroos[64]提出影响突破性创新的因素不是创新的程度，而是创新生态系统内要素的特征和创新的过程。

谢伟[65]指出，创新可以分为系统创新、核心创新和外围创新，中国企业创新的优势主要体现在活跃的外围创新。梅亮等[48]以科学计量方法为基础，系统论述了创新生态系统理论的源起、知识演进和理论框架，发现创新生态系统的理论研究主要围绕商业生态系统、价值创造、开放式创新和创新生态系统四大聚类展开。柳卸林等[49]认为，创新生态系统是由参与创新的主体及其环境相互作用形成的一个开放的有机统一整体，创新的生态由如下三个部分构成：①技术实现的生态；②从技术到产品的生态体系，即配套的技术——软件、硬件；③从产品到产业的生态体系。每种生态体系都制约了一个技术的发展和创新前景。大量的科技成果不能产业化，都可以从这三个不同层次的创新生态中找到原因。

3. 国家创新生态系统

近年来，在国家层面，发达国家已开始强调以创新生态作为政策工具。2004年，美国竞争力委员会发布的《创新美国》研究报告[66]开创性地指出，创新不是一个线性或机械的过程，而是一个在我们的经济和社会的许多方面具有多面性并不断相互作用的生态系统。在这个生态系统中，影响创新的各要素——供给与需求、政策与基础设施之间存在多方面的相互作用，国家的创新生态系统是推进技术和经济发展所必须的机构和人员的相互作用的动态系统，并提出如图 3.1 所示的创新生态系统模型。

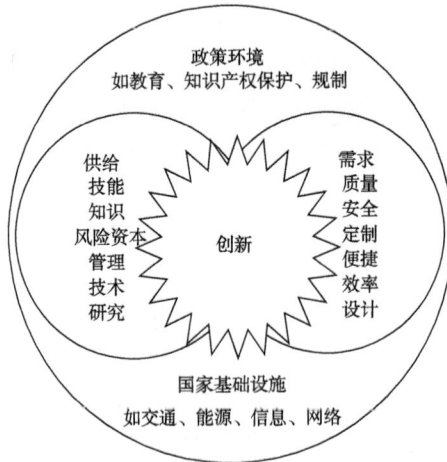

图 3.1　创新生态系统模型[66]

2004 年 1 月，美国 PCAST[67]发布报告指出，国家的技术和创新领导地位取决于有活力的、动态的创新生态系统，而美国创新生态系统的健康取决于国家的研发能力、劳动力的教育状况、创业氛围及基础设施的改善。2004 年 6 月其又发布报告[68]指出，美国的经济繁荣和在全球经济中的领导地位得益于它的创新生态系统，并明确了它包括如下组成部分：①科技人才，如发明家、创新者、创业家和熟练的劳动力；②全球最佳的研究型大学；③富有创造性的研发中心（包括企业投资、非营利组织投资和政府投资）；④支持创业者和创新者进行市场创意开发的风险投资行业；⑤支撑小企业成功、大企业持续繁荣的经济、政治和社会环境；⑥政府投资并聚焦于高潜力科学发现的基础研究。此后，美国、日本、德国等国家均将创新生态理念纳入国家战略规划范畴。欧盟在《新研究与创新框架计划：展望 2020》中提出，开放式创新生态系统是在开放式创新范式下涵盖创新主体范围更广、创新资源流动更加频繁、创新链条运行更加生态化的创新生态系统[69]。

综上所述，作为近几年出现的新兴概念，创新生态系统源于国家创新系统，融合了生态学与创新系统理论，将自然界生态群落存在的自然演化规律应用到经济管理领域。创新生态系统概念的提出体现了创新研究的一次范式转变——由关注系统中要素的构成及内部的相互作用，向关注要素之间、系统与环境之间相互作用的有机集成与企业动态成长路径的转变[70]。事实上，关于创新生态系统的研究还处于初期，仍然有巨大的想象空间，关于创新生态系统的理解和研究还有待深化和综合。

3.1.3 产业演化动态研究

产业演化动态是产业动态理论的主流研究领域之一，主要关注知识在创新和产业动态中的作用等一系列问题[2]。现有的研究试图从两个方面来解释这些问题：一方面，重点研究隐性、模块性、互补性和外溢性等知识属性，并将其同产业动态结合起来；另一方面，检验企业学习和知识环境，并将其与创新和产业动态相结合，其代表性成果主要是借助产业生命周期模型和产业演化模型分析产业的演化过程。

产业生命周期是产业演化理论的重要组成部分。Klepper[71]建立了一个正式的产业生命周期模型。Bergin 和 Bernhardt[72]将需求的不确定性整合到企业进入和退出的动态随机模型中。Anderson[73]提出了技术生命周期理论，认为一项新技术产生于不连续状态，经过技术之间的激烈竞争后产生主导技术范式，并随后进入渐进性变化，直至新的技术不连续状态出现为止。Kaplan 和 Tripsas[74]提出了技术轨道的认知模型并用以解释技术生命周期的各个阶段，即动荡期、主导设计阶段、渐进创新期和技术不连续性阶段。

Anderson[73]利用美国 1890~1999 年的专利数据研究了技术轨道的演化，发现技术轨道中的技术变化逐渐趋于跨领域和复杂技术系统且新旧技术领域往往并非彼此替代而是补充、扩展和集成，技术轨道具有渐进性、累积性和路径依赖性的特征。Argyres 和 Bigelow[75]利用美国汽车产业数据分析发现，企业在产业演化的不同阶段进行的垂直整合显著影响企业绩效，即模块化程度增加既可能推动垂直分解也可能推进垂直整合。Cebon 等[76]研究了模块化效应如何影响组织结构、产业边界和经济结构。Adner 和 Kapoor[60]认为，对生态系统相互依赖进行垂直整合的有效性随着技术生命周期的推进而增强，并采用 1962~2005 年全球半导体光刻设备产业 9 代对不同新兴技术的出现进行了实证。

产业演化动态相关研究均认为，知识基础本身的变化是企业劳动和技术变迁的动态结果，但是对该动态过程本身的分析较为欠缺[77]。产业生命周期和产业演化的研究面临如下挑战：在一个产业中知识以什么样的方式影响创新组织和技术竞争的强度？知识基础的变迁是否影响市场结构的变化？在产业动态中影响知识流动的因素是什么？如何对其进行有效的测度？这些问题仍有待于进一步深入研究。

综合看来，产业技术系统的本质是技术知识网络，具有模块化结构特征，技术知识是技术演化的根本要素。当前技术演化研究更多的是偏重于从时间维度对技术创新的发展路径加以描述和分析，并没有对促成技术在时间维度上呈现这种演化规律的特性及技术轨道间转换的机理做出研究[78]，尤其缺乏对技术系统自身演化规律的深入研究，使对技术追赶和产业升级缺乏指导性。

3.2　模块化理论

20 世纪 80 年代以来，产品设计中的模块化理论[53, 79]被应用到生产[80]及组织设计[81, 82]中，引起了产业界和学术界的广泛关注。产业模块化研究大致可以分为四个层面：一是技术模块化研究；二是产品模块化研究；三是组织模块化研究；四是产业模块化研究。

3.2.1　技术结构模块化

模块化思想最初是基于技术层面提出的，技术模块化使产业技术系统呈现出模块化的发展特征。青木昌彦和安藤晴彦[83]将模块化分为两类，即模块化分解和模块化集中：模块化分解是指将一个复杂系统或过程按照一定的联系规则分解为可进行独立设计的半自律的子系统的行为；模块化集中是指按照某种联系规则将可进行独立设计的子系统统一起来，构成更加复杂的系统或过程的行为。模块化系统要处理系统信息和私有信息两种信息，每个模块都必须在遵守系统信息的基础上，凭借模块内部隐藏的私有信息与其他模块展开竞争，促使模块不断进行独立改进和创新。模块本身也可以被看做一个相对复杂的系统，它在设计过程中隐藏了自己的设计信息，并且不会对其他模块的设计产生太大影响，模块自身的复杂化是与信息技术共同进化发展的[83]。Henderson 和 Clark[79]指出，架构创新是技术系统非线性演化的关键点，对于架构创新引起的非线性演化，在位企业往往不能应对而丧失优势。除了可促进渐进性创新外，Ethiraj 等[84]发现技术模块化为模仿创新亦提供了有利条件。党兴华和张首魁[85]认为，产业技术系统中的关键模块决定耦合规则。相应地，由关键模块技术及其相互关系构成的关键模块层技术，即平台技术的发展变化往往引起模块化产业技术系统的根本性变动[86]。Chesbrough 和 Prencipe[87]提出了技术模块化的四个发展阶段，并分析了创新网络和技术模块化的周期性动态演化过程。

Dosi[88]指出技术轨道是为技术范式所规定的解决问题的具体模式或发展方向。Anderson 和 Tushman[89]提出了技术生命周期理论，认为一项新技术产生于不连续状态，经过技术之间的激烈竞争后产生主导技术范式，并随后进入渐进性变化，直至新的技术不连续状态出现为止。Andersen[12]通过美国专利数据研究了技术轨道的演化，发现技术轨道中的技术变化逐渐趋向于跨领域和复杂技术系统，且新旧技术领域往往并非彼此替代而是相互补充、扩展和集成的。Kaplan 和 Tripsas[74]提出了技术轨道的认知模型并将技术生命周期分为动荡期、主导设计、渐进创新期和技术不连续性四个阶段。杨勇华[90]认为，技术的研究正在由主流的技术知识观向技术演化观转变，应把技术知识当成技术进化的底层因子。刘秋岭等[91]分析了技术系统的多层级共同演化机制。宋艳和银路[92]认为，新兴技术如同生物一样具有遗传、变异的特性。

程文和张建华[93]通过扩展 Hausmann-Klinger 模型提出了产品空间结构模型，并利用问卷调查数据分析了中国模块化技术发展状况及技术模块化对产业结构升级的影响。模块化的产品设计和生产能够满足不同客户的差异化需求，同时也能够使产业更快速地适应市场需求，快速占领市场份额。这种模块化的合作能够使模块供应商和模块集成商之间的合作更为紧密、有效，创新的成功率和创新效率也会变得更高，从而实现共赢的目的。曾晓敏[94]研究了模块化技术在我国核电站的应用情况，杨丽[95]研究了基于技术模块化的美国计算机产业技术演化路径。技术模块化的有效实施能够带动产业进行更加深入的结构创新，进而引发行业的重大产品系统创新。

理论上，技术模块化使原本需要在同一企业生产的复杂产品的零部件可以由全球范围内满足条件的任意企业同时进行生产和设计，并且可以利用技术模块集成，通过选择特定模块来满足客户的个性化需求。原来单个企业生产的工程技术，可以被分解为多个企业所共同生产，这时具有比较优势的企业才会真正发挥自己的作用，经过技术优势的累积，才能真正提升产业链的技术水平。

实践上，自 20 世纪 90 年代以来，模块化的设计、生产战略和理念在航空航天飞机、大型软件、电脑、生活家居用品、汽车和精密测试仪器等技术领域得到广泛的使用和认可，通过产业技术模块化不断发挥作用，产业创新的速度得到大幅提升，同时复杂创新中存在的创新风险也得到有效降低。模块化创新战略的广泛应用导致原本一体化的市场开始分散，企业间合作模式也发生了变化。模块化生产技术在生产领域的运用，引发了产业生产方式的变革，其中模块化生产方式最具有代表意义的是在计算机产业中，也因此极大地推动了计算机产业的迅速发展。技术模块化在汽车行业的发展中也起到重要作用，模块化生产设计在汽车工业中的应用被称为汽车产业新革命。技术模块化在提高汽车企业的生产效率、研发效率之后，可以大幅降低零部件的成本并增强零部件供应商的技术开发能力，进而提高整个行业的技术水平。

3.2.2　产品架构模块化

模块就是一个由复杂系统分解而形成的具有半自律性的子系统，各个模块能够通过事先确定的界面规则，与其他模块组合成为功能更复杂的系统[83]，模块自身就是一个复杂系统，其中隐藏了每个模块设计、生产中的信息处理过程，模块自身复杂性与信息技术进化密不可分。Baldwin 和 Clark[96]指出模块就是一个单元，构成单元的结构部件在单元内部有强联系，而与其他单元有相对弱联系。

Baldwin 和 Clark[97]定义模块为大系统中彼此结构独立、功能集成的单元，模块化创新是通过模块化操作实现的。他们指出，复杂系统创新可以通过对其各个模块之间的联系规则的创造性分解和再整合得以实现，称之为模块化操作。模块化操作包括六种形式，即模块的分离、模块的替代、模块的增加、模块的去除、模块的归纳和模块用途的改变，并以计算机产业为例构建了由结构、背景和操作构成的概念体系，认为模块化的产品设计不仅能够降低产品的复杂性，节约产品开发时间，也有助于提高产品的多样性。Ulrich[98]指出产品架构的概念是"将产品功能配置于实体部件的方案"，模块化产品是由可分解为细化分工、近乎独立、易于替代的不同部件，通过简洁、标准化的接口相互连接组成的，根据产品结构可把产品分为集成化产品与模块化产品：集成化产品的各部件通过共同作用实现整个产品的功能；模块化产品的各部件关系明确，分别承担一项或多项功能。Schilling[99]认为模块化是指系统部件能被分离和重新组合的程度，青木昌彦和安藤晴彦[83]则构建了由体系结构、接口和标准构成的理论框架，分析了产品制造商通过把信息分成标准化的设计规则和非标准化的设计参数来进行模块化创新。胡晓鹏[100]认为产品模块化能够使产品的设计带来产品供应与需求两方面的经济利益，模块化技术是一种关于产品的特殊知识，使产品得以有效分解、重组与升级。Langlois[82]认为模块化是管理复杂系统的一般规则，将复杂的系统分解成通过标准接口进行相互联系的部分。

20 世纪 90 年代以来，软件开发、汽车制造、飞机制造、消费性电子生产、个人电脑、动力设备和测试仪器等领域广泛采用模块化的产品架构和创新战略[101]。Henderson 和 Clark[79]对机械产品的创新进行了分析，把模块化背景下产品创新的途径分为两种：①基于构架的创新，是指通过模块化操作方法改变模块之间的联系规则，从而快速生产出多样化的产品；②基于各模块内部的创新，是指改进模块本身原有功能或者开发具有新功能的模块。Sanchez 和 Mahoney[102]认为通过对功能模块的一系列操作以及对通用模块和定制模块进行有效的匹配可以实现产品多样化，并且提高创新的速度。Ethiraj 和 Levinthal[103]建立了一个模型以检验复杂产品系统的创新绩效变化。

汪涛和徐建平[104]以价值创造网络为基础，通过确立通用标准、定义生产过程单元和整合模块，建立了模块化的产品创新模型。顾良丰和许庆瑞[105]把模块化产品的技术创新分解成元件技术创新、模块技术创新和架构技术创新，构建了模块化技术创新的架构模型。陈国铁[106]总结了模块产品创新的四大策略，即功能满足、性能满足、功能创造和性能提升。

产品模块化是指产品某组件发生改变不要求其他组件随之发生改变[107]。模块化产品有两个基本特征：一是产品具有稳定的模块化架构；二是具有可以和产品架构分离的功能性模块[79]。模块化是一种结构事实，同时也是一个复杂系统，构成模块化的产品结构特征如下：

（1）组件具有通用性。这一特征是大多数管理科学学者的主流观点，他们将开发模块化用于减少由企业产品扩张所导致的运作功能紊乱。他们对产品模块化有两种不同的观点，一种观点将其视为是一套可用于产品不同部分的组件，另一种观点则把模块视为产品的一部分或一个组件。但不论是哪种观点都表明模块是一个相对独立的整体。

（2）组件具有可组合性。生产某种产品时，若能够从给定的一套组件中选出若干组件，经过混合匹配组装成不同的产品结构，则这种产品是模块化的[108]。组件可组合性的本质在于既定数量的组件的前提下最大化产品组合的多样性。具体来说，就是从一套标准模块中选出若干模块，最大限度地将其混合组装成一套具有多个差异化版本的最终产品。因此，组件的可组合性强调，产品模块化是一种通过有效增加产品线深度来满足市场需求细分的方法。

（3）功能绑定。以产品所实现的功能来描述产品和这些功能是怎样来定义产品结构的，这是工程设计程序中的一个关键步骤。产品模块化使机器、组装部件和组件得以通过联结各个不同的模块结构单元来实现多种多样的功能。

（4）界面标准化。将界面标准化作为产品模块化特征的观点最初源于计算机产业，并随着计算机产业的发展而逐渐流行起来。从 Garud 和 Kumaraswamy[109]开始，在战略管理相关的文献中，将界面标准化视为产品模块化的观点就成为了主导。界面指的是一组描述两个物体交互作用的设计参数。无论是出于适应技术变革还是降低成本的目的，对一个产业中自治的、私有的或强制的界面认同，实际上能降低组件供应商的更换成本。

（5）松散耦合。模块化松散耦合观主要流行于对复杂系统产品的研究感兴趣的学者之中。产品模块化松散耦合观的核心观点是，当一个系统的结构为松散耦合时，在某种程度上该系统存在被分解为更小的单元或模块的可能性。基于松散耦合的观点，模块化是一种有效划分系统的方法。模块内嵌着一定程度的复杂性，因此模块不应该过于简单，事实上模块越简单，越有可能从中继续划分出更多的模块，从而导致系统的描述方式复杂化和低效化。

（6）组件具有可分离性。组件的可分离性是结构嵌入于模块化产品中的物理表现，可以理解为不同的产品要素被划分到各个基本单元，即模块中，而所形成的模块独立于由模块组装而成的最终产品结构。一个模块应该至少独立充当某产品系统中的一个产品的差异化版本的一部分。任何一个产品的差异化版本都是由各个独立的专有模块集合而成的，这意味着一个产品系统内的任何一个产品都能被分解成模块。相反，通过将产品系统的若干模块组合为一个产品系统的模块子集，可以组装成产品的任何差异化版本。

3.2.3　组织结构模块化

Brusoni 和 Prencipe[52]从技术、产品和组织三个层面破解模块化黑箱，指出企业作为系统集成商需要具备多领域的技术能力才能发挥产品模块化中的知识与组织协调职能。Hobday 等[53]则指出系统集成能力是企业的一种核心能力。Baldwin 和 Clark[110]认为，如果沟通成本相对较低，那么任何程度的模块化设计都会导致理性的创新者选择开放协作创新而不是独立创新。青木昌彦和安藤晴彦[83]认为模块化揭示了新产业结构的本质，有可能彻底改变现存产业、企业的结构。Jacobides 等[111]认为，模块化或集成化的产业架构一方面界定了价值创造和劳动分工，另一方面则界定了价值占有及剩余或收益的分配。Sturgeon[80]认为模块化借助市场协调特别是稳定的界面标准和设计规则，使企业可通过价值链外包战略获取竞争优势。Sanchez[112]认为模块间界面规范使各模块研发可以并行，缩短了研发时间。Langlois[82]则认为模块化是解决复杂性问题的通用规则，把复杂性问题分解成可以通过标准接口进行相互联系的多个子问题，模块化是一套体系结构、界面和标准的组合，模块化的出现使原本依靠经理人的协调机制被明晰的界面规则所替代，因此将转向模块化网络模式。巫景飞和芮明杰[113]认为产品模块化要走向产业模块化关键在于产品技术标准能够突破企业边界，形成企业共同接受的产业标准。Brusoni 和 Prencipe[114]通过轮胎制造业的突破性创新案例论述了模块化设计规则转换的作用。

Baldwin 和 Clark[97]将模块化定义为以多个可以独立设计并且能够发挥整体作用的更小的系统来构筑复杂的产品或业务的过程。他们认为，复杂系统内有两类信息，即可见的系统信息和隐藏的私有信息：系统信息是透明公开的，是复杂系统内各模块都可以得到的信息；私有信息隐含于特定模块内部，是其他模块不可见的，对其他模块不产生影响。系统信息与私有信息的共同存在极大地促进了企业创新，他们从三个方面进行了详细的说明：首先，模块化系统内各模块之间存在着激烈的竞争，这种竞争激励着企业不断地进行创新；其次，模块化系统内的各子系统进行创新时互不影响，即使有影响也很小，所以它们可以同时进行创新，无时间先后之分；最后，因为有许多企业设计并生产同一模块产品，为了能在竞争中胜出，模块制造企业会不断地对模块进行创新，从而导致系统自下而上的创新。

Schilling 和 Steensma[81]指出，在某些产业中，组织形态展现出从一体化的层级组织到非层级的组织形式转变的趋势，这种组织实体即是一种模块化的组织形式，具有可渗透、内部化和模块化等特点。不同于一体化组织，模块化组织由不同的子系统组成，需要一套设计规则将各子系统紧密相连。模块化组织的设计规则包括确定系统构成要素及其信息传递关系的结构、规定各子模块联结协议的界面、检验模块是否符合设计规则的标准。模块化组织中不仅存在设计规则这种线性信息，还存在一种隐性信息，即一种内部契约机制，通过子模块间的"背靠背"竞争，提升产品创新效率，有利于企业持续改进。模块化组织是伴随企业模块化生产方式不断深化而产生的一种新兴的制度安排和资源配置形态。

Henderson 和 Clark[79]把创新看做一种创造性破坏，创新对在位企业拥有的部件知识与架构知识皆存在着一定的破坏程度，他们提出了模块创新与架构创新。Mikkola[115]指出模块化的产品设计与生产满足了不同客户的不同需求，为企业占领市场提供了有利条件，也使企业供应链管理同创新策略之间的联系得以加强，他将产品模块化过程划分为四个阶段，从部件阶段到模块阶段再到子系统阶段最后到系统阶段，并指出在此过程中，模块供应商与集成商之间的技术合作会对模块创新产生积极的促进作用。

孙晓锋[116]认为模块化生产方式的出现改变了创新模式。陈向东[117]以航空制造企业为例阐释了模块化方法的适用性和局限性。白雪洁[118]讨论了汽车产业模块化在推进技术创新和生产组织变革方面的作用。国内一些学者还致力于模块化在企业中的应用研究，主要集中在模块化的治理机制及对企业边界的研究上。罗珉[119]提出了大型企业组织的变革关键是业务、能力要素和组织结构的模块化。余东华和芮明杰[120]研究表明，导致企业有形与无形边界分离的原因是企业价值网络推动了企业边界的渗透和融合。张钢和徐乾[121]认为在模块化产业结构中，企业自主创新实践的基础是不同类型的模块创新和集成创新。刘冬[122]认为企业实施模块化策略是有条件的，即创新类型必须与组织方式相互匹配。

朱瑞博[123]认为，模块生产网络内各主体之间由于分工与合作产生的协同效应是价值创新的源泉。徐宏玲[124]揭示了模块化组织价值创新的原理与机制。冯海华和张为付[125]认为价值创新主要表现在三个方面，即价值体系网络化、价值报酬递增化和模块边界动态化。郝斌等[126]提出了组织模块化设计的价值创新 SSV 范式，即"结构构建→制度设计→价值创新"。刘志阳等[127]则以我国银行卡产业为例运用模块化理论对其价值创新进行分析。余东华和芮明杰[128]认为模块化网络组织能够促进复杂的价值创造系统的形成，该系统又能够促进网络组织内部知识的交流，从而实现知识创新，推进价值创新。

模块化的产品设计与制造需要相应的组织形式与之匹配，因而企业内部相对松散的网络组织结构取代了最初紧密的层级式结构，从而使企业的各个组成部分得以实现灵活的连接和多种形式的搭配。技术的不断演进和模块化程度的不断加深要求企业的组织结构、流程及边界都必须被重新设计，组织模块化因而成为了组织设计的必然选择。通过制定设计规则，组织模块化设计使企业的组织边界模糊化，组织交易明朗化，降低外生不确定性因素，减少内生成本。可见组织模块化设计有助于企业降低交易成本、保持战略弹性，并促进高效模块化组织的形成。一种组织形态的出现必将伴随组织设计理论的发展。然而应该注意的是，现有研究大多是针对模块化组织的运行、效率等后期治理阶段展开的，而对组织的模块化形成过程只有很少的学者进行了研究，并且没有从组织设计角度展开深入分析，在缺乏理论论证的前提下直接否定组织模块化设计的可行性，显然欠缺理论研究所应遵守的逻辑性和科学性。

3.2.4　产业结构模块化

20 世纪 70 年代以来，生产专业化的不断完善，产业价值链不断被拆分，原本作为整体的生产环节逐步变为模块，产业模块化的趋势开始呈现。Argyres 和 Bigelow [75]利用美国汽车产业数据分析发现，企业在产业演化的不同阶段进行的垂直整合显著影响企业的绩效。Cebon 等[76]研究了产品模块化及产品生命周期如何影响组织结构、产业边界和经济结构。Fixson 和 Park[129]采用案例分析揭示了产品架构与产业结构的多重关联。毛荐其[130]指出，产业升级实质是技术升级，技术升级有链内升级、链间升级和链间跨越三种形式。

钱平凡[131]认为系统的可分性与投入及需求的多样化决定了模块化的程度。胡晓鹏[132]阐释了产业标准化和产业模块化的形成机理。范爱军和杨丽[133]指出模块化通过知识的独立化改变了分工格局。朱瑞博[123]认为模块生产网络价值创新主要来源于网络内部的适应性主体间的协同效应。李春田[134]阐述了模块化和标准化的关系，认为模块化最有可能成为标准化的新的生产力，标准化的新的制高点便是模块化。

童时中[135]认为，模块化是为了取得最佳效益，运用系统观点对产品（或系统）的构成形式展开研究，用分解和组合的方法构建模块体系，并使用模块组合成产品（或系统）的全过程。朱瑞博[136]认为价值模块是产业融合的载体，价值模块的整合与研发促进了产业的整合，引发了企业间更加密切的合作与激烈的竞争。模块化不仅提升了变革的速度，增大了竞争压力，它还改变了企业之间的关系[137]。胡晓鹏[132]认为产业模块化的本质特征是功能标准，它在克服产业标准化劣势的基础上，有效地保持了其内在优势。孙晓峰[138]、汪涛和徐建平[104]、曾楚宏和吴能全[139]将模块化看做复杂系统按一定规则分解为独立子系统，之后又可将其整合的方法与过程。

产业模块化指的是对产业链的拆分，将产业链中的各个工序分块分割和调整。广义的产业模块化包含三个层次的内涵，即产品系统和产品设计的模块化、产品生产制造的模块化、企业内部系统和组织形式的模块化。可见，产业模块化的实质就是一种基于某个产品体系的流程再造。在模块化的产品体系中，一个产品的整体功能是通过各个相对独立的不同零部件的组合来实现的，其中的部件具有可替代性，而这些部件之间怎样组合则是由一套接口标准进行设计的。

产业模块化重点关注产品部件层级的标准，因而模块化产业内的产品更加多样化。通过分析和研究一个产业的产品，分离其中具有相同或相似功能的单元，用标准化的原理进一步统一、归并、简化，形成一种独立存在的通用单元形式，即经由分解而得到的模块，不同模块的多样化组合就形成了更多的新产品。李晓华[140]认为，模块再整合降低了产业的知识壁垒，使大量低技术水平的企业进入成为可能，进而改变了产业的竞争格局，模块再整合可以作为一种重要的产业升级路径。

此外，国内学者还对产业模块化及集成从不同角度展开研究。尹建华和王兆华[141]进行了模块化理论的文献综述。孙晓峰[116]和白雪洁[142]分别对计算机产业、汽车产业的模块化进行了案例研究，王海龙和武春友[143]通过半导体照明产业的案例研究提出了基于产业集成的企业成长路径。巫景飞和芮明杰[113]归纳了产业模块化的微观动力机制与一般规律。胡晓鹏[132]讨论了产业模块化与标准化之间的关系。

3.3　产业基础技术理论

3.3.1　基础技术的内涵及其作用

1. 基础技术的内涵与外延

Justman 和 Teubal[144]提出的结构主义观点认为，技术基础设施是为社会供给的、旨在满足多企业应用的、与产业相关的技术能力集合。Tassey[145]的技术构成观则认为，基础技术是各种技巧工具的集合，它贯穿于技术创新的研发、生产和营销全过程，是各种共性技术的基础，一般可分为科学和工程数据、测量和测试方法、生产实践和技巧、界面标准四类。魏江等[146]指出，战略性新兴产业的发展需要建立在产业创新体系和完善的产业技术基础设施之上。黄鲁成和张静[147]采用专利分析方法对产业共性技术的技术基础性、技术应用范围及技术社会效益三个特性进行了识别。

2. 基础技术的经济增长效应

按技术对经济增长的贡献及其涉及范围划分，Bresnahan 和 Trajtenberg[148]将技术分为通用技术（general purpose technology，GPT）与特定技术。Tassey[149]指出技术基础设施可以分解为新技术平台（共性技术）、基础技术及相关标准、专有技术三个层次，由于科学基础具有公共物品属性，而基础技术和共性技术具有准公共物品属性，企业往往对基础技术和共性技术投资不足导致市场失灵（图3.2）。可见，基础技术是共性技术和专有技术的基础，同时又能反哺基础科学研究，是连接科学基础与技术扩散及其价值实现的枢纽。

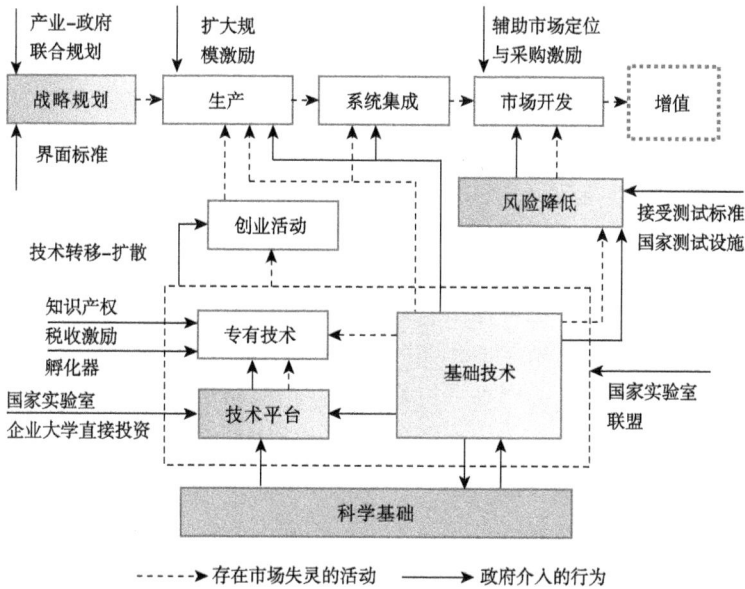

图 3.2　全技术生命周期管理：应对市场失灵的政策角色[149]

综合上述文献，我们可以看到当前学术界对基础技术并没有统一的概念，也缺乏对基础技术的测度研究。

3.3.2　基础技术与共性技术

基础技术在科技与日常的社会生活中普遍存在于各个领域，具体包括科技研发所需要的仪器、测量与测试相关技术、设备安置与调试时的轴系平衡技术、化工材料涂料检测技术、技术行业统一的共性数据库、信息与通信技术中存在的界面及接口标准等。基础技术为其他活动提供技术支持，通常情况下存在于生产过程背后，是一种隐性的技术，不会直接体现在产品中，因此常常被人们所忽视。基础技术最早出现在美国经济学家 Tassey[150]在美国国家标准与技术研究院年会的报告中，他认为，根据所包含的内容，基础技术是一套多样化的技术工具，包括测试与测量方法、人造物品（包括允许这类方法使用标准参考物质）、科学和工程数据库、程序设计模型及界面接口标准等。Tassey[151]建立了一个"技术开发模型"，用于研究科技政策的有效性与产出，该模型后来被称为"技术基础的经济增长模型"。在这个模型的基础上，他提出了共性技术的概念，认为技术可以分成基础技术、共性技术和专有技术三个大类。Justman 和 Teubal[144]则从结构主义观点出发，认为技术基础设施是同传统基础设施、制度与机构基础设施和人力资本基础设施并列的基础设施的组成部分，在研究中将技术基础设施定义为社会提供供给，为了满足多企业应用与产业生产相关的能力集合，并将其归纳为基本技术基础设施和高级技术基础设施的两种形式。当前国内外比较统一的一个定义是，基础技术是指那些在技术体系中处于基础地位，为各类科技与经济社会活动提供支持的技术[152]。

共性技术并不具备纯公共品的经济学属性，也不具备商业上的独占性，因此在经济生活中很容易出现盈利部门和非盈利部门都不供给，造成共性技术供给的制度失灵[153]。根据不同的分类标准，共性技术的分类也有差别：①从共性技术涉及的产业层面看，可以分为产业内共性技术和产业间共性技术。产业间的共性技术，如数字处理技术、信息与通信技术等；产业内的共性技术，如钢铁锻造技术。②从共性技术所产生的创新来看，可以分为产品共性技术和工艺共性技术。③按照共性技术产生的时间不同可以分为事前的共性技术和事后的共性技术。④根据共性技术在产业中影响重要性的不同[154]，可以将其分为一般共性技术、基础共性技术和关键共性技术。

对于共性技术的识别方法，目前最普遍的主要包括文献计量法、专利分析法、技术路线图及专家会议法等[25]。文献计量法是目前最有效的识别方法，采用该方法可以得到与其他技术联系紧密的共性技术。但使用该方法不容易确定课题间的关联程度，使用关键词区分不同技术的方法也不容易观察共性技术的外延，不利于共性技术政策的制定。专利分析法可以得到共性技术，但专利申请审批会存在时滞，不利于共性技术战略方面的研究。技术路线图方法可以通过观察共性技术形成的过程与时间变化，通过关键节点联系研判市场与产业间的关系，但不能提供技术领域之间的联系。专家会议法可以通过专家的知识储备预测本技术领域的发展趋势，比较准确地得到共性技术，但该方法主观性太强，对于跨领域的共性技术需要尽可能多的专家参与。

共性技术涉及多个技术领域，因此共性技术课题会与很多其他领域的技术课题之间存在一种共生关系，袁思达[155]分析技术课题之间的相关度，通过相关度来定量识别共性技术课题，相关度越高，说明技术课题之间的关系越密切。栾春娟[156]认为当前使用最普遍的共性技术识别方法是社会网络分析中的指标，主要包括技术共现频率指标、技术相关度指标、多重中心度指标、度中心性和中介中心度指标。在技术领域构建的共现矩阵中，共现频率越高，表明其共性技术的特征越强；两个技术领域或相关领域的相关度越强，表明两者关系越密切，共性技术是比较活跃的一类技术；而使用社会网络分析软件 Ucinet 得到的后三个指标可以准确地衡量技术领域在整个网络中的地位，从而可以识别出共性技术。虞锡君[157]从宏观经济的角度分析共性技术，使用产业链、价值链和技术链三者相结合的分析方法，通过依靠科技部门专家、特定学科领域学术专家和区域经济内企业的骨干专家相结合的专家选择法，并充分发挥具备竞争性的市场化选择法来确定共性技术。吴建南和李怀祖[158]分析了我国技术政策实施的现状，认为我国政府应该缩小对技术发展方向的干预，并且应该把政策支持集中在共性技术和基础技术方面。操龙灿和杨善林[159]围绕建立共性技术创新体系及政策实施促进共性技术供给的思路，分析了我国共性技术创新体系建设中存在的问题，并指出我国应该建立政府主导型的共性技术创新体系，同时还提出了政府主导的共性技术创新体系的组织形式和建立该创新体系的主要政策措施。

3.3.3　基础专利与核心专利

基础专利是来源于基础技术的一类专利，杨中楷等[160]认为基础技术属于技术思想源头的部分，来自科学的成分较高，而包含这类基础技术的专利就称为基础专利。基础专利都是产生在重大的科学新发现和新的科学理论诞生后，由理论向应用技术转化的这个阶段，因此在本质上属于专利形态的技术发明。就外在表现看，基础专利表现最多的是具有较高的被引次数。

核心技术是指某一技术领域中具有关键性作用的技术，该技术能决定产品的质量，控制最终技术产品的绩效。栾春娟等[161]使用德温特世界专利创新索引（Derwent innovation index）分析了核心技术的确认方法，并提出专利引文分析方法、专利家族分析方法和专利指定有效国数量的分析方法，可以用来确认当前世界前沿技术领域的核心技术，并探讨了三种方法各自的优劣之处。方琳和宋大海[162]通过对比跨国并购的"三星模式"和"戴尔模式"的不同特点，探讨了我国企业如何在跨国并购中培育核心技术竞争力的问题。王生辉和张京红[163]从核心技术状态和辅助技术变化两个维度，将企业的创新平台分为四种类型，分析了企业在不同时期所选择的战略。Lee 和 Song[164]分析专利数据，使用"科技聚类分析"的方法，发现纳米材料、纳米器件和纳米生物是纳米技术领域的核心技术集群。

核心专利一般是指在技术领域中居于核心地位，对该领域的技术创新做出突出贡献，同时对其他专利或者技术领域具有重要影响并且具有重大经济意义的一类专利[165]，其识别方法主要包括专利被引频次指标、同族专利大小和权利要求数量指标等。罗天雨[166]结合文献计量、专家评分和案例研究等方法并通过层次分析法确定风力发电领域的核心专利。袁润和钱过[167]使用专利地图并结合专利引文分析、专利族大小分析和专利要求数量分析等指标构建核心专利识别框架，确定了当前世界风能技术领域的核心技术。霍翠婷[168]分析了企业核心专利的影响因素并设计核心专利的指标综合评价体系，并使用比亚迪汽车有限公司的专利数据，验证了该方法的有效性。国外学者 Albert 等[169]认为专利的被引用次数可以反映一项专利的重要程度，该专利所涉及的发明创造是一种重要的核心技术，因此可以使用专利的被引用次数来衡量核心专利。Tong 和 Frame[170]随机选取 USPTO 专利数据库在 20 世纪 70 年代、80 年代和 90 年代三个时间段的 7 531 条专利数据，经过分析发现专利文献的权利要求数量越多，则该专利的技术创新能力就越强。

3.3.4　基础研究与产业创新

1. 基于科学的创新

Mansfield[171]发现基础科学研究贡献了约 11%的新产品和 9%的新工艺。Hohberger[172]发现生物和半导体产业科学知识对技术扩散的速度和方向影响存在差异。Parrilli 和 Heras[173]发现独立的、基于科学与技术的创新对创新产出存在较强的影响。陈劲等[174]指出，基于科学的创新是指被科学研究直接推动、强烈依赖于科学研究的创新。林苞和雷家骕[175]对基于科学的创新的案例分析表明，新技术多产生于基础研究之中，新的科学发现引致的创新创立了生物制药等新兴产业。李蓓和陈向东[176]建立了基于专利引用耦合聚类的新兴技术识别模型并对纳米技术领域进行了实证分析。

2. 产业驱动的创新

斯托克斯[177]突破了布什[178]关于基础研究与应用研究的区分，提出了"由应用研究引起的基础研究"的"巴斯德象限"的科学研究。这些对"巴斯德象限"的研究，往往产生新的科学发现，并体现为新技术。刘则渊和陈悦[179]发现高科技前沿领域主要分布于"新巴斯德象限"，王一鸣[180]指出欧美等发达国家研发产业主体正从"新爱迪生象限"向"新巴斯德象限"演进，而我国仍在从"新玻尔象限"向"新爱迪生象限"演进。

3. 基础研究与重大创新

方新和余江[181]指出系统性创新在改变产业基础技术体系框架的同时，突破了产业界限与价值链的原有结构，推动和完成产业价值链重构进程，并以移动通信产业为例进行了分析。柳卸林和何郁冰[182]指出，基础研究是中国产业核心技术突破性创新的关键，要加强产业驱动的创新；基础研究产生重大创新的核心是开发相关的知识基础和技能，以解决用户的实际问题。

4. 基础技术发展的政府角色

吴建南和李怀祖[158]分析了政府在发展共性技术和基础技术中的作用。黄曼等[183]指出，基础技术是带有领域特征的基础性技术，具有公共属性，政府制定的基础技术导向政策工具应寻求在研究任务导向和市场需求方面的平衡。陈傲等[184]对燃料电池产业的研究发现，新兴产业中的高被引专利是发明者之间相互合作的产物，并进一步指出后发国家本土企业必须主动嵌入全球研发网络，高度重视基础研究，积极参与知识产权全球布局和标准制定。

3.4　不连续创新与模块化的适配性

3.4.1　产业不连续创新的环境不确定性

按照 Henderson 和 Clark[79]提出的"模块-架构"二维框架体系对不连续创新进行界定，一方面可以深入探究模块化对不连续创新的作用机理，另一方面便于与其他理论体系建立共识。但是，该二维框架是在产品或服务层面定义的，因此本书有必要将该框架扩展到产业层面，进而分析不连续创新的产业环境特征。不连续创新经常涌现的产业，如计算机产业、汽车产业和半导体产业多是技术密集型或知识密集型产业，其技术创新过程对技术、知识的依赖程度要高于渐进性创新的依赖程度，产业面临的环境复杂性也更高。

随着技术和市场不断变化，产业发展面临着越来越高的环境不确定性。Duncan[185]认为环境不确定性是指在决策时对相关环境因素信息缺乏了解，不能预知环境对决策的影响和决策结果，并将其划分为复杂性和动态性两个维度。Tan和 Litschert[186]在此基础上加入第三个维度，即敌对性（hostility）。动态性是指产业面临的外部经济、社会、国家政策、法律等外部环境，以及产业内部自身环境变化幅度和速度一直在变化并且不可预测。复杂性是指内外部环境的组成因素众多，并且相互影响所带来的复杂程度。敌对性也可称为资源依赖性，即对产业战略制定、产业发展有着较强影响的资源的可获得性。

模块化能够解决复杂创新的问题就是因为它可以在产品架构明确、开放的基础上，将复杂的单一系统分解成多个模块化系统，降低系统开发的复杂性，使模块与模块之间接口标准化，通过标准模块和功能模块的组合生产多品种产品。即将整个产业视为一个总系统，每个参与企业就是其中的子系统。各个子系统的作用依据其原有的技术和研发水平，每个企业要了解自身在系统中的地位、作用和功能。子系统之间的联系由总系统把握、调节，并通知到每一个子系统，使整个系统结构达到开放、清晰的要求。产业架构的开放程度直接关系到模块分解再整合的效果及后续的创新绩效。

产业链上游的集成制造商首要任务是进行模块化分解，并制定通用界面规则；中游的模块制造商生产制造自己最有比较优势的模块，同时也可将自己模块任务内的非核心业务外包给产业链最低端的零部件制造商。在产业链分工过程中，产品的整个设计、制造过程被分解成三个层次，由各层次里的企业独立加工设计，最终由集成制造商完成模块的拼接，形成最终产品。在产业链中，除了各个企业完成产品生产任务以外，还要求企业建立开放、紧密的信任机制，促进产业链内信息流动畅通，加快显性知识、隐性知识在企业间的流动，促进科技创新，减少研发时间，使产品能够满足快速变化的市场需求，并且减少不必要的交易成本。因此，模块化是应对产业不连续创新的环境不确定性，尤其是降低复杂性的有效解决方案。

3.4.2 技术结构与组织结构的协同作用

1. 技术模块化与组织模块化的映射假说

技术与组织的关系已有战略管理、技术创新管理、经济学领域的较多学者进行了研究[79, 80, 99, 129, 187]。映射（mirror）假说强调当企业重新设计其技术架构以解决复杂系统组件间的相互依赖性时，会引起组织松散性的相应变化。因此，企业的知识与信息处理结构会反映它们设计的产品内部结构[79]。近来的研究提出，技术架构可能会影响企业的战略行为[188, 189]，一些研究表明技术模块化改变了企业伙伴的协调方式，进而影响了知识创造与创新的效率[188, 190]。然而，技术模块化及相应的集成机制可能会刺激研发竞争与知识溢出[84]，也可能限制组织大幅度扩展其知识基础的选择[191]。因此，技术模块化如何映射到突破性创新仍然有待于进一步研究。

2. 技术模块化与创新网络的共同演化

Chesbrough 和 Prencipe[87]将技术模块化周期分为四个阶段，并提出了技术模块化与创新网络的共同演化关系假设：在技术发展的前模块化阶段，企业创新网络应该是探索导向的。在从技术前模块化到模块化的转化阶段，企业创新网络应关注创业企业和新进入者，此时资源开始从创新网络内的大学和其他研究机构转移出来。在转化阶段，企业创新网络应该同创业企业和互补性资产持有者建立较强的关联以形成成功的商业模式。在模块化阶段，模块化已在技术和产业内建立起来，企业创新网络结构更加紧密，具有互补性资产的主体间建立了较强的关联，网络特征为具有强关联的开发性（exploitation）网络。在模块化阶段，企业创新网络应该是定位于开发现有关系以获得规模经济性。当模块化阶段达到性能极限时，进入一体化阶段，企业创新网络必须获得广泛的创新资源，如跟研究中心和大学再次进行交易。此时创新网络出现了混合形式结构，系统集成企业在协调供应商和其他组织围绕稳定的模块化架构而展开的活动时起着重要作用。系统集成企业是建立界定技术和组织界面规则的组织，通过界面规则将新产品架构中的主体网络相互连接。系统集成是这种混合形式创新网络能力搜索的核心。在后模块化阶段，企业应该开发创新网络的混合形式以便应对技术模块化的演化动态（图 3.3）。

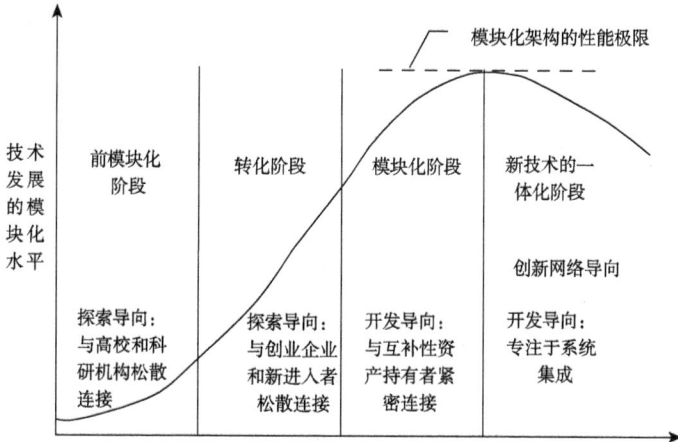

图 3.3   技术模块化的四个阶段[87]

3.4.3   基于模块化的产业创新分类

模块化与不连续创新的适配性是本节研究的理论前提。为此，应先界定产业不连续创新和模块化的内涵，然后描述典型产业不连续创新的环境特征及其对企业提出的能力需求，进而从供给和需求两个方面寻求不连续创新环境与模块化的适配性，建立匹配矩阵。

在进行产业不连续创新的环境特征分析之前，有必要对不连续创新进行概念界定。近十几年来，国内外学者就不连续创新问题展开了跨领域、多层面的广泛研究，但迄今仍未达成共识。总结国内外主要学者对不连续创新进行的定义和特征描述如表 3.2 所示。

表3.2   不连续创新的定义

代表性学者	定义描述
Meyers和Tucker[192]	不连续创新使产品有了全新的功能，让消费者享受更高的效用
Lynn等[193]	不连续创新在技术、市场和时间上具有很大的不确定性
Veryzer[194]	不连续创新意味着技术和（或）市场的不连续

代表性学者	定义描述
Rice等[195]	使产品性能显著上升，成本显著下降，并且具有技术不确定性、市场不确定性、组织不确定性和资源不确定性
柳卸林[196]	不连续创新建立在跨领域知识或是新知识的基础之上，通过不连续创新生产出来的产品区别于市场中已有产品，是一种全新产品，功能更加强大
徐河军等[197]	只有市场和技术都不连续时，不连续创新才能实现
魏江和冯军政[198]	不连续创新是指那些能够给企业的竞争基础或技术基础或者这两方面同时带来重大变化的创新

　　一般认为，沿着技术 S 曲线的渐进性改进达到某种极限后，若某种具有更高技术潜力的新兴技术出现并取代现有技术，就表现为技术不连续。本节研究按照架构–部件的变化维度，认定除连续性创新之外的模块创新、架构创新和突破性创新均可归结为不连续创新。

　　现有研究主要集中在不连续创新的特征描述和内涵界定方面，而对其深层次的实现机理等问题关注较少。本节在界定产业不连续创新的概念后描述典型产业不连续创新的环境特征及其对企业提出的能力需求，进而从供给和需求两个方面寻求不连续创新环境与模块化的适配性，建立匹配矩阵。

　　本节将模块化理论运用到解决复杂的不连续创新问题之中，因此有必要做出基于模块化的产业创新分类，进一步界定我们的研究范围和研究对象。根据对模块知识的依赖程度和对系统知识的依赖程度两个维度，我们将产业创新分为如下类别：类型Ⅰ为产业突破性创新，对模块知识和系统知识依赖程度均较高；类型Ⅱ为产业平台创新，对模块知识依赖程度较高而对系统知识依赖程度较低；类型Ⅲ为产业渐进性创新，对模块知识和系统知识依赖程度均较低；类型Ⅳ为产业架构创新，对系统知识依赖程度较高而对模块知识依赖程度较低。根据这一框架，其中的创新类型Ⅰ、类型Ⅱ、类型Ⅳ均属于产业不连续创新的范畴（图 3.4）。

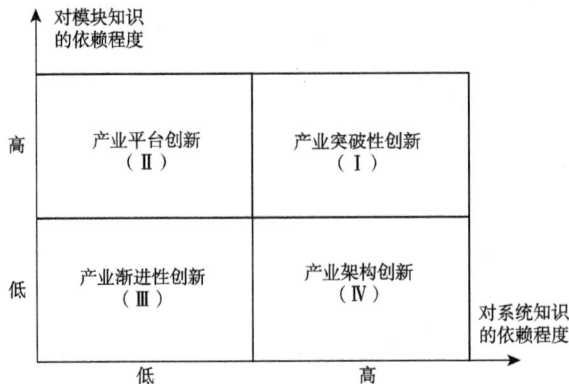

图 3.4　基于模块化的产业创新分类

3.4.4　不连续创新与模块化的匹配矩阵

鉴于不连续创新环境的动态性、复杂性，以及产业模块化所需的技术能力，可以得出产业不连续创新环境与模块化的关系，进而建立它们的匹配矩阵（图3.5）。其中，模块化战略Ⅰ为产业平台模块化，适用于产业架构开放性和企业技术能力自主性均较高的外部环境和内部条件；模块化战略Ⅱ为核心技术模块化，适用于产业架构开放性较低、企业技术能力自主性较高的环境条件；模块化战略Ⅲ为外围技术模块化，适用于产业架构开放性较低、企业技术能力自主性也较低的环境条件；模块化战略Ⅳ为界面规则标准化，适用于产业架构开放性较高、企业技术能力自主性较低的环境条件。

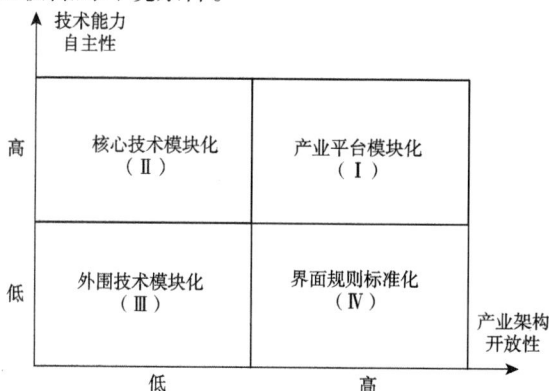

图 3.5　产业不连续创新的环境与模块化的适配性

技术能力自主（技术能力独立）是相对于技术能力依赖而言，一般技术能力依赖性越高，则技术能力自主性越低，相应的模块化能力也越弱；反之，技术能力依赖性越低，则技术能力自主性越高，相应的模块化能力越强。产业架构开放性是将整个产业视为一个系统，每个参与企业就是其中的一个子系统。各个子系统依据其原有的技术和研发水平承担不同的任务，具体分工情况通知到每一个子系统，便于子系统之间的合作交流。

产品模块化是模块化的初级层次水平，是实现组织结构模块化、产业平台模块化的基础。当技术模块化发展到一定水平后，可能会引起组织结构模块化。随着企业技术自主性和产业架构开放性的逐步提升，模块化将达到高级层次水平，表现为产业平台模块化。产业平台一般是指能为产业生产经营活动提供一定功能服务的开放共用系统，具有功能性、开放性、通用性和共用性[199]。我们认为，产业平台是建立在模块化思想基础之上的产业技术创新载体，包括产业共性技术创新平台、产业专业技术创新平台和产业技术创新综合服务平台。其中，产业共性技术创新平台一般重点依托高校、科研机构联合企业组建，集成面向产业共性功能需求的服务模块，开展共性技术研发与推广，实行平台资源共享和不连续创新；产业专业技术创新平台一般重点依托产业领军型企业联合高校和科研机构组建，集成面向产业特定专业需求的服务模块，针对特定专业领域展开专业技术研发与推广；产业技术创新综合服务平台一般集成信息、金融和知识产权等新型技术创新专业服务模块，面向企业、高校和科研机构提供各种知识、信息及政策服务。

根据产业不连续创新的环境与模块化适配矩阵分析框架，各个产业可以根据实际情况选择适合产业特定环境和发展阶段的模块化形式。

3.5　本章小结

现有研究较少关注模块化与不连续创新的关系，然而从产业不连续创新的环境不确定性来看，模块化为应对环境不确定性、降低复杂性提供了有效的解决方案。此外，技术模块化对组织模块化可能存在映射关系，而技术结构的变化源于产业基础技术尤其是产业知识基础的结构变化。因此，产业模块化与产业创新可能存在协同演化关系，而从产业知识基础模块化结构的变化可能会探测出产业基础技术结构的变化和产业组织结构的变化，进而预测潜在的产业不连续创新。

参 考 文 献

[1] 张研，赵树宽，赵航. 技术标准化对产业创新的作用机理研究. 吉林大学社会科学学报，2012，（3）：108-116.

[2] Malerba F. Innovation and the dynamics and evolution of industries: progress and challenges. International Journal of Industrial Organization, 2007, 25（4）: 675-699.

[3] Carlsson B, Stankiewicz R. On the nature, function and composition of technological systems. Journal of Evolutionary Economics, 1991, 1（2）: 93-118.

[4] 谢伟. 技术和技术结构. 科学管理研究，2000，18（5）：34-38.

[5] 毛荐其，刘娜. 基于技术生态的技术协同演化机制研究. 自然辩证法研究，2010，（11）：26-30.

[6] Carayannis E G, Campbell D F J. Mode 3 and quadruple helix: toward a 21st century fractal innovation ecosystem. International Journal of Technology Management, 2009, 46(3): 201-234.

[7] Jacobsson S, Bergek A. Transforming the energy sector: the evolution of technological systems in renewable energy technology. Industrial and Corporate Change, 2004, 13（5）: 815-849.

[8]　Pyka A, Gilbert N, Ahrweiler P. Simulating knowledge-generation and distribution processes in innovation collaborations and networks. Cybernetics and Systems, 2007, 38（7）: 667-693.

[9]　Ahrweiler P, Pyka A, Gilbert N. A new model for university-industry links in knowledge-based economies. Journal of Product Innovation Management, 2011, 28（2）: 218-235.

[10]　李晓华, 刘峰. 产业生态系统与战略性新兴产业发展. 中国工业经济, 2013,（3）: 20-32.

[11]　Kim J, Lee S. Patent databases for innovation studies: a comparative analysis of USPTO, EPO, JPO and KIPO. Technological Forecasting & Social Change, 2015, 92: 332-345.

[12]　Andersen B. The evolution of technological trajectories 1890—1990. Structural Change & Economic Dynamics, 1998, 9（1）: 5-34.

[13]　Wang H, Xiao J. Effects of knowledge network modularity on the utility of inventions in semiconductor industry. Collnet Journal of Scientometrics & Information Management, 2014, 8（1）: 141-152.

[14]　Momeni A, Rost K, Phillips F. Identification and monitoring of possible disruptive technologies by patent-development paths and topic modeling. Technological Forecasting & Social Change, 2016, 104（1）: 16-29.

[15]　杨武, 郑红, 陈凌志. 基于专利数据测度我国技术能力的计量方法与模型研究. 管理学报, 2011,（10）: 1475-1480.

[16]　王博, 丁堃, 刘盛博, 等. 基于技术标准的下一代移动通信产业竞争情报分析. 科技管理研究, 2015,（2）: 134-139.

[17]　曾德明, 戴海闻, 张裕中. 基于网络结构与资源禀赋的企业对标准化影响力研究. 管理学报, 2016,（1）: 59-66.

[18]　Rothwell R. Successful industrial innovation: critical factors for the 1990s. R & D Management, 1992, 22（3）: 221-239.

[19]　Mansfield E. The speed and cost of industrial-innovation in Japan and the United States external vs internal technology. Management Science, 1988, 34（10）: 1157-1168.

[20]　Prahalad C K. The role of core competences in the corporation. Research-Technology Management, 1993, 36（6）: 40-47.

[21]　柳卸林. 我国产业创新的成就与挑战. 中国软科学, 2002,（12）: 110-114.

[22]　张治河, 胡树华, 金鑫, 等. 产业创新系统模型的构建与分析. 科研管理, 2006, 27（2）: 36-39.

[23]　汪秀婷, 杜海波. 系统视角下战略性新兴产业创新系统架构与培育路径研究. 科学管理研究, 2012,（1）: 10-14.

[24]　赵一鸣, 黎苑楚, 董红杰. 基于创新联盟的产业创新体系研究. 科学学与科学技术管理, 2012,（2）: 115-121.

[25]　常玉苗. 海洋产业创新系统的构建及运行机制研究. 科技进步与对策, 2012,（7）: 80-82.

[26]　彭勃, 雷家骕. 基于产业创新系统理论的我国大飞机产业发展分析. 中国软科学, 2011,（8）: 41-47.

[27]　苟仲文, 李仕明, 曾勇. 电子信息产业创新体系研究——基于产业创新视角的分析. 管理学报, 2006,（6）: 741-744.

[28]　王明明, 党志刚, 钱坤. 产业创新系统模型的构建研究——以中国石化产业创新系统模型

为例. 科学学研究，2009，（2）：295-301.

[29] Ronstadt R，Kramer R J. Internationalizing industrial innovation. Journal of Business Strategy，1983，3（3）：3-15.

[30] Davis C H. The earth summit and the promotion of environmentally sound industrial innovation in developing countries. Knowledge and Policy，1995，8（2）：26-52.

[31] Daniel F，Burton K M H. German technology policy：incentive for industrial innovation. Challenge，1993，36（1）：37-47.

[32] 严潮斌. 产业创新：提升产业竞争力的战略选择. 北京邮电大学学报（社会科学版），1999，（3）：6-10.

[33] 石定寰. 国家创新系统的现状与未来. 北京：经济管理出版社，1999.

[34] 胡树华. 创立和实施国家汽车创新工程的政策建议. 中国科技论坛，2000，（2）：10-13.

[35] 俞海山. 科技创新、制度创新、产业创新. 高科技与产业化，2001，（2）：10-12.

[36] 梁雄健. 通信服务创新. 张静译. 北京：北京邮电大学出版社，2002.

[37] 张治河. 面向"中国光谷"的产业创新系统研究. 武汉理工大学博士学位论文，2003.

[38] 陆国庆. 产业创新的动力源和风险分析. 广西经济管理干部学院学报，2003，（2）：38-42.

[39] Frenkel A. Barriers and limitations in the development of industrial innovation in the region. European Planning Studies，2003，11（2）：115-137.

[40] Hsu C W. Formation of industrial innovation meachanisms through the reasearch institute. Technovation，2005，25（11）：1317-1329.

[41] Tansley A G. The use and abuse of vegetational concepts and terms. Ecology，1935，16（1）：284-307.

[42] Moore J F. Predators and prey—a new ecology of competition. Harvard Business Review，1993，71（3）：75-86.

[43] Moore J F.The Death of Competition：Leadership and Strategy in the Age of Business Ecosystems. New York：Harper Business，1996.

[44] Iansiti M，Levien R. Strategy as ecology. Harvard Business Review，2004，82（3）：68-78.

[45] Adner R. Match your innovation strategy to your innovation ecosystem. Harvard Business Review，2006，84（4）：98-107.

[46] Adner R, Kapoor R. Value creation in innovation ecosystems：how the structure of technological interdependence affects firm performance in new technology generations. Strategic Management Journal，2010，31（3）：306-333.

[47] Chesbrough H，Agogino A. Chez panisse：building an open innovation ecosystem. California Management Review，2014，56（4）：144-171.

[48] 梅亮，陈劲，刘洋. 创新生态系统：源起、知识演进和理论框架. 科学学研究，2014，32（12）：1771-1780.

[49] 柳卸林,孙海鹰,马雪梅. 基于创新生态观的科技管理模式. 科学学与科学技术管理,2015，（1）：18-27.

[50] 徐婧，房俊民，唐川，等. Fab Lab 发展模式及其创新生态系统. 科学学研究，2016，34（5）：765-770.

[51] Prahalad C K，Hamel G. The core competence of the corporation. Harvard Business Review，1990，68（3）：79-91.

[52] Brusoni S, Prencipe A. Unpacking the black box of modularity: technologies, products and organizations. Industrial & Corporate Change, 2001, 10（1）: 179-205.

[53] Hobday M, Davies A, Prencipe A. Systems integration: a core capability of the modern corporation. Industrial & Corporate Change, 2005, 14（6）: 1109-1143.

[54] Subramaniam M. Integrating cross-border knowledge for transnational new product development. Journal of Product Innovation Management, 2006, 23（6）: 541-555.

[55] Malerba F. Sectoral systems of innovation and production. Research Policy, 2002, 31（2）: 247-264.

[56] Clarysse B, Wright M, Bruneel J, et al. Creating value in ecosystems: crossing the chasm between knowledge and business ecosystems. Research Policy, 2014, 43（7）: 1164-1176.

[57] Dhanasai C, Parkhe A. Orchestrating innovation networks. Academy of Management Review, 2006, 31（3）: 659-669.

[58] Fransman M. The New ICT Ecosystem: Implications for Policy and Regulation. Cambridge: Cambridge University Press, 2010.

[59] Phene A, Almeida P. Innovation in multinational subsidiaries: the role of knowledge assimilation and subsidiary capabilities. Journal of International Business Studies, 2008, 39（5）: 901-919.

[60] Adner R, Kapoor R. Value creation in innovation ecosystems: how the structure of technological interdependence affects firm performance in new technology generations. Strategic Management Journal, 2010, 31（3）: 306-333.

[61] Dougherty D, Dunne D D. Organizing ecologies of complex innovation. Organization Science, 2011, 22（5）: 1214-1223.

[62] Davies A, Macaulay S, Debarro T, et al. Making innovation happen in a megaproject: London's crossrail suburban railway system. Project Management Journal, 2014, 45（6）: 25-37.

[63] Wareham J, Fox P B, Giner J L C. Technology ecosystem governance. Organization Science, 2014, 25（4）: 1195-1215.

[64] Sandberg B, Aarikka-Stenroos L. What makes it so difficult? A systematic review on barriers to radical innovation. Industrial Marketing Management, 2014, 43（8）: 1293-1305.

[65] 谢伟. 中国企业技术创新的分布和竞争策略——中国激光视盘播放机产业的案例研究. 管理世界, 2006,（2）: 50-62.

[66] Council on Competitiveness. Innovate America: thriving in a world of challenge and change. Council on Competitiveness, 2004.

[67] PCAST. Sustaining the nation's innovation ecosystem, information technology manufacturing and competitiveness. President's Council of Advisors on Science and Technology, 2004.

[68] PCAST. Sustaining the nation's innovation ecosystem, maintaining the strength of our science & engineering capabilities. President's Council of Advisors on Science and Technology, 2004.

[69] Salmelin B. The Horizon 2020 framework and open innovation ecosystems. Journal of Innovation Management, 2013, 2（1）: 4-9.

[70] 曾国屏, 苟尤钊, 刘磊. 从"创新系统"到"创新生态系统". 科学学研究, 2013, 31（1）: 4-12.

[71] Klepper S. Entry, exit, growth, and innovation over the product life cycle. American Economic Review, 1996, 86（3）: 562-583.

[72] Bergin J, Bernhardt D. Industry dynamics with stochastic demand. The RAND Journal of Economics, 2008, 39（1）: 41-68.

[73] Anderson B. The evolution of technological trajectories 1980-1990. Structural Change and Economic Dynamics, 1998, 9（1）: 5-34.

[74] Kaplan S, Tripsas M. Thinking about technology: applying a cognitive lens to technical change. Research Policy, 2008, 37（5）: 790-805.

[75] Argyres N, Bigelow L. Innovation, modularity, and vertical deintegration: evidence from the early US Auto industry. Organization Science, 2010, 21（4）: 842-853.

[76] Cebon P, Hauptman O, Shekhar C. Product modularity and the product life cycle: new dynamics in the interactions of product and process technologies. International Journal of Technology Management, 2008, 42（4）: 365-386.

[77] 任晓红, 张宗益. 产业动态理论研究新进展. 管理评论, 2010, 22（2）: 79-85.

[78] 吴晓波, 聂品. 技术系统演化与相应的知识演化理论综述. 科研管理, 2008, 29（2）: 103-114.

[79] Henderson R M, Clark K B. Architectural innovation: the reconfiguration of existing product technologies and the failure of established firms. Administrative Science Quarterly, 1990, 35（1）: 9-30.

[80] Sturgeon T J. Modular production networks: a new American model of industrial organization. Industrial & Corporate Change, 2002, 11（3）: 451-496.

[81] Schilling M A, Steensma H K. The use of modular organizational forms: an industry-level analysis. Academy of Management Journal, 2001, 44（6）: 1149-1168.

[82] Langlois R N. Modularity in technology and organization. Journal of Economic Behavior & Organization, 2002, 49（1）: 19-37.

[83] 青木昌彦, 安藤晴彦. 模块时代——新产业结构的本质. 周国荣译. 上海: 上海远东出版社, 2003.

[84] Ethiraj S K, Levinthal D, Roy R R. The dual role of modularity: innovation and imitation. Management Science, 2008, 54（5）: 939-955.

[85] 党兴华, 张首魁. 模块化技术创新网络结点间耦合关系研究. 中国工业经济, 2005,（12）: 85-91.

[86] 高宏伟, 陈娜. 基于模块化的产业技术发展模式. 沈阳工业大学学报（社会科学版）, 2010, 3（2）: 137-141.

[87] Chesbrough H, Prencipe A. Networks of innovation and modularity: a dynamic perspective. International Journal of Technology Management, 2008, 42（4）: 414-425.

[88] Dosi G. Technological paradigms and technological trajectories: a suggested interpretation of the determinants and directions of technical change. Research Policy, 1982, 11（3）: 147-162.

[89] Anderson P, Tushman M L. Technological discontinuities and dominant designs: a cyclical model of technological change. Administrative Science Quarterly, 1990, 35（4）: 604-633.

[90] 杨勇华. 从技术知识观到技术演化观: 一种新的分析范式. 科技进步与对策, 2007, 24（10）: 106-109.

[91] 刘秋岭, 徐福缘, 张雷. 技术系统多层级共同演化. 科技进步与对策, 2010, 27（4）: 1-7.

[92] 宋艳, 银路. 新兴技术的物种特性及形成路径研究. 管理学报, 2007, 4（2）: 211-215.

[93] 程文，张建华. 中国模块化技术发展与企业产品创新——对 Hausmann-Klinger 模型的扩展及实证研究. 管理评论，2013，（1）：34-43.

[94] 曾晓敏. 模块化技术在国内核电站中的应用. 价值工程，2010，（25）：123-124.

[95] 杨丽. 模块化——开放式创新与技术多层演进——基于美国计算机产业的技术演进分析. 山东社会科学，2008，（3）：85-88.

[96] Baldwin C Y，Clark K B. Managing in an age of modularity. Harvard Business Review，1997，75（5）：84-93.

[97] Baldwin C Y，Clark K B. Design Rules：The Power of Modularity. Boston：MIT Press，2000.

[98] Ulrich K. The role of product architecture in the manufacturing firm. Research Policy，1995，24（3）：419-440.

[99] Schilling M A. Toward a general modular systems theory and its application to interfirm product modularity. Academy of Management Review，2000，25（2）：312-334.

[100] 胡晓鹏. 产品模块化：动因、机理与系统创新. 中国工业经济，2007，（12）：94-101.

[101] Kodama F. Measuring emerging categories of innovation：modularity and business model. Technological Forecasting and Social Change，2004，71（6）：623-633.

[102] Sanchez R，Mahoney J T. Moduarity，flexibility，and knowledge management in product and organization design. Strategic Management Journal，1996，17（S2）：63-76.

[103] Ethiraj S K，Levinthal D. Modularity and innovation in complex systems. Management Science，2004，50（2）：159-173.

[104] 汪涛，徐建平. 模块化的产品创新：基于价值创造网络的思考. 科研管理，2005，（5）：11-18.

[105] 顾良丰，许庆瑞. 产品模块化与企业技术及其创新的战略管理. 研究与发展管理，2006，（2）：7-14.

[106] 陈国铁. 基于模块化的产品创新策略研究. 科技管理研究，2008，（7）：305-307.

[107] Hoetker G. Do modular products lead to modular organizations? Strategic Management Journal，2006，27（6）：501-518.

[108] Fredriksson P. Mechanisms and rationales for the coordination of a modular assembly system：the case of Volvo Cars. International Journal of Operations & Production Management，2006，26（4）：350-370.

[109] Garud R，Kumaraswamy A. Technological and organizational designs for realizing economies of substitution. Strategic Management Journal，1995，16（S1）：93-109.

[110] Baldwin C Y，Clark K B. The architecture of participation：does code architecture mitigate free riding in the open source development model? Management Science，2006，52（7）：1116-1127.

[111] Jacobides M G，Knudsen T，Augier M. Benefiting from innovation：value creation，value appropriation and the role of industry architectures. Research Policy，2006，35（8）：1200-1221.

[112] Sanchez R. Modularity in the mediation of market and technology change. International Journal of Technology Management，2008，42（4）：331-364.

[113] 巫景飞，芮明杰. 产业模块化的微观动力机制研究——基于计算机产业演化史的考察. 管理世界，2007，（10）：75-83.

[114] Brusoni S，Prencipe A. Making design rules：a multidomain perspective. Organization Science，2006，17（2）：179-189.

[115] Mikkola J H. Modularity, component outsourcing, and inter-firm learning. R&D Management, 2003, 33（4）: 439-454.

[116] 孙晓峰. 模块化技术与模块化生产方式: 以计算机产业为例. 中国工业经济, 2005,（6）: 60-66.

[117] 陈向东. 模块化在制造企业知识管理战略设计中的应用——我国航空企业国际转包生产的模块化战略分析. 中国工业经济, 2004,（1）: 36-42.

[118] 白雪洁. 模块化时代的汽车产业变革. 中国工业经济, 2005,（9）: 75-81.

[119] 罗珉. 大型企业的模块化: 内容、意义与方法. 中国工业经济, 2005,（3）: 68-75.

[120] 余东华, 芮明杰. 模块化、企业价值网络与企业边界变动. 中国工业经济, 2005,（10）: 90-97.

[121] 张钢, 徐乾. 模块化产业结构中的企业自主创新. 中国软科学, 2007,（4）: 49-56.

[122] 刘冬. 模块化、技术创新和组织选择. 生产力研究, 2008,（10）: 63-65.

[123] 朱瑞博. 模块生产网络价值创新的整合架构研究. 中国工业经济, 2006,（1）: 98-105.

[124] 徐宏玲. 模块化组织价值创新: 原理、机制及理论挑战. 中国工业经济, 2006,（3）: 83-91.

[125] 冯海华, 张为付. 网络经济下模块化价值创新. 世界经济与政治论坛, 2007,（2）: 114-119.

[126] 郝斌, 任浩, Guerin A M. 组织模块化设计: 基本原理与理论架构. 中国工业经济, 2007,（6）: 80-87.

[127] 刘志阳, 施祖留, 朱瑞博. 基于模块化的银行卡产业价值创新研究: 从价值链到价值群. 中国工业经济, 2007,（9）: 23-30.

[128] 余东华, 芮明杰. 基于模块化网络组织的价值流动与创新. 中国工业经济, 2008,（12）: 48-59.

[129] Fixson S K, Park J K. The power of integrality: linkages between product architecture, innovation, and industry structure. Research Policy, 2008, 37（8）: 1296-1316.

[130] 毛荐其. 全球技术链的一个初步分析. 科研管理, 2007, 28（6）: 85-92.

[131] 钱平凡. 后起国家汽车工业发展模式与政府作用的比较研究. 企业技术开发, 2003,（4）: 51-56.

[132] 胡晓鹏. 模块化整合标准化: 产业模块化研究. 中国工业经济, 2005,（9）: 67-74.

[133] 范爱军, 杨丽. 模块化对分工演进的影响——基于贝克尔-墨菲模型的解释. 中国工业经济, 2006,（12）: 67-73.

[134] 李春田. 现代标准前沿——模块化研究. 北京: 中国标准出版社, 2008.

[135] 童时中. 模块化的概念与定义. 电力标准化与计量, 1995,（4）: 22-25.

[136] 朱瑞博. 价值模块整合与产业融合. 中国工业经济, 2003,（8）: 24-31.

[137] 徐双庆, 陈学光, 李晶. 国内外模块化理论研究综述. 科技管理研究, 2008,（9）: 179-182.

[138] 孙晓峰. 模块生产网络研究. 中国工业经济, 2005,（9）: 60-66.

[139] 曾楚宏, 吴能全. 企业模块化思想研究述评. 科技管理研究, 2006,（7）: 110-113.

[140] 李晓华. 模块化、模块再整合与产业格局的重构——以"山寨"手机的崛起为例. 中国工业经济, 2010,（7）: 136-145.

[141] 尹建华, 王兆华. 模块化理论的国内外研究述评. 科研管理, 2008, 29（3）: 187-191.

[142] 白雪洁. 模块化时代的汽车产业变革. 中国工业经济, 2005,（9）: 75-81.

[143] 王海龙，武春友. 基于产业集成的科技创业企业成长路径——以路明科技集团为例. 管理学报，2007，（5）：668-673.

[144] Justman M，Teubal M. Technological infrastructure policy（TIP）：creating capabilities and building markets. Research Policy，1995，24（2）：259-281.

[145] Tassey G. Infratechnologies and the role of government. Technological Forecasting & Social Change，1982，21（2）：163-180.

[146] 魏江，李拓宇，赵雨菡. 创新驱动发展的总体格局、现实困境与政策走向. 中国软科学，2015，（5）：21-30.

[147] 黄鲁成，张静. 基于专利分析的产业共性技术识别方法研究. 科学学与科学技术管理，2014，（4）：80-86.

[148] Bresnahan T F，Trajtenberg M. General purpose technologies "engines of growth"？Journal of Econometrics，1995，65（1）：83-108.

[149] Tassey G. Beyond the business cycle：the need for a technology-based growth strategy. Science & Public Policy，2013，40（3）：293-315.

[150] Tassey G. Lessons learned about the methodology of economic impact studies：the nist experience. Evaluation & Program Planning，1999，22（1）：113-119.

[151] Tassey G. The disaggregated technology production function：a new model of university and corporate research. Research Policy，2005，34（3）：287-303.

[152] 邢怀滨，汝鹏，刘军. 政府在基础技术发展中的角色——以测量标准为例. 科学学与科学技术管理，2006，（6）：116-119.

[153] 李纪珍. 产业共性技术：概念、分类与制度供给. 中国科技论坛，2006，（3）：45-47.

[154] 马名杰. 政府支持共性技术研究的一般规律与组织. 中国制造业信息化，2005，（7）：14-16.

[155] 袁思达. 技术预见德尔菲调查中共性技术课题识别研究. 科学学与科学技术管理，2009，（10）：21-26.

[156] 栾春娟. 战略性新兴产业共性技术测度指标研究. 科学学与科学技术管理，2012，（2）：11-16.

[157] 虞锡君. 产业集群内关键共性技术的选择——以浙江为例. 科研管理，2006，（1）：80-84.

[158] 吴建南，李怀祖. 政府在发展基础设施的技术：共性技术和基础技术中的作用. 科技导报，1998，（12）：28-31.

[159] 操龙灿，杨善林. 产业共性技术创新体系建设的研究. 中国软科学，2005，（11）：77-82.

[160] 杨中楷，刘则渊，梁永霞. 试论基础专利——以汤斯和肖洛的激光专利为例. 科学学研究，2009，（5）：672-677.

[161] 栾春娟，王续琨，刘则渊. 基于《德温特》数据库的核心技术确认方法. 科学学与科学技术管理，2008，（6）：32-34.

[162] 方琳，宋大海. 跨国并购 vs 核心技术——再论中国企业核心竞争力的培育模式. 科学学与科学技术管理，2007，（2）：136-141.

[163] 王生辉，张京红. 基于核心技术的产品平台创新战略. 科学学与科学技术管理，2004，（2）：87-90.

[164] Lee Y G，Song Y I. Selecting the key research areas in nano-technology field using technology cluster analysis：a case study based on National R&D Programs in South Korea. Technovation，

2007，27（1）：57-64.

[165] 许海云，方曙. 基于专利功效矩阵的技术主题关联分析及核心专利挖掘. 情报学报，2014，
33（2）：158-166.

[166] 罗天雨. 核心专利判别方法及其在风力发电产业中的应用. 图书情报工作，2012，（24）：
96-101.

[167] 袁润，钱过. 战略性新兴产业核心专利的识别. 情报杂志，2013，（3）：44-50.

[168] 霍翠婷. 企业核心专利判定的方法研究. 情报杂志，2012，（11）：95-99.

[169] Albert M B，Avery D，Narin F，et al. Direct validation of citation counts as indicators of
industrially important patents. Research Policy，1991，20（3）：251-259.

[170] Tong X，Frame J D. Measuring national technological performance with patent claims data.
Research Policy，1994，23（2）：133-141.

[171] Mansfield E. Academic research and industrial innovation. Research Policy，1991，20（1）：
1-12.

[172] Hohberger J. Diffusion of science-based inventions. Technological Forecasting and Social
Change，2016，104（1）：66-77.

[173] Parrilli M D，Heras H A. STI and DUI innovation modes：scientific-technological and
context-specific nuances. Research Policy，2016，45（4）：747-756.

[174] 陈劲，赵晓婷，梁靓. 基于科学的创新. 科学学与科学技术管理，2013，（6）：3-7.

[175] 林苞，雷家骕. 基于科学的创新与基于技术的创新——兼论科学–技术关系的"部门"模
式. 科学学研究，2014，（9）：1289-1296.

[176] 李蓓，陈向东. 基于专利引用耦合聚类的纳米领域新兴技术识别. 情报杂志，2015，（5）：
35-40.

[177] 斯托克斯 D E. 基础科学与技术创新：巴斯德象限. 周春彦，谷春立译. 北京：科学出版
社，1999.

[178] 布什 V，等. 科学：没有止境的前沿. 范岱年，解道华，等译. 北京：商务印书馆，2004.

[179] 刘则渊，陈悦. 新巴斯德象限：高科技政策的新范式. 管理学报，2007，（3）：346-353.

[180] 王一鸣. 研发活动的产业视角：一种新的象限模型. 中国软科学，2013，（1）：72-80.

[181] 方新，余江. 系统性技术创新与价值链重构. 数量经济技术经济研究，2002，（7）：5-8.

[182] 柳卸林，何郁冰. 基础研究是中国产业核心技术创新的源泉. 中国软科学，2011，（4）：
104-117.

[183] 黄曼，朱桂龙，胡军燕. 创新政策工具分类选择与效应评价. 中国科技论坛，2016，（1）：
26-30.

[184] 陈傲，柳卸林，高广宇. 新兴产业高被引专利的形成特征——以燃料电池为例. 科研管理，
2012，（11）：9-15.

[185] Duncan R B. Characteristics of organizational environments and perceived environmental
uncertainty. Administrative Science Quarterly，1972，17（3）：313-327.

[186] Tan J J，Litschert R J. Environment-strategy relationship and its performance implications-an
empirical study of the Chinese electronics industry. Strategic Management Journal，1994，15（1）：
1-20.

[187] Baldwin C Y. Where do transactions come from? Modularity，transactions，and the boundaries
of firms. Industrial and Corporate Change，2008，17（1）：155-195.

[188] Pil F K, Cohen S K. Modularity: implications for imitation, innovation, and sustained advantage. Academy of Management Review, 2006, 31 (4): 995-1011.

[189] Cabigiosu A, Camuffo A. Beyond the "mirroring" hypothesis: product modularity and interorganizational relations in the air conditioning industry. Organization Science, 2012, 23 (3): 686-703.

[190] Tiwana A. Does technological modularity substitute for control? A study of alliance performance in software outsourcing. Strategic Management Journal, 2008, 29 (7): 769-780.

[191] Zhou K Z, Li C B. How knowledge affects radical innovation: knowledge base, market knowledge acquisition, and internal knowledge sharing. Strategic Management Journal, 2012, 33 (9): 1090-1102.

[192] Meyers P W, Tucker F G. Defining roles for logistics during routine and radical technological innovation. Journal of the Academy of Marketing Science, 1989, 17 (1): 73-82.

[193] Lynn G S, Morone J G, Paulson A S. Marketing and discontinuous innovation: the probe and learn process. California Management Review, 1996, 38 (3): 8-37.

[194] Veryzer R W. Discontinuous innovation and the new product development process. Journal of Product Innovation Management, 1998, 15 (4): 304-321.

[195] Rice M P, Leifer R, O'Connor G C. Commercializing discontinuous innovations: bridging the gap from discontinuous innovation project to operations. IEEE Transactions on Engineering Management, 2002, 49 (4): 330-340.

[196] 柳卸林. 不连续创新的第四代研究开发——兼论跨越发展. 中国工业经济, 2000, (9): 53-58.

[197] 徐河军, 高建, 周晓妮. 不连续创新的概念和起源. 科学学与科学技术管理, 2003, (7): 53-56.

[198] 魏江, 冯军政. 国外不连续创新研究现状评介与研究框架构建. 外国经济与管理, 2010, (6): 9-16.

[199] 李必强, 郭岭. 产业平台与平台化生产经营模式研究. 科技进步与对策, 2005, (5): 98-100.

第4章 产业模块化与产业创新的协同演化：以信息通信制造业为例

本章基于协同学理论，首先确定信息通信制造业协同度评价指标，其次分别建立模块化和产业创新的有序度模型，最后构建信息通信制造业协同度模型，并采用统计数据实证分析产业模块化和产业创新的协同发展对整个产业演化进程的影响作用，在复合系统协调度模型及信息产业组织演变的协同度模型基础上建立产业复合系统的协同度模型，并进行实证分析。

4.1 引言

在当前的国际发展趋势下，要想推动产业结构优化升级，增强产业竞争力，就需要通过技术、组织和政策等方面的创新活动来提升产业优势，为产业创造更加广阔、自由的发展空间，通过增强自主创新和自我发展能力的过程，来促进产业组织快速良好的发展。随着全球经济一体化的快速发展，产业模块化和产业创新已成为现代产业系统的两个重要子系统，二者之间的互动作用共同推进产业系统的运行演化。因此，研究产业系统的协同演化机制对我国产业的成长发展和实现优化升级具有重要意义。

20世纪60年代，美国计算机产业引入模块化，模块化对产业组织的演化进程产生了深远影响。在传统的线性创新模式中，产品技术和组织往往是一体化的；在模块化生产方式下，各个模块有多项选择权，因此创新活动可以有多个方向。

因此，模块化正从本质上改变着现存的产业和产业结构[1]。

产业模块化与产业创新之间具有良性的互动关系。一方面，在产业模块化的条件下，不同企业间的产品生产和制造分工明确，各自具有独立的技术，产品价值也具有很高的相关性和互补性，企业创新的收益与风险很容易被预期到。因此，产业模块化降低了产业创新的不确定性，增强了产业创新的动力，同时也加快了产业创新的进程。另一方面，产业创新的水平是产业模块化的基础，产业创新的能力是产业模块化的核心竞争优势，产业创新的发展速度和强度决定了产业模块化的发展速度。

在产业可持续发展的过程中，厘清产业模块化与产业创新之间存在何种关系、产业模块化如何与产业创新协同演化同步发展、产业创新与产业模块化又是如何协同影响产业系统整体发展显得十分重要。1965 年，伊戈尔·安索夫在《公司战略》中，提出作为战略要素之一的协同及其经济学含义。随后，德国著名物理学家赫尔曼·哈肯创立了协同学，为系统组织演化的动力机制提供了解释，即系统内各个子系统存在竞合（竞争合作），对整个系统产生非加和性的影响，使整个系统沿着"无序→有序""低序→高序"方向自主演化[2]。近几年来，众多学者运用协同学理论对不同产业内部的协同演化机制进行了不同程度的探讨。

协同学理论中的协同度是表征系统内要素间和系统与环境间相互联系、结合紧密程度、相互作用强度和要素有序程度的量，协同度高表明要素间及系统与环境间整合程度高、互动性强[2]。近年来，国内外学者从多个角度对复杂系统的协同度进行了研究，提出了不同的协同度模型和评价方法。Ensign[3]从组织内匹配的关键变量的角度，研究了企业战略、环境、组织间的匹配性问题，同时设计了一个六格矩阵来测度变量匹配的不同程度。孟庆松和韩文秀[4]从协同学的角度提出了复合系统的复合因子和协调机制等概念，建立了复合系统协调度模型，并对教育-经济-科技复合系统进行了实证分析。徐浩鸣等[5]对我国医药制造业的国有层面进行了系统协同度的实证分析。郗英和胡剑芬[6]借助协同学原理，对企业生存系统进行了描述，并建立了企业生存系统协调度模型。杨世琦和高旺盛[7]构建了农业生态系统协调度测度理论和模型，并建立了农业生态系统评价指标体系，进行了农业生态系统的协调发展实证研究。陶长琪等[8]以我国 IT 企业为例，实证分析了融合创新与产业组织演变的协同程度。王宏起和徐玉莲[9]构建了科技创新与科技金融子系统有序度模型和复合系统协同度模型，并对其进行了实证。刘志迎和谭敏[10]则对我国技术转移系统演变的协同度进行了实证分析。洪进等[11]构建了我国技术转移系统协同演化路径模型。

现有文献对产业模块化和产业创新分别展开了较多的分析。但目前的研究都只着重关注其中某个方面，缺乏将二者联系起来深入探讨其对整个产业系统发展的影响。本章认为，产业复合系统中的产业模块化和产业创新两个子系统之间存在着密切的关联性，二者互相影响、互相促进、联合内生，形成了一种互动协调的演化机制。因此，有必要将产业模块化和产业创新同时作为研究对象，从协同学的理论视角对二者的协同关系进行探讨，寻找它们协调一致的发展规律及其对产业演化进程的影响作用。基于此，本章从协同论的视角出发，首先确定产业复合系统协同度评价体系，其次分别构建产业模块化和产业创新两个子系统的有序度模型和产业复合系统协同度模型，最后通过对我国信息产业 2000~2011 年数据进行实证分析，衡量我国信息产业演变过程中产业模块化和产业创新之间的协同程度。

4.2　产业模块化的演化

产业是一个复杂的动态系统，产业模块化子系统与产业创新子系统的协同程度直接影响到产业的演化进程和可持续性发展，两者之间的协同程度越高，就越有助于产业的可持续性发展。因此，识别产业模块化和产业创新的有序度及协同度有助于决策者发现产业演化进程中所存在的问题，以便采取相应措施予以改进。本节在复合系统协调度模型[4]及信息产业组织演变的协同度模型[8]基础上进行适当改造，建立产业复合系统的协同度模型，模型描述如下：

产业复合系统是由两个子系统构成的复杂系统 $S = (S_1, S_2)$，其中 S_i 为第 i 个子系统，每个子系统 S_i 的状态和结构均由构成它的序参量协同作用所决定，即 $S_i = (S_{i1}, S_{i2}, \cdots, S_{im})$。此外，子系统的协调程度决定了整体系统的协同度：$S = f(S_1, S_2)$，这里称式中的 S 为产业系统中的复合因子[8]。在本节中，产业模块化子系统为 S_1，产业创新子系统为 S_2。

4.2.1　产业模块化子系统有序度模型

假设产业模块化子系统中的序参量变量为 $e_1 = (e_{11}, e_{12}, \cdots, e_{1n})$，其中 $n \geqslant 1$，$\beta_{1i} \leqslant e_{1i} \leqslant \alpha_{1i}$，$i \in [1, n]$。这里，$\beta_{1i}, \alpha_{1i}$ 为系统稳定临界点上序参量 e_{1i} 的上限和下限。在本节中，将产业模块化子系统的序参量变量设定为产业模块化的评价指标。为体现一般性，假定 $e_{11}, e_{12}, \cdots, e_{1j}$ 为慢驰序参量，系统有序度受到此参量的影响，慢驰序参量的取值与系统的有序程度呈正向相关。同时，假定 $e_{1(j+1)}, e_{1(j+2)}, \cdots, e_{1n}$ 为

快驰序参量，系统有序度也受到该参量的影响，其影响规律为快驰序参量的取值
与系统的有序程度呈反向相关[6]。将产业模块化子系统的有序度与系统序参量分
量的关系定义如下：

定义 4.1　产业模块化子系统序参量分量 e_{1i} 的系统有序度 $u_1(e_{1i})$ 为

$$u_1(e_{1i}) = \begin{cases} \dfrac{e_{1i} - \beta_{1i}}{\alpha_{1i} - \beta_{1i}}, & i \in [1, j] \\[3mm] \dfrac{\alpha_{1i} - e_{1i}}{\alpha_{1i} - \beta_{1i}}, & i \in [j+1, n] \end{cases} \tag{4.1}$$

从式（4.1）可以看出，$u_1(e_{1j}) \in [0,1]$，在此范围内，其值越大，产业模块化
子系统序参量分量 e_{1i} 对产业模块化子系统有序度的"贡献"越大。在实际中，有
些 e_{1i} 的取值过大或过小都不好，因此，对于这类系统序参量分量 e_{1i}，为使有序度
满足定义 4.1，常常调整它的取值区间 $[\beta_{1i}, \alpha_{1i}]$ 到一个合理范围。从总体上看，产
业模块化子系统序参量变量 e_{1i} 对系统有序程度的总体贡献可通过系统有序度
$u_1(e_{1i})$ 集成来测度。由于产业模块化子系统的组合形式各不相同，它们决定了集
成的法则。针对此问题，本节采用线性加权求和法来处理。

定义 4.2　产业模块化子系统有序度 $u_1(e_1)$ 为

$$u_1(e_1) = \sum_{i=1}^{n} \omega_i \cdot u_1(e_{1i}), \quad \omega_i \geq 0 \text{且} \sum_{i=1}^{n} \omega_i = 1 \tag{4.2}$$

由式（4.2）可见，$u_1(e_1) \in [0,1]$，产业模块化子系统有序度 $u_1(e_1)$ 越大，序参
量 e_1 对产业模块化子系统有序度的贡献越大，进而导致产业模块化子系统有序程
度就越高；反之，产业模块化子系统有序度 $u_1(e_1)$ 越小，序参量 e_1 对产业模块化
子系统有序度的贡献越小，产业模块化子系统有序程度就越低。

4.2.2　产业模块化子系统指标选取

信息通信制造业产业系统中的各个子系统之间既竞争又协同，而协同又促进
了各个子系统之间的耦合，具有典型的模块化产业特征。因此本节选取信息通信
制造业作为研究对象。根据《中国信息产业年鉴（电子卷）》的统计分类，我国
信息产业分为通信设备制造业、雷达及配套设备制造业、广播电视设备制造业、
电子器件制造业、电子元件制造业、家用视听设备制造业、其他电子设备制造业、
电子计算机整机制造业、电子计算机外部设备制造业和办公设备制造业十个子产
业。本节以信息产业的以上十个子产业作为研究对象的集合，从 2004~2011 年的
《中国高技术产业统计年鉴》中整理数据，通过测算，对我国信息通信制造业产

业系统的协同度进行实证分析。

参照现有研究[8]的思路，分别从技术、产品、市场、组织和贸易五个方面选取基本指标作为产业模块化的评价指标。

1. 技术结构模块化

技术结构模块化反映了产业的专业技术水平，而专业技术水平既是产业形成模块化分工的前提条件，又是产业实现模块化的基础条件，因此，选取它作为产业模块化的评价指标。测度方法为

$$T = \frac{S_q + S_y}{S_t} + \frac{S_w}{S_z + S_w} \tag{4.3}$$

式中，S_q 为电子器件制造业专利申请数；S_y 为电子元件制造业专利申请数；S_t 为电子及通信设备制造业专利申请数；S_w 为电子计算机外部设备制造业专利申请数；S_z 为电子计算机整机制造业专利申请数。

2. 产品结构模块化

产品结构模块化反映了产业创造价值的能力，也反映了产业生产经营和持续发展的能力，因此，选取它作为产业模块化的评价指标。测度方法为

$$P = \frac{C_q + C_y}{C_t} + \frac{C_w}{C_z + C_w} \tag{4.4}$$

式中，C_q 为电子器件制造业当年价总产值；C_y 为电子元件制造业当年价总产值；C_t 为电子及通信设备制造业当年价总产值；C_w 为电子计算机外部设备制造业当年价总产值；C_z 为电子计算机整机制造业当年价总产值。

3. 市场结构模块化

市场结构模块化反映了产业销售业绩的增加或减少的程度，也反映了产业拓展市场的能力，同时反映了社会对产业成长潜力的预期。因此，选取它作为产业模块化的评价指标。测度方法为

$$M = \frac{R_q + R_y}{R_t} + \frac{R_w}{R_z + R_w} \tag{4.5}$$

式中，R_q 为电子器件制造业主营业务收入；R_y 为电子元件制造业主营业务收入；R_t 为电子及通信设备制造业主营业务收入；R_w 为电子计算机外部设备制造业主营业务收入；R_z 为电子计算机整机制造业主营业务收入。

4. 组织结构模块化

组织结构模块化反映了产业中人力资本起到的重要作用，人力资本是实现产业模块化及推动产业演化进程的决定性因素，因此，选取它作为产业模块化的评价指标。测度方法为

$$G = \frac{N_q + N_y}{N_t} + \frac{N_w}{N_z + N_w} \tag{4.6}$$

式中，N_q 为电子器件制造业企业从业人员年平均人数；N_y 为电子元件制造业企业从业人员年平均人数；N_t 为电子及通信设备制造业企业从业人员年平均人数；N_w 为电子计算机外部设备制造业企业从业人员年平均人数；N_z 为电子计算机整机制造企业从业人员年平均人数。

5. 贸易结构模块化

贸易结构模块化反映了产业在国际经济发展的大环境下竞争与合作的能力，也反映了产业生存发展的能力，因此，选取它作为产业模块化的评价指标。测度方法为

$$E = \frac{H_q + H_y}{H_t} + \frac{H_w}{H_z + H_w} \tag{4.7}$$

式中，H_q 为电子器件制造业出口交货值；H_y 为电子元件制造业出口交货值；H_t 为电子及通信设备制造业出口交货值；H_w 为电子计算机外部设备制造业出口交货值；H_z 为电子计算机整机制造业出口交货值。

在产业模块化系统指标选取及确定的计算公式中，因电子计算机及办公设备制造业中办公设备制造业各项份额占的比重均较小，故采用电子计算机制造业的数据近似替代该子产业的数据。

4.3 产业创新的演化

4.3.1 产业创新子系统有序度模型

与产业模块化子系统的假设相类似，现给出产业创新子系统序参量分量的系统有序度的定义。

定义 4.3 产业创新子系统序参量分量 e_{2i} 的系统有序度为

$$u_2(e_{2i}) = \begin{cases} \dfrac{e_{2i} - \beta_{2i}}{\alpha_{2i} - \beta_{2i}}, & i \in [1, j] \\[3mm] \dfrac{\alpha_{2i} - e_{2i}}{\alpha_{2i} - \beta_{2i}}, & i \in [j+1, n] \end{cases} \qquad (4.8)$$

定义 4.4　称式（4.9）定义的 $u_2(e_2)$ 为产业创新子系统有序度：

$$u_2(e_2) = \sum_{i=1}^{n} \omega_i \cdot u_2(e_{2i}), \quad \omega_i \geq 0 \text{且} \sum_{i=1}^{n} \omega_i = 1 \qquad (4.9)$$

从定义 4.4 可以看出，$u_2(e_2) \in [0,1]$，产业创新子系统有序度 $u_2(e_2)$ 越大，其序参量分量 e_{2i} 对系统有序的"贡献"越大，系统有序程度就越高，反之产业创新子系统有序度 $u_2(e_2)$ 越小，其序参量分量 e_{2i} 对系统有序的"贡献"越小，系统有序程度就越低。

4.3.2　产业创新子系统指标选取

分别从产出、销售、出口、经费和人员五个方面选取基本指标作为衡量产业创新的评价指标。

1）专利申请数

专利申请数是考核产业创新活动的重要指标，是产业技术创新成果多少的具体表现。因此，选取它作为产业创新的评价指标。

2）新产品销售收入

新产品销售收入反映了产业通过创新管理创造价值和获得利益的能力，因此，选取它作为产业创新的评价指标。

3）新产品出口销售收入

新产品出口销售收入反映了产业通过创新管理在国际贸易经济活动中的竞争能力，因此，选取它作为产业创新的评价指标。

4）新产品开发经费支出

新产品开发经费支出反映了产业研发新产品经费投入的状况，经费投入越大，越能促进产业创新活动的开展，提升产业竞争力。因此，选取它作为产业创新的评价指标。

5）研发人员

研发人员数量从侧面反映了产业创新的技术水平，是产业创新的根本，因此选取该指标作为产业创新的评价指标。

综合上述产业模块化和产业创新的测度指标，建立信息通信制造业产业复合系统协同度测度指标体系（表 4.1）。

表4.1　信息通信制造业产业复合系统协同度测度指标体系

子系统	一级指标	二级指标
产业模块化子系统	技术结构模块化	基于专利申请数测算
	产品结构模块化	基于总产值测算
产业模块化子系统	市场结构模块化	基于主营业务收入测算
	组织结构模块化	基于从业人数年均人数测算
	贸易结构模块化	基于出口交货值测算
产业创新子系统	创新产出	专利申请数（件）
		新产品销售收入（万元）
		新产品出口销售收入（万元）
	创新投入	新产品开发经费支出（万元）
		研发活动人员折合全时当量（万人年）

4.4　产业模块化与产业创新的协同演化

4.4.1　产业复合系统协同度模型

产业复合系统协同度反映了产业模块化子系统和产业创新子系统之间相互协调的程度，它决定了产业复合系统在发展演变进程中由无序走向有序的趋势与程度[8]。根据不同子系统的有序度确定整个产业复合系统的协同度。假设在初始时刻（或某个特定时间段）t_0，产业模块化系统有序度为 $u_1^0(e_1)$，产业创新系统有序度为 $u_2^0(e_2)$；对时刻 t_1，产业模块化系统有序度为 $u_1^1(e_1)$，产业创新系统有序度为 $u_2^1(e_2)$。

定义 4.5　产业复合系统内子系统的协同度为

$$C = \lambda \cdot \sqrt{\left| u_1^1(e_1) - u_1^0(e_1) \right| \times \left| u_2^1(e_2) - u_2^0(e_2) \right|} \qquad (4.10)$$

式中，

$$\lambda = \begin{cases} 1, & \left[u_1^1(e_1) - u_1^0(e_1) \right] \times \left[u_2^1(e_2) - u_2^0(e_2) \right] > 0 \\ -1, & \left[u_1^1(e_1) - u_1^0(e_1) \right] \times \left[u_2^1(e_2) - u_2^0(e_2) \right] \leqslant 0 \end{cases} \qquad (4.11)$$

由定义 4.5 可知，产业模块化与产业创新复合系统的协同度 $C \in [-1,1]$，其值越大，产业复合系统协同发展的程度就越高，反之则越低。产业模块化系统和产业创新系统之间的协同方向通过参数 λ 来判断，当且仅当 $\left[u_1^1(e_1) - u_1^0(e_1) \right] \times$

$\left[u_2^1(e_2) - u_2^0(e_2)\right] > 0$ 成立时，产业复合系统才有正的协同度，表明复合系统处于协同演进状态；当 $\left[u_1^1(e_1) - u_1^0(e_1)\right] \times \left[u_2^1(e_2) - u_2^0(e_2)\right] \leqslant 0$ 时，复合系统协同度为负值，表明复合系统处于非协同演进状态。对于一个子系统有序度提高幅度较大，而另一个子系统有序度提高幅度较小的情形，此时复合系统协同度虽为正值，但其数值非常小，表明复合系统协同发展程度仍处于较低水平。由上述分析可知，复合系统协同度模型综合考虑了产业模块化与产业创新两个子系统的运行状况，提供了一种基于协同管理的复合系统的效果评价标准。

4.4.2　数据处理

本节的数据是从 2004~2011 的《中国高技术产业统计年鉴》中获取的，数据的获取步骤具体如下：①对我国信息通信制造业的十个子产业在 2004~2011 年专利申请数、新产品销售收入、新产品出口销售收入、新产品开发经费支出、研发活动人员折合全时当量、当年价总产值、主营业务收入、从业人员年平均人数、投资额和出口交货值十项数据进行整理。②利用以上十项数据的结果，按照信息通信制造业演化机制协同度评价指标体系中所列出的公式，分别计算我国信息通信制造业的十个子产业在 2000~2011 年的各项评价指标。③分别计算十个子产业在 2000~2011 年的各项评价指标的累计值。④计算各项评价指标累计值的均值，分别得到产业模块化与产业创新两个子系统的评价指标（剔除缺失值），见表 4.2 和表 4.3。

表4.2　信息通信制造业模块化评价指标

年份	技术结构模块化/%	产品结构模块化/%	市场结构模块化/%	组织结构模块化/%	贸易结构模块化/%
2000	0.15	0.27	0.76	0.12	0.12
2001	0.21	0.39	0.79	0.24	0.42
2002	0.035	0.37	0.65	0.12	0.43
2003	0.15	0.34	0.48	0.09	0.27
2004	0.30	0.38	0.36	0.78	0.47
2005	0.22	0.39	0.38	0.80	0.50
2006	0.40	0.42	0.41	0.81	0.43
2007	0.50	0.44	0.42	0.80	0.44
2008	0.59	0.44	0.43	0.80	0.48
2009	0.37	0.43	0.41	0.83	1.00
2010	0.33	0.52	0.50	0.90	1.08
2011	0.30	0.48	0.46	0.80	0.78

资料来源：根据 2004~2011 年《中国高技术产业统计年鉴》相关数据测算

表4.3　信息通信制造业产业创新评价指标

年份	行业	专利申请数/件	新产品销售收入/万元	新产品出口销售收入/万元	新产品开发经费支出/万元	研发活动人员折合全时当量/万人年
2000	通信设备制造	570	6 717 290	1 522 295	363 991	18 505
	雷达及配套设备制造	22	102 849	3 620	11 129	1 794
	广播电视设备制造	4	6 198	0	1 117	448
	电子器件制造	65	1 910 948	393 957	102 543	5 083
	电子元件制造	85	973 788	501 769	97 668	4 669
	家用视听设备制造	331	6 376 889	1 537 802	142 278	4 117
	其他电子设备制造	22	220 190	30 405	18 010	2 009
	电子计算机整机制造	166	2 707 176	380 747	100 730	2 950
	电子计算机外部设备制造	93	2 560 950	2 040 140	28 414	806
	办公设备制造	4	101 858	36 337	3 989	185
2001	通信设备制造	969	8 731 802	1 749 259	459 238	24 720
	雷达及配套设备制造	42	115 442	1 565	14 421	3 414
	广播电视设备制造	1	14 414	10	2 226	320
	电子器件制造	125	1 392 186	295 407	127 658	5 399
	电子元件制造	99	1 740 331	1 186 213	57 582	5 480
	家用视听设备制造	402	6 636 713	985 421	206 834	6 584
	其他电子设备制造	41	149 738	22 852	12 875	3 334
	电子计算机整机制造	308	2 484 007	436 334	90 077	2 511
	电子计算机外部设备制造	246	3 706 555	1 976 376	70 286	3 874
	办公设备制造	4	103 028	44 527	5 106	298
2002	通信设备制造	1 880	9 999 083	2 330 724	480 263	26 129
	雷达及配套设备制造	6	131 226	630	14 780	2 122
	广播电视设备制造	1	22 161	991	5 492	563
	电子器件制造	272	2 312 010	449 099	115 283	6 328
	电子元件制造	123	2 128 116	686 263	78 756	6 520
	家用视听设备制造	611	7 354 825	1 654 031	300 593	5 729
	其他电子设备制造	63	113 194	14 126	15 710	2 284
	电子计算机整机制造	794	3 121 332	765 984	156 914	2 131
	电子计算机外部设备制造	119	4 266 258	2 604 565	65 266	3 205
	办公设备制造	40	139 932	40 896	10 981	1 252
2003	通信设备制造	2 621	12 409 306	1 589 078	604 866	29 053
	雷达及配套设备制造	29	165 711	19 031	18 788	1 710
	广播电视设备制造	13	30 895	5 282	6 555	251
	电子器件制造	688	3 474 048	857 555	140 861	7 486

续表

年份	行业	专利申请数/件	新产品销售收入/万元	新产品出口销售收入/万元	新产品开发经费支出/万元	研发活动人员折合全时当量/万人年
2003	电子元件制造	240	1 613 753	626 511	125 858	10 025
	家用视听设备制造	1 200	11 425 478	4 248 650	268 591	10 600
	其他电子设备制造	99	142 686	29 746	22 086	2 518
	电子计算机整机制造	813	4 195 105	2 051 655	293 479	6 537
	电子计算机外部设备制造	418	5 182 130	3 975 169	77 275	5 150
	办公设备制造	12	172 319	108 905	8 643	706
2004	通信设备制造	3 363	20 271 794	8 717 671	643 312	30 056
	雷达及配套设备制造	17	116 682	12 524	17 511	1 658
	广播电视设备制造	44	134 152	80 840	17 297	735
	电子器件制造	1 065	5 529 541	2 705 299	242 990	8 954
	电子元件制造	533	2 983 369	1 808 817	148 326	7 285
	家用视听设备制造	1 931	11 132 313	4 848 651	371 674	11 512
	其他电子设备制造	33	96 482	10 287	6 990	314
	电子计算机整机制造	657	6 900 392	3 896 389	443 346	5 769
	电子计算机外部设备制造	643	5 817 111	3 799 009	112 338	6 799
	办公设备制造	34	702 547	513 824	10 051	1 009
2005	通信设备制造	6 602	16 431 725	4 390 800	1 267 879	49 679
	雷达及配套设备制造	9	258 585	74 055	27 487	1 810
	广播电视设备制造	101	161 757	64 059	27 438	1 740
	电子器件制造	812	5 127 979	2 545 856	355 849	15 211
	电子元件制造	947	3 023 700	1 359 491	315 540	13 672
	家用视听设备制造	2 434	13 313 107	5 312 171	589 840	11 573
	其他电子设备制造	117	203 515	62 302	27 294	1 407
	电子计算机整机制造	1 020	12 278 252	4 952 764	271 034	7 452
	电子计算机外部设备制造	796	7 750 678	6 038 492	307 709	8 943
	办公设备制造	47	671 983	593 153	39 045	1 089
2006	通信设备制造	11 069	17 708 892	4 820 513	1 375 378	48 573
	雷达及配套设备制造	42	469 829	2 413	35 893	3 479
	广播电视设备制造	212	221 253	100 410	45 245	1 502
	电子器件制造	1 531	4 896 484	2 335 233	465 931	14 318
	电子元件制造	930	3 917 878	1 838 266	569 796	16 577
	家用视听设备制造	2 843	14 153 090	5 611 971	593 326	11 424
	其他电子设备制造	81	367 396	145 463	36 880	1 944
	电子计算机整机制造	1 228	18 891 472	10 947 553	443 481	13 079
	电子计算机外部设备制造	1 950	9 949 934	5 527 645	356 811	11 171
	办公设备制造	43	789 682	678 865	27 773	341
2007	通信设备制造	16 342	14 783 137	29 380 905	1 645 118	74 887
	雷达及配套设备制造	98	203 597	700 094	79 931	3 233
	广播电视设备制造	589	216 986	416 645	39 758	2 492
	电子器件制造	2 257	4 799 722	7 680 842	630 300	18 728
	电子元件制造	1 436	2 895 467	6 245 816	765 597	23 168
	家用视听设备制造	3 614	6 112 112	15 060 981	708 747	17 750

续表

年份	行业	专利申请数/件	新产品销售收入/万元	新产品出口销售收入/万元	新产品开发经费支出/万元	研发活动人员折合全时当量/万人年
2007	其他电子设备制造	344	307 885	644 881	59 276	2 152
	电子计算机整机制造	999	2 269 716	16 209 232	421 187	14 995
	电子计算机外部设备制造	2 215	8 255 010	11 108 163	566 989	13 520
	办公设备制造	52	675 662	829 959	25 188	1 196
2008	通信设备制造	16 159	30 989 691	16 169 298	2 280 979	92 972
	雷达及配套设备制造	70	164 617	164	42 449	2 813
	广播电视设备制造	600	536 663	143 100	59 938	2 364
	电子器件制造	3 273	11 446 943	7 738 694	815 700	20 508
	电子元件制造	2 057	7 385 399	3 919 971	755 823	24 912
	家用视听设备制造	3 189	15 763 132	7 568 206	765 367	20 256
	其他电子设备制造	561	1 304 320	725 797	145 394	8 405
	电子计算机整机制造	1 171	24 974 827	10 697 124	537 765	14 232
	电子计算机外部设备制造	3 306	16 454 350	13 033 279	685 921	14 994
	办公设备制造	63	848 209	554 590	28 394	1 826
2009	通信设备制造	20 614	42 605 476	18 539 903	2 974 852	92 595
	雷达及配套设备制造	149	559 064	115 553	78 949	4 036
	广播电视设备制造	1 096	818 384	145 052	94 197	4 589
	电子器件制造	7 479	13 110 742	7 103 820	1 086 093	38 934
	电子元件制造	5 314	12 050 667	4 883 938	954 742	41 963
	家用视听设备制造	4 085	15 783 311	4 503 981	757 747	16 364
	其他电子设备制造	1 762	2 054 094	398 521	212 936	11 188
	电子计算机整机制造	3 605	9 549 073	1 468 178	522 443	17 412
	电子计算机外部设备制造	3 926	11 646 287	8 428 089	621 141	14 487
	办公设备制造	452	534 205	174 347	60 879	2 454
2010	通信设备制造	16 886	42 748 773	20 733 727	1 994 365	98 510
	雷达及配套设备制造	288	431 244	25 142	80 554	4 425
	广播电视设备制造	1 459	711 803	191 554	67 349	2 130
	电子器件制造	6 887	14 657 975	7 584 620	1 296 953	31 929
	电子元件制造	4 879	14 970 598	7 541 378	1 049 434	47 274
	家用视听设备制造	4 212	15 392 293	5 400 466	751 944	21 422
	其他电子设备制造	964	1 802 197	367 037	152 111	5 822
	电子计算机整机制造	5 644	15 335 388	7 280 474	563 301	22 225
	电子计算机外部设备制造	4 990	27 639 164	20 978 512	861 000	44 846
	办公设备制造	176	1 240 132	794 730	55 358	1 438
2011	通信设备制造	23 751	46 192 610	20 902 699	4 494 800	118 435
	雷达及配套设备制造	361	752 468	15 250	131 179	3 703
	广播电视设备制造	2 881	1 298 986	538 463	119 441	5 534
	电子器件制造	9 902	17 858 509	9 506 940	1 784 389	50 229
	电子元件制造	7 532	16 971 775	8 731 248	1 380 871	65 171
	家用视听设备制造	3 275	19 026 208	6 849 884	917 630	19 306
	其他电子设备制造	1 658	2 017 889	458 328	283 899	9 684
	电子计算机整机制造	6 284	33 655 127	24 908 085	1 077 812	16 511
	电子计算机外部设备制造	4 524	32 831 137	24 474 820	928 256	29 444

年份	行业	专利申请数/件	新产品销售收入/万元	新产品出口销售收入/万元	新产品开发经费支出/万元	研发活动人员折合全时当量/万人年
2011	办公设备制造	372	902 253	280 871	84 844	3 293

资料来源：根据 2004~2011 年《中国高技术产业统计年鉴》相关数据测算

1. 数据标准化处理方法

由于数据计量单位不同，对计算影响很大，不能直接将不同单位的数据进行加权综合，为了便于数据的直接比较，这里对原始数据矩阵按以下公式方法做标准化处理，为方便起见，将标准化后的评价矩阵仍记为 $X = (x_{ij})_{m \times n}$。

对于正指标，有

$$x_{ij} = \frac{x_{ij} - \min x_j}{\max x_j - \min x_j} \times 99 + 1, \quad i = 1, 2, \cdots, m; j = 1, 2, \cdots, n \qquad （4.12）$$

对于负指标，有

$$x_{ij} = \frac{\max x_j - x_{ij}}{\max x_j - \min x_j} \times 99 + 1, \quad i = 1, 2, \cdots, m; j = 1, 2, \cdots, n \qquad （4.13）$$

2. 指标权重确定

目前，关于系统综合评价的方法很多，本节采用客观赋权方法中的熵值法。客观赋权法与专家赋权法的一个主要优势是权重可根据各指标的联系程度或其提供的信息量来确定，能够弥补专家赋权法主观因素过多的局限。其中，熵值法不需要假定数据的分布形态，因此本节研究采用熵值法对指标进行赋权。

在信息论中，信息熵反映了指标的变异程度，可用于综合评价。信息熵被定义为

$$H(x) = -\sum p(x_i) \ln p(x_i) \qquad （4.14）$$

式中，$p(x_i) \in [0, 1]$，$\sum p(x_i) = 1$。设有 m 个测度对象，n 项测度指标，形成原始指标数据矩阵 $X = (x_{ij})_{m \times n}$，对于某项指标 x_j，指标值 x_{ij} 的差距越大，该指标提供的信息量越大，则权重越大；反之，该指标的权重就越小；如果该项指标值全部相等，则该指标在综合评价中不起作用。

熵值法赋权的步骤如下：

（1）将 x_{ij} 转化为比重形式的 p_{ij}：

$$p_{ij} = \frac{x_{ij}}{\sum_{i=1}^{m} x_{ij}}, \quad i = 1, 2, \cdots, m; j = 1, 2, \cdots, n \qquad （4.15）$$

（2）定义第 j 个指标的熵为

$$H_j = -k \sum_{i=1}^{m} p_{ij} \ln p_{ij}, \quad j = 1, 2, \cdots, n \tag{4.16}$$

式中，$k = \dfrac{1}{\ln m}$，当 $p_{ij} = 0$ 时，$p_{ij} \ln p_{ij} = 0$，从而保证 $H_j \in [0,1]$。

（3）定义第 j 个指标的熵权 $\omega_{\sigma j}$ 为

$$\omega_{\sigma j} = \frac{1 - H_j}{\sum\limits_{j=1}^{n}(1 - H_j)} = \frac{1 - H_j}{n - \sum\limits_{j=1}^{n} H_j}, \quad j = 1, 2, \cdots, n \tag{4.17}$$

式中，$\omega_{\sigma j} \in [0,1]$，且 $\sum\limits_{j=1}^{n} \omega_{\sigma j} = 1$。

运用上述熵值法模型，对我国信息通信制造业产业模块化和产业创新的指标进行权重确定，相关指标数据来自 2004~2011 年《中国高技术产业统计年鉴》。

4.4.3　模型分析

1. 子系统数据标准化处理结果

运用上文表述的数据标准化处理的方法得到产业模块化与产业创新两个子系统评价指标的标准化处理结果，见表 4.4 和表 4.5。

表4.4　信息通信制造业模块化标准化数据

年份	技术结构模块化	产品结构模块化	市场结构模块化	组织结构模块化	贸易结构模块化
2000	5.709 144	24.173 09	100	1.816 996	1
2001	1	30.342 03	100	4.656 842	35.583 14
2002	1	55.939 81	100	15.302 18	64.631 51
2003	15.898 99	63.710 05	100	1	47.951 01
2004	1	18.891 32	12.904 7	100	35.612 09
2005	1	30.760 92	28.497 46	100	48.943 84
2006	1	6.860 952	3.323 91	100	7.662 447
2007	20.393 69	5.363 555	1	100	5.003 133
2008	43.431 64	5.005 028	1	100	14.600 99
2009	1	9.587 892	6.648 406	72.910 1	100
2010	1	26.187 831	23.096 21	76.816 21	100
2011	1	36.138 054	33.095 27	100	96.357 059

资料来源：根据 2004~2011 年《中国高技术产业统计年鉴》相关数据测算

表4.5　信息通信制造业产业创新标准化数据

年份	行业	专利申请数/件	新产品销售收入/万元	新产品出口销售收入/万元	新产品开发经费支出/万元	研发活动人员折合全时当量/万人年
2000	通信设备制造	100	100	74.871 01	100	100
	雷达及配套设备制造	4.148 41	2.425 766	1.175 664	3.731 494	9.694 924
	广播电视设备制造	1	1	1	1	2.421 234
	电子器件制造	11.669 61	29.098 3	20.117 19	28.671 24	27.468 45
	电子元件制造	15.167 84	15.273 6	25.348 88	27.341 23	25.231 22
	家用视听设备制造	58.196 11	94.978 51	75.623 51	39.511 82	22.248 25
	其他电子设备制造	4.148 41	4.156 745	2.475 436	5.608 782	10.856 77
	电子计算机整机制造	29.335 69	40.844 01	19.476 16	28.176 62	15.941 87
	电子计算机外部设备制造	16.567 14	38.686 93	100	8.447 221	4.355 841
	办公设备制造	1	2.411 147	2.763 292	1.783 545	1
2001	通信设备制造	100	100	88.623 27	100	100
	雷达及配套设备制造	5.193 182	2.147 336	1.077 893	3.641 736	13.631 4
	广播电视设备制造	1	1	1	1	1.089 182
	电子器件制造	13.681 82	16.646 82	15.797 01	28.171 65	21.678 04
	电子元件制造	11.022 73	20.600 57	60.419 21	12.991 47	22.006 39
	家用视听设备制造	42.011 36	76.206 89	50.361 15	45.323 11	26.481 7
	其他电子设备制造	5.090 909	2.536 822	2.144 2	3.306 834	13.307 1
	电子计算机整机制造	32.397 73	29.046 21	22.856 31	20.030 68	9.970 887
	电子计算机外部设备制造	26.056 82	42.930 22	100	15.743 46	15.496 11
	办公设备制造	1.306 818	2.006 355	3.229 943	1.623 879	1
2002	通信设备制造	100	100	89.588 73	100	100
	雷达及配套设备制造	1.263 438	2.082 241	1	2.936 748	7.036 963
	广播电视设备制造	1	1	1.013 725	1	1
	电子器件制造	15.278 34	23.721 94	18.050 51	23.893 79	23.323 98
	电子元件制造	7.427 887	21.897 18	27.067 34	16.277 13	24.067 47
	家用视听设备制造	33.139 44	73.761 29	63.861 28	62.534 93	21.004 46
	其他电子设备制造	4.266 631	1.903 311	1.513 11	3.130 674	7.664 281
	电子计算机整机制造	42.781 27	31.752 76	30.098 29	32.574 75	7.071 814
	电子计算机外部设备制造	7.217 137	43.113 75	100	13.464 17	11.230 7
	办公设备制造	3.054 816	2.168 63	2.530 888	2.144 575	3.668 036
2003	通信设备制造	100	100	37.950 79	100	100
	雷达及配套设备制造	1.645 075	2.078 231	1.320 771	3.024 143	6.014 964
	广播电视设备制造	1.037 946	1	1	1	1
	电子器件制造	26.651 21	28.537 63	20.883 98	23.223 05	25.868 59

续表

年份	行业	专利申请数/件	新产品销售收入/万元	新产品出口销售收入/万元	新产品开发经费支出/万元	研发活动人员折合全时当量/万人年
2003	电子元件制造	9.651 591	13.659 37	15.493 6	20.740 56	34.595 79
	家用视听设备制造	46.079 34	92.131 54	100	44.357 99	36.572 22
	其他电子设备制造	4.301 265	1.894 082	1.570 758	3.569 849	8.792 271
	电子计算机整机制造	31.394 4	34.304 5	48.742 95	48.476 11	22.606 62
	电子计算机外部设备制造	16.405 9	42.198 52	93.619 54	12.701 74	17.839 14
	办公设备制造	1	2.131 08	3.417 579	1.345 493	2.563 954
2004	通信设备制造	100	100	72.704 76	100	100
	雷达及配套设备制造	1	1.589 178	1.194 703	1.015 4	2.467 43
	广播电视设备制造	2.381 465	1	1.029 102	1.011 5	2.325 092
	电子器件制造	13.057 79	31.218 62	42.141 906 8	27.219	29.773 06
	电子元件制造	15.084 94	18.414 44	22.488 88	24.002	26.637 63
	家用视听设备制造	37.413 62	81.023 74	87.967 95	45.892	22.360 52
	其他电子设备制造	2.621 72	1.254 088	1	1	1.646 633
	电子计算机整机制造	16.181 1	74.726 82	82.014 11	20.451	13.963 5
	电子计算机外部设备制造	12.817 53	47.177 3	100	23.377	17.001 07
	办公设备制造	1.570 605	4.104 635	9.793 945	1.937 8	2.563 954
2005	通信设备制造	100	93.729 29	44.580 25	100	100
	雷达及配套设备制造	1	2.318 091	1	1.596 5	7.440 747
	广播电视设备制造	2.526 254	1	1.886 397	2.283 5	3.383 278
	电子器件制造	14.368 19	25.790 7	22.100 61	33.189	29.688 37
	电子元件制造	8.972 431	20.601 59	17.605 49	40.819	34.325 94
	家用视听设备制造	26.147 27	74.874 44	51.739 06	42.548	23.749 77
	其他电子设备制造	1.350 141	1.774 932	2.293 909	1.669	4.289 966
	电子计算机整机制造	11.647 86	100	100	31.539	27.146 9
	电子计算机外部设备制造	18.129 95	52.586 94	50.976 33	25.172	23.230 06
	办公设备制造	1.008 978	4.014 131	7.118 589	1	1
2006	通信设备制造	100	100	100	100	100
	雷达及配套设备制造	1.279 558	1	1.968 831	4.345 5	3.735 352
	广播电视设备制造	4.263 536	1.090 916	1	1.890 4	2.740 238
	电子器件制造	14.400 55	32.209 24	25.829 06	37.981	24.552 38
	电子元件制造	9.411 05	19.278 7	20.924 14	46.249	30.517 86
	家用视听设备制造	22.647 51	41.120 81	51.054 42	42.775	23.238 57
	其他电子设备制造	2.774 586	1.708 153	1.780 112	3.083 3	2.283 34
	电子计算机整机制造	6.755 249	15.029 65	54.979 14	25.201	19.538 29

续表

年份	行业	专利申请数/件	新产品销售收入/万元	新产品出口销售收入/万元	新产品开发经费支出/万元	研发活动人员折合全时当量/万人年
2006	电子计算机外部设备制造	14.145 3	55.671 82	37.543 66	34.111	17.555 93
	办公设备制造	1	4.205 48	2.412 709	1	1
2007	通信设备制造	100	100	100	100	100
	雷达及配套设备制造	1.043 054	1	1	1.617 7	2.072 11
	广播电视设备制造	4.302 87	2.194 889	1.875 169	2.386 3	1.584 536
	电子器件制造	20.743 41	37.235 12	48.381 29	35.602	21.292 33
	电子元件制造	13.264 29	24.190 78	25.000 10	32.97	26.074 98
	家用视听设备制造	20.226 76	51.097 3	47.337 43	33.39	21.018 28
	其他电子设备制造	4.062 997	4.660 351	5.442 893	6.142 1	8.145 788
	电子计算机整机制造	7.814 861	80.682 23	66.495 10	23.387	14.474 86
	电子计算机外部设备制造	20.946 38	53.317 26	80.798 85	29.898	15.302 26
	办公设备制造	1	3.195 475	4.394 630	1	1
2008	通信设备制造	100	100	100	100	100
	雷达及配套设备制造	1	1.058 497	1	1.613 9	2.737 474
	广播电视设备制造	5.581 139	1.668 716	1.158 508	2.131 9	3.344 821
	电子器件制造	36.459 08	30.594 48	38.550 22	35.831	41.065 47
	电子元件制造	25.985 83	28.099 96	26.622 07	31.368	44.391 71
	家用视听设备制造	20.040 51	36.883 43	24.580 44	24.676	16.276 92
	其他电子设备制造	8.802 932	4.576 527	2.520 477	6.166	10.592 13
	电子计算机整机制造	17.718 49	22.213 33	8.268 091	16.681	17.428 36
	电子计算机外部设备制造	19.271 34	27.148 39	45.665 94	20.034	14.215 68
	办公设备制造	2.465 771	1	1.315 917	1	1
2009	通信设备制造	100	100	100	100	100
	雷达及配套设备制造	1	1.099 125	1.025 435	2.636 9	5.476 206
	广播电视设备制造	1.798 864	1.184 847	1.802 164	2.603 6	2.403 108
	电子器件制造	32.007 77	27.659 95	31.641 37	37.717	29.758 89
	电子元件制造	16.267 18	15.165 92	21.448 67	22.989	24.203 47
	家用视听设备制造	57.630 6	55.152 69	56.010 55	57.738	38.275 56
	其他电子设备制造	1.473 401	1	1	1	1
	电子计算机整机制造	19.936 04	34.386 7	45.183 66	68.889	19.159 25
	电子计算机外部设备制造	19.52 182	29.071 06	44.076 48	17.39	22.588 27
	办公设备制造	1.502 989	3.973 957	6.725 043	1.476 3	3.314 559

续表

年份	行业	专利申请数/件	新产品销售收入/万元	新产品出口销售收入/万元	新产品开发经费支出/万元	研发活动人员折合全时当量/万人年
2010	通信设备制造	100	100	98.843 45	100	100
	雷达及配套设备制造	1.663 555	1	1	2.286 434	4.046 326
	广播电视设备制造	8.601 257	1.656 355	1.786 26	1.612 225	1.705 744
	电子器件制造	40.759 96	34.282 81	36.716 85	64.392 19	32.096 6
	电子元件制造	28.863 38	35.014 18	36.512 54	51.754 6	47.746 37
	家用视听设备制造	24.911 67	36.000 72	26.397 21	36.565 63	21.380 91
	其他电子设备制造	5.668 582	4.207 284	2.615 378	5.939 924	5.471 073
	电子计算机整机制造	33.395 69	35.867 59	35.279 83	26.934 08	22.199 86
	电子计算机外部设备制造	29.521 01	64.651 73	100	42.133 71	45.270 15
	办公设备制造	1	2.892 358	4.636 132	1	1
2011	通信设备制造	100	100	84.070 39	100	100
	雷达及配套设备制造	1	1	1	2.040 188	1.352 364
	广播电视设备制造	11.666 1	2.190 695	3.080 842	1.776 666	2.926 774
	电子器件制造	41.383 03	38.268 77	38.748 91	39.153 42	41.356 09
	电子元件制造	31.351 82	36.336 85	35.663 94	30.094 77	54.203 06
	家用视听设备制造	13.333 73	40.812 82	28.181 67	19.695 39	14.767 53
	其他电子设备制造	6.489 654	3.756 962	2.762 144	5.468 631	6.494 715
	电子计算机整机制造	26.069 56	72.684 71	100	23.291 33	12.364 51
	电子计算机外部设备制造	18.620 22	70.889 49	98.276 88	19.933 93	23.485 03
	办公设备制造	1.046 558	1.326 336	2.056 388	1	1

资料来源：根据 2004~2011 年《中国高技术产业统计年鉴》相关数据测算

2. 子系统评价指标的赋权

按照熵值法，计算产业模块化和产业创新两个子系统评价指标的权重，见表4.6 和表 4.7。

表4.6　产业模块化系统指标的权重

年份	ω_1	ω_2	ω_3	ω_4	ω_5
2000	0.202 13	0.178 15	0.191 45	0.212 63	0.215 64
2001	0.226 54	0.186 90	0.185 71	0.216 80	0.184 05
2002	0.233 71	0.186 89	0.183 47	0.211 03	0.184 90
2003	0.209 64	0.184 52	0.183 69	0.233 44	0.188 71
2004	0.227 64	0.196 65	0.203 65	0.187 41	0.184 66

续表

年份	ω_1	ω_2	ω_3	ω_4	ω_5
2005	0.233 77	0.195 93	0.197 46	0.185 46	0.187 38
2006	0.211 48	0.194 71	0.203 42	0.197 32	0.193 08
2007	0.181 97	0.203 81	0.216 66	0.192 92	0.204 65
2008	0.178 62	0.213 47	0.224 17	0.185 74	0.198 01
2009	0.224 50	0.207 03	0.211 77	0.176 25	0.180 45
2010	0.231 81	0.198 53	0.205 19	0.181 67	0.182 80
2011	0.234 96	0.197 99	0.199 75	0.183 65	0.183 65

资料来源：根据 2004~2011 年《中国高技术产业统计年鉴》测算

表4.7　产业创新子系统指标的权重

年份	ω_6	ω_7	ω_8	ω_9	ω_{10}
2000	0.218 80	0.191 88	0.203 10	0.192 70	0.193 51
2001	0.203 50	0.203 80	0.198 10	0.214 06	0.180 54
2002	0.227 14	0.176 90	0.187 34	0.199 82	0.208 81
2003	0.217 54	0.204 74	0.205 33	0.206 07	0.166 33
2004	0.227 41	0.205 99	0.177 33	0.199 08	0.190 20
2005	0.239 19	0.180 40	0.162 61	0.204 23	0.213 58
2006	0.277 36	0.190 00	0.178 27	0.185 66	0.168 71
2007	0.269 03	0.193 84	0.179 28	0.161 15	0.196 70
2008	0.254 97	0.173 78	0.166 32	0.181 83	0.223 10
2009	0.184 63	0.195 72	0.225 32	0.200 97	0.193 36
2010	0.186 54	0.197 45	0.217 86	0.193 05	0.205 09
2011	0.190 72	0.181 45	0.196 71	0.210 21	0.220 90

资料来源：根据 2004~2011 年《中国高技术产业统计年鉴》测算

3. 子系统的有序度及产业复合系统的协同度

通过计算，得出 2000~2011 年产业模块化系统和产业创新系统的有序度及复合系统的协同度，结果见表 4.8。

表4.8　产业模块化子系统和产业创新子系统的有序度

年份	产业模块化子系统有序度	产业创新子系统有序度	产业复合系统协同度
2000	0.153 83	0.012 22	−0.059 25
2001	0.367 11	0.022 31	0.046 38
2002	0.218 16	0.029 10	−0.031 82
2003	0.154 69	0.037 21	−0.022 68
2004	0.424 27	0.209 05	0.215 23

续表

年份	产业模块化子系统有序度	产业创新子系统有序度	产业复合系统协同度
2005	0.415 18	0.276 04	-0.024 68
2006	0.509 00	0.348 04	0.082 19
2007	0.547 72	0.500 44	0.076 82
2008	0.585 83	0.576 25	0.053 75
2009	0.579 52	0.652 15	-0.021 89
2010	0.728 18	0.751 18	0.121 33
2011	0.591 57	1.000 00	-0.184 37

资料来源：根据 2004~2011 年《中国高技术产业统计年鉴》测算

通过以上计算结果，绘制我国信息通信制造业复合系统协同趋势，如图 4.1 所示。

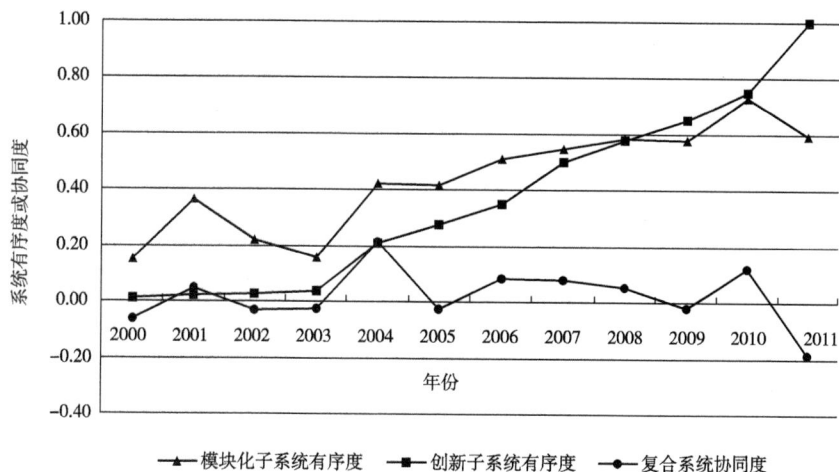

图 4.1　我国信息通信制造业复合系统协同趋势

通过信息通信制造业复合系统协同趋势图，2000~2011 年我国信息通信制造业的模块化子系统、产业创新子系统有序度大体上呈上升趋势，而信息通信制造业复合系统的协同度则在（-0.2，0.2）区间反复震荡（12 年中有 6 年为负值），呈波动演变态势且整体偏低。主要原因在于产业模块化与产业创新两个子系统有序度的增长趋势不完全同步：产业创新子系统有序度基本上呈稳定增长趋势，而产业模块化子系统有序度在 2001~2003 年、2004~2005 年、2008~2009 年、2010~2011 年四个阶段分别出现了程度不等的回调，导致相应的复合系统协调度出现了负值，说明这两个子系统的协调发展程度有待于进一步提升。

4.5　本章小结

1. 主要结论

利用 2000~2011 年我国信息通信制造业的数据对产业模块化与产业创新复合系统协同度模型进行了实证分析，结果表明我国信息通信制造业的模块化子系统和产业创新子系统的有序度大体呈上升趋势，但二者的协调发展程度不高，且呈波动演变态势。主要研究结论如下：

（1）从产业模块化和产业创新子系统的有序度变化看，信息通信制造业产业模块化子系统有序度经过初期的波动之后趋于缓慢增长甚至下降，其原因可能是信息通信制造业进入成熟期，产业模块化程度受到技术、组织、市场等因素制约而逐渐趋于一定区间内的极限；产业创新子系统的有序度则先缓步增长，之后进入快速增长阶段，这应该与我国近几年大力发展信息产业，推动信息化与产业升级的政策导向密切相关。

（2）从总体上看，2000~2011 年我国信息通信制造业产业复合系统整体协同度不高，均值只有 0.012 左右，且呈现出波动变化态势，表明该复合系统的协调发展还存在一些障碍。产业的协同演化过程是产业模块化和产业创新两个子系统共同作用的结果，两者之间协同作用可以使产业形成持续良好的发展态势。因此，应利用我国经济转型的有利时机，促进产业模块化分工的调整和优化，提高产业创新尤其是突破性创新能力，使产业模块化与产业创新和谐发展，产生协同效益。

（3）政府作为产业的宏观调控者，应针对信息产业模块化和产业创新需求，提供有针对性的政策服务和环境基础设施，推进信息通信制造业产业结构优化和协调发展。

2. 研究展望

本章从协同度的角度对产业系统的协同演化机制做了一些初步的探讨，其中分析的子系统比较少，而且考察的时间比较短，这都可能会使构建的产业复合系统模型测算的结果产生一定的偏差。今后可以从以下几方面着手做进一步的扩展研究：

（1）产业复合系统的构成。本章关于产业复合系统的建立，只选取了两个子系统，即产业模块化子系统和产业创新子系统，但没有深入探讨两个子系统的内在联系和各项具体细分指标。所以，后续研究工作可就产业系统内更多的子系统及各自子系统的指标进行深入分析。

（2）打破考察时间的局限性。囿于数据来源限制，本章对所构建的产业复合系统协同度模型的实证数据范围是从 2000 年到 2011 年，而实际上产业复合系统的演化可能需要较长时间。所以，今后的研究工作可以从更长的时间段采集数据进行长期分析。

（3）促进产业模块化和产业创新的快速发展，推动产业演化进程需要考虑创建与之相匹配的激励机制，这是一个值得探讨的问题，但本章对此未做讨论。此外，产业复合系统协同度的定量测度方法也还有待进一步探讨。

参 考 文 献

[1] Baldwin C Y，Clark K B. Design Rules：The Power of Modularity. Boston：MIT Press，2000.

[2] 哈肯 H. 协同学引论. 徐锡申，陈式刚，陈雅涤，等译. 北京：原子能出版社，1984.

[3] Ensign P C. The concept of fit in organizational research. International Journal Organization Theory & Behavior，2001，4（3）：287-306.

[4] 孟庆松，韩文秀. 复合系统协调度模型研究. 天津大学学报，2000，（4）：444-446.

[5] 徐浩鸣，徐建中，康姝丽. 中国国有医药制造产业组织系统协同度模型及实证分析. 中国科技论坛，2003，（1）：113-117.

[6] 郗英，胡剑芬. 企业生存系统的协调模型研究. 工业工程，2005，8（2）：30-33.

[7] 杨世琦,高旺盛. 农业生态系统协调度测度理论与实证研究. 中国农业大学学报,2006,（2）：7-12.

[8] 陶长琪，陈文华，林龙辉. 我国产业组织演变协同度的实证分析——以企业融合背景下的我国 IT 产业为例. 管理世界，2007，（12）：67-72.

[9] 王宏起，徐玉莲. 科技创新与科技金融协同度模型及其应用研究. 中国软科学，2012，（6）：129-138.

[10] 刘志迎，谭敏. 纵向视角下中国技术转移系统演变的协同度研究——基于复合系统协同度模型的测度. 科学学研究，2012，（4）：534-542.

[11] 洪进，汪良兵，赵定涛. 自组织视角下中国技术转移系统协同演化路径研究. 科学学与科学技术管理，2013，（10）：77-84.

第5章　产业模块化对产业不连续
创新的影响机理：以汽车制造业为例

本章探讨了产业模块化与不连续创新之间的相互作用关系，分别构建了产业模块化与不连续创新的基于专利的定量测度指标，并采用全球汽车产业1972~2011 年的专利数据，通过协整检验、误差修正模型和脉冲响应函数等方法，探讨了产业模块化对不连续创新的影响及其因果方向。

5.1　引言

在创新研究中，不连续创新近年来已成为一个热点领域。Tushman 和 Anderson[1]对水泥、玻璃和微型计算机等多个产业技术演化的研究表明，不连续技术对产业技术进步的贡献为 63.55%。不连续创新可能重组现有的产业链甚至创建全新的价值链，通常使成熟企业陷入巨大困境。不连续创新带来的挑战主要表现在如下两个方面：一是成熟企业难以应对不连续技术变化。为解释此问题，Tushman 和 Anderson[1]定义了能力增强型创新和能力破坏型创新；Henderson 和 Clark[2]提出了模块—架构的理论框架，将模块创新、架构创新和突破性创新划归为不连续创新；Christensen[3]对磁盘驱动行业的案例研究揭示了问题的根源在于高级管理人员忽视了低端客户的需求；而 Henderson[4]则指出问题的主要原因在于组织能力方面的欠缺。不连续创新带来的另外一个挑战是与之相伴的不确定性[5, 6]，即不连续创新是企业通过创造或利用技术、市场和组织不连续的机会，在产品、市场和业务模式维度上通过资源或能力的创建、集成或重组对现有产品或服务进行的重大改进或替代过程[7]，往往意味着现有产业技术系统的转型和能力再造，从而使组织面临众多来自新领域的不确定性和复杂性。

为此，较多研究倾向于把模块化设计作为产品、组织和产业领域中日益增长的复杂性的应对方案[8~12]。Ulrich[13]定义产品架构为将产品功能分配到物理组件中的方案，产品架构通常表现出或高或低的模块化程度。类似地，Schilling[14]指出模块化是指系统组件能够分离和重组的程度。Baldwin 和 Clark[15]进一步将模块界定为系统中具有相对独立功能的单元，并指出产品设计模块化不仅降低了新产品开发的复杂性，缩短了开发时间，而且还提高了产品多样化程度。Ethiraj 和 Levinthal[16]探讨了复杂系统中模块化与创新的关系，发现过度模块化会降低创新绩效。Chesbrough 和 Prencipe[17]区分了技术模块化的四个阶段并从动态演化的角度描述了创新网络和模块化的共同演化。Chesbrough 和 Prencipe[17]的研究表明，作为系统集成商的企业应构建多领域的技术能力以便在产品模块化过程中进行协调和组织。模块化的应用推进了产业裂变与融合，也由此催生了一些新兴产业，如汽车电子、生物芯片及数字电视等，也引起了产业界和学术界的重点关注。目前，国内的研究主要关注组织与技术之间的关系，且以案例研究为主[18~22]。

尽管现有研究分别在模块化和不连续创新两个领域为后续研究奠定了坚实的基础，但是，现有研究对二者之间的关系关注较少，且缺乏大样本的实证研究。一个主要的原因在于缺少完备的时间序列样本数据和适宜的分析工具。实际上，有些产业，如汽车制造、计算机制造和造船等典型的模块化产业也通常表现出不连续创新的属性特征，表明二者可能具备一定的关联性。此外，随着全球专利数据库的完善和专利计量分析的兴起，专利情报及其计量分析为产业技术创新的实证研究提供了客观载体和有效工具，使运用定量研究方法对模块化与不连续创新的相互作用进行深入的实证研究成为可能。为此，弄清产业模块化与不连续创新之间的作用关系将在两条现有研究主线之间建立关联关系，可进一步深化现有研究，并为相关的产业政策决策提供有力的理论依据和数据支持，具有重要的理论和实践意义。

为此，本章采用统计分析方法对汽车产业长周期的时间序列专利信息进行研究，从而厘清产业模块化与不连续创新之间的相互作用关系。首先提出研究假设，其次分别定义操作变量对不连续创新和产业模块化进行测度，然后收集汽车产业的专利数据，利用协整检验、格兰杰因果检验等计量方法探讨产业模块化与不连续创新之间的因果关系，最后讨论结果及政策含义。

5.2　研究方法与数据来源

对不连续创新、模块化的现有研究主要是定性分析，缺乏定量研究，其难点主要体现在两个方面：一是缺少可操作的变量定义；二是数据收集困难。为解决此问题，本章采用汽车产业的专利数据进行定量研究。选择汽车制造业的专利数据作为研究样本，主要原因如下：①在现代机械制造业中作为最终产品的汽车制造业，相对于机床、造船、机车等机器装备制造业，具有为居民生活消费直接驱动的稳定增长、大规模、定制化特征，并带来产品及其技术、创新、制造的模块化，因而汽车制造业在机械制造业中具有典型性，对研究模块化与不连续创新关系也具有典范意义。②汽车产业的专利数据包含了专利权人、模块化系统的大量组织和技术信息，而且具有数据连续性和完整性。③对于模块化和不连续创新均采用同一系统的数据，可避免不同数据采集方法造成的数据偏差。因此，采用汽车制造业专利数据既可以测度产业模块化与不连续创新，又可以定量分析二者之间的因果关系，从而弥补现有研究的不足。

5.2.1　研究方法

本章主要采用统计分析法。具有协整关系的变量之间存在某一方向的因果关系，但是该因果关系不能依据协整检验表示出来。2003 年诺贝尔经济学奖获得者 Granger[23]首先试图对因果关系的方向性进行检验，其基本思想是，以 Y 为被解释变量，Y 自身滞后变量为解释变量进行回归分析时，把 X 的滞后变量包括进来，如果能显著改进对 Y 的回归结果，即 X 滞后变量之前的参数总体不为零，则认为 X 是 Y 的格兰杰原因。本章旨在探究产业模块化与不连续创新之间的因果关系，因此，选择格兰杰因果检验方法对二者进行检验是适用且恰当的。

为进一步测度产业模块化与不连续创新作用机制的动态性，引入脉冲响应方法。脉冲响应函数通常关注当一个随机扰动项发生变化或是模型受到某种冲击时对系统产生的动态影响[24]，即检验在误差项上加一个标准大小的冲击对内生变量当前值和未来值所带来的影响，它把内生变量的决定因素分离为由特殊变量标识的修正项，然后追踪修正项的一个标准扰动对内生变量的影响。因此，采用脉冲响应函数分析有助于了解产业模块化与不连续创新影响关系全面复杂的动态过程，从而深入探讨一个变量对另一个变量的全部影响情况。

5.2.2　数据来源

为了厘清产业模块化与不连续创新之间的复杂关系，研究样本应至少满足两个条件：一是选择具有代表性的产业，产业技术更新迅速、产业模块化特征显著；二是产业模块化与不连续创新的发展经历了一定的演进周期，并能获得完整可靠的时间序列数据。汽车制造业发展迅速、国际化程度高，确保能够获得准确可靠的数据信息；另外，20 世纪 70 年代以来，汽车产业技术专利大量涌现，形成了完备的数据库。

事实上，随着越来越多的整车制造企业与零部件供应企业逐渐将其非核心业务外包出去，专注于核心模块技术的研发，汽车产业模块化的趋势变得越来越明显[25]。奇瑞、吉利、上汽、东风、一汽等整车企业通过不断加大研发投入，提升核心模块技术和自身整车设计水平，取得跨越式发展，表 5.1 给出了中国内资整车制造企业模块技术发展现状[26]。

表5.1　中国内资整车制造企业模块技术发展现状

内资企业	代表车型	整车模块的设计集成技术	核心模块技术
奇瑞汽车	QQ A3 风云	1. 风云与QQ采用模仿改进策略完成 2. 意大利宾尼法利纳公司和英国莲花公司联合开发A3	1. 自主研发CEMS 1.0发动机系统、6档自动变速箱和CVT无极变速箱 2. 与奥地利AVL发动机公司合作研发ACYTECO系列发动机
吉利汽车	金刚 远景 自由舰	1. 同韩国大宇、中国台湾福臻和北京华冠合作研发 2. 同国内科研院所合作研发	1. 自主开发自动变速箱、1.8LCVVT高性能发动机 2. 全资收购了澳大利亚DSI公司，引进6档大扭矩自动变速箱产品
上汽集团	荣威750 550	1. 购买罗孚75、45两个整车设计平台的相关知识产权 2. 建立上汽欧洲研发中心，利用罗孚专家改进75、45平台的整车设计	1. 购买英国罗孚全系列发动机的知识产权，由原有研发人员进行改进 2. 将DCT双离合自动变速箱的核心模块组装为自动变速箱总成
东风集团	风神 S30	1. 继续开发旗下原有车型爱丽舍 2. 东风技术中心与IDG公司合作开发整车造型	1. 继续采用配置在爱丽舍上的发动机和变速箱 2. 自主研发1.6L发动机和手动变速箱
一汽集团	奔腾	1. 继续开发旗下合资公司原有车型马自达6 2. 直接购买IDG公司乔治亚罗的整车造型设计	1. 继续采用配置在马自达6上的发动机和变速箱 2. 自主研发出1.3T、1.8T涡轮增压汽油发动机

因此，本章选取汽车制造业为研究样本。根据 Genba 等[10]的研究，我们利用汽车电控单元（electric computer units，ECU）把汽车系统分为发动机控制系统、底盘控制系统、安全控制系统和通信控制系统四个模块子系统，并使用与之相同的检索策略。在德温特数据库中分别对上述每个子系统进行检索，汽车专利申请年份分布在 1972~2011 年，共检索得到汽车专利数量为 13 612 件。

5.3　产业模块化与产业不连续创新的定量测度

5.3.1　汽车产业模块化的测度

　　纵观国内外有关模块化的研究，理论化问题研究较多，实证研究较少，目前，尚缺少广泛可接受的定量测度模块化的指标。本章把汽车产业中所有汽车厂商分为汽车整车制造商和汽车零部件供应商，汽车零部件供应商设计生产汽车系统的各模块，并向汽车整车制造商提供模块或子系统供其组装。以汽车电控单元为基础，可把汽车系统分为四个子系统，这四个子系统分别由不同模块组成[10]，如表 5.2 所示。

表5.2　使用电控模块的汽车控制系统分类[10]

系统	使用电子控制的模块
发动机控制系统	燃油喷射、喷雾器、消音器
底盘控制系统	自动变速器、悬架、防抱死制动系统、牵引控制、四轮驱动、动力转向器
安全控制系统	安全气囊、后部声响、自动雨刷、自动空气调节器、巡航控制、无钥匙进入系统
通信控制系统	汽车导航系统、显示表、光学通信系统

　　为简化计算，定义模块为汽车零部件供应商独立设计生产的并具有完整性能的标准化零部件所组成的使用汽车电控单元的上述四种汽车控制系统，并用模块化指数（MI）来定量测度汽车产业模块化程度。汽车产业模块化指数（MI_i）为第 i 年汽车零部件供应商申请的第 j 种控制系统专利总数与全部厂商申请的汽车控制系统专利总数 P_{ij} 比值的算术平均值。由于汽车零部件供应商数量难以统计，本章采用间接方法来估算模块化指数。具体计算步骤如下：首先，确认所有汽车厂商第 i 年申请的第 j 种控制系统专利总数（P_{ij}）和汽车整车制造商第 i 年申请的第 j 种控制系统专利总数（P_{aij}）；其次，用所有汽车厂商第 i 年申请的第 j 种控制系统专利总数（P_{ij}）减去汽车整车制造商第 i 年申请的第 j 种控制系统专利总数（P_{aij}）；然后，将这个数据除以所有汽车厂商第 i 年申请的第 j 种控制系统专利总数（P_{ij}），得到第 j 种控制系统第 i 年的模块化指数；最后，将四种控制系统的模块化指数进行算术平均，得到汽车产业的模块化指数 MI_i。假设 1998 年所有汽车厂商申请了 100 项发动机控制系统专利，其中汽车整车制造商申请了 30 项，那么该年的汽车发动机控制系统模块化指数就是 0.7，较高的模块化指数表明，创新较多发生在汽车零部件供应企业中。汽车产业模块化指数（MI_i）计算公式如式（5.1）所示：

$$\mathrm{MI}_i = \frac{1}{4} \sum_{j=1}^{4} \frac{P_{ij} - P_{aij}}{P_{ij}} \qquad (5.1)$$

本章检索的汽车整车制造商包括 Hyundai Motor、Toyota Jidosha、KIA Motors、Nissan Motor、Daewoo Motor、Peugeot Citroen Automobiles、Daimlerchrysler、Bayerische Motoren Werke、Honda Motor、Mitsubishi Motor、Toyota Motor、Automobiles Citroen、Daimler-Benz、Mazda Motor、General Motors、Volkswagen、Ford Motor、Automobiles Peugeot、Chery Automobile、Renault、Auto Citroen& Auto Peugeot、Audi、Automobiles Peugeot、BYD、Yamaha Motor、Chrysler、Daimler、Isuzu Motors、Mercedes-Benz、Daihatsu Motor、Porsche、Qirui Automobile①。

这种用专利申请量来测度汽车产业模块化的方法，尽管可能有偏差，但是由于模块化厂商和整车制造商在专利申请数量方面的比值大小可近似衡量汽车产业模块化程度的高低且数据资料完整性和可获取性较好，因而本章研究采用该方法来间接测度汽车产业的模块化。

5.3.2　汽车产业不连续创新的测度

在知识经济时代，创新能力是影响企业甚至国家竞争优势的最重要因素之一，专利不仅是目前定量衡量创新产出应用最广泛的一个指标，同时还是鼓励个人和企业进行创新的主要手段。专利文献是反映创新成果的重要文件，世界知识产权组织统计发现，专利文献包含了全球 90%~95% 的创新成果，其中 70% 的发明创造成果仅以专利的形式体现出来。个人或企业在进行创新之前，通过检索专利文献，引用前人的创新成果，在已有的技术基础上进一步创新，站在"巨人"的肩膀上，不仅提高了创新速度，还减少了大量的人力、财力和物力的投入。

专利文献提供了许多有关创新的信息，包括创新拥有者、创新的时间、创新发生地、创新的技术类别、引用和被引频次等。创新的重要性可以通过专利被引次数来衡量，被引次数越高，表明该专利包含较丰富的知识，拥有更多的潜在经济价值，往往被看做某一技术领域的重要的技术创新，并且被引次数越高，创新越重要。研究表明，大部分的被引专利价值很低，只有少数被引专利很有价值，且被引次数越高的专利的影响可能越大，专利引文的价值分布呈现急剧下降的趋势，但并没有一个确切的阈值来界定不连续创新[27]。

不连续创新是新技术轨道形成的基础，它关注主导设计和产品平台，在产品

---

① 上述各制造商分别为：现代、丰田自动车、起亚、日产、大宇、标志雪铁龙、戴米勒—克莱斯勒、宝马、本田、三菱、丰田汽车、雪铁龙、戴米勒—奔驰、马自达、通用、大众、福特、标致汽车、吉利、雪诺、雪铁龙—标致、奥迪、比亚迪、亚马哈、克莱斯勒、戴米勒、五十铃、梅塞德斯—奔驰、大发、保时捷、奇瑞。

平台上，企业可以生产系列产品[28]。Phene 等[29]在其关于美国生物产业突破性创新的研究中，采用高被引专利定量测度突破性创新，计算了生物产业前 1%、2%、5% 和 10%的高被引专利的平均被引频次，分别是 59、50、36 和 27，发现前 2%与 5% 的高被引专利的平均被引频次之间有明显的下降，因此选取了前 2%的专利定义为突破性创新。本节研究以汽车产业为例，借鉴上述方法，通过对比前 1%、2%、5% 和 10%的高被引专利的平均被引频次来确定不连续创新的范围。定义不连续创新指数（FD）来测度汽车产业不连续创新产出，先统计第 i 年的高被引专利授权数量（P_{ih}），然后用该数量除以当年的所有汽车专利授权数量（P_i），公式如下所示：

$$FD_i = \frac{P_{ih}}{P_i} \tag{5.2}$$

如果搜索到的汽车控制系统的授权专利总数为 10 000 件，选取前 1%的高被引专利来衡量不连续创新，即共 100 件专利为不连续创新的成果，若是第 100 件高被引专利的被引频次与第 101 件的相同，则取舍的原则是，先看它们在各自所在年份是否属于 1%的高被引专利，若只有一个，则舍弃另外一个；若两个都是或都不是，则选取年份较近的那一个。

5.3.3　数据分析

数据来源于德温特专利数据库。德温特专利数据库由化学家 M. Hyams 于 1948 年在英国创建，收录了全球的 1 400 多万项基础发明专利，2 000 多万项专利，数据可追溯到 1963 年，涵盖的文献可回溯至 1966 年；为用户提供了全球范围内化学、工程及电气和电子三个类别全面的发明信息且每周更新，并且德温特的专利专家每周审查来自 40 多个专利机构的 25 000 多个专利。根据前述汽车四大控制系统，在德温特专利数据库中分别对每个子系统进行检索，以汽车制造商的名称作为专利权人的关键词，检索的主题词如表 5.3[10]所示。

表5.3　汽车系统检索主题词[10]

汽车系统	主题词
发动机控制系统	TS=（Automobile and （（Fuel and Jet）or（Injection）or Muffler or Vaporizer））
底盘控制系统	TS=（Automobile and（At or（Abs）or（Power and Stearing）or（Traction and Control）or（Anti- and Lock and Control and System）or（Active and Suspension）or（Semi-Active and Suspension）or（Automation or Automatic）and（Transmission or Stearing or Suspension or Control））
安全控制系统	TS=（Automobile and（（Air and Bag）or（Back and Sonar）or（Auto and Wiper）or（Auto and Air-Conditioner）or（Cruise and Control）or（Keyless and Entry））
通信控制系统	TS=（Automobile and（Car Navigation or（Display and Meter）or Meter or（Optical Communication or Communication））

数据获取截至 2011 年 3 月 17 日，获取汽车专利数为 13 612 件，按专利申请年份进行统计，汽车专利分布在 1972~2011 年。汽车四大控制系统专利总量存在一定差异：发动机控制系统的专利有 4 133 件，分布在 1972~2011 年；底盘控制系统的专利有 4 191 件，分布在 1973~2010 年；安全控制系统的专利有 1 250 件，分布在 1974~2010 年；通信控制系统专利有 4 722 件，分布在 1972~2010 年。汽车四大控制系统制造商专利总量及分布同样存在较大差异：发动机控制系统制造商专利有 625 件，分布在 1974~2010 年；底盘控制系统制造商专利有 1 061 件，分布在 1974~2010 年；安全控制系统制造商专利有 185 件，分布在 1974~2009 年；通信控制系统制造商专利有 332 件，分布在 1975~2010 年。由于汽车厂商每年申请的专利数波动较大，因此在进行分析时，使用 5 年数据的平均数。

图 5.1 描述了汽车子系统的模块化指数变化情况，数据为 5 年的平均值，由于可获得的数据截至 2010 年，所以图 5.1 的时间设置到 2008 年。从图 5.1 中可以明显地看出，20 世纪 90 年代末期和 21 世纪初期，汽车四大子系统的模块化指数均处于低谷，整体上呈现典型的"U"形分布。究其原因，可能是这一时期汽车整车制造商的强强联合使其创新能力显著提升，使汽车产业的一体化超过模块化趋势。

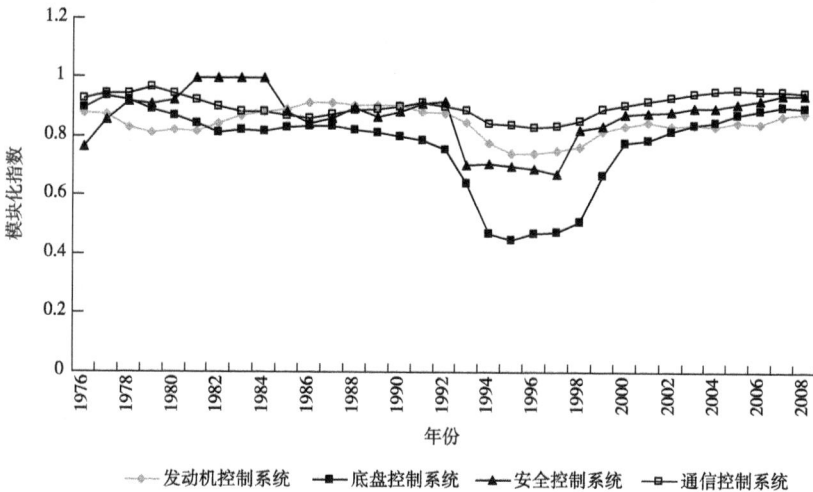

图 5.1　汽车子系统模块化指数的变化

事实上，随着全球经济一体化的不断加深，汽车产业全球化加速发展，导致汽车产业竞争日益激烈，加上研发、销售等各种成本的增加，使整个产业的平均利润明显下降。20 世纪 90 年代以来，整个汽车产业开始出现严重的产能过剩，并呈现出不断加剧的态势。1998 年全球轿车和旅行车的产能过剩达 1 080 万辆，1999 年甚至超过 1 300 万辆[30]。进入 21 世纪以后，世界汽车销售市场呈现萎缩趋势，2002 年全球汽车销售量与 2000 年相比，降低了 11 百分点[31]。

20 世纪 90 年代和 21 世纪初，汽车产业在全球范围内通过企业间的兼并、控股等方式，初步形成了六大跨国集团。通过广泛使用互联网技术，加快了信息传递的速度，大大降低了规模扩张引发的管理成本。同时，通过利用互联网进行采购和销售，极大地降低了市场交易成本，规模经济效应更加明显。强强联合后的汽车整车制造企业集团，利用全球研发人才，整合集团研发资源，集团内的技术优势互补得以实现，缩短了创新时间，降低了研发成本，提高了创新能力[30]。它们不仅在一般技术上进行联合技术研究与开发，而且也涉及关键技术合作研发。例如，日本三菱汽车公司与戴姆勒—克莱斯勒公司于 2000 年 3 月宣布合作，共同研发小型轿车和环保车，三菱主要负责在结合直喷发动机技术与柴油机技术和燃料电池技术的基础上生产新型发动机，戴姆勒—克莱斯勒公司则负责品质和安全技术保证。

从图 5.1 中还可以发现，发动机控制系统和底盘控制系统的模块化指数比安全控制系统和通信控制系统的模块化指数低，这是因为汽车整车制造商倾向于花费更多的资金研发与发动机和底盘有关的技术，汽车零部件供应商更倾向于对通信系统和安全系统展开研发。虽然侧重点有所不同，但它们都有一个共同的理念，即业务归核，就是企业将一些次要的、不擅长的业务或职能剥离，并外包出去，专注于企业擅长的、核心的领域，提升企业竞争优势。

在 13 612 件专利样本中，前 1%高被引专利的平均被引频次为 74 次，前 2%高被引专利的平均被引频次为 61 次，前 5%高被引专利的平均被引频次为 41 次，前 10%高被引专利的平均被引频次为 29 次。从中我们可以发现，前 1%与前 2%高被引专利平均被引频次相差 13 次，前 2%与前 5%之间相差 20 次，前 5%与前 10%之间相差 12 次，从前 2%高被引专利的平均被引频次到前 5%高被引专利的平均被引频次有明显的下降，所以本节研究选取前 2%高被引专利来衡量不连续创新，时间跨度为 1981~2000 年，得到专利数为 272 件。其中，汽车零部件供应商的授权专利数量达到了 210 件，占高被引专利总量近 80%。由此可见，汽车零部件供应商的创新能力对整个汽车产业的不连续创新较为重要。

5.4　产业模块化对产业不连续创新的影响实证分析

5.4.1　单位根检验

所用数据为时间序列数据，需要检验其平稳性，这是因为当两个变量均为非平稳时间序列时，它们之间所进行的回归将可能导致伪回归现象。为避免伪回归，本节先对时间序列的平稳性加以检验。使用单位根检验检查时间序列的平稳性，在实际应用中比较常用的是 DF（dickey and fuller）检验、ADF（augmented dickey and fuller）检验、PP（phillips and perron）检验，本节研究采用 ADF 检验，检验模型包括无常数项和线性时间趋势项、有常数项和无线性时间趋势项与有常数项和线性时间趋势项三种形式，模型如下[24]：

$$\Delta y_t = \varphi y_{t-1} + \sum_{i=1}^{p} \eta_i \Delta y_{t-i} + \varepsilon_t \tag{5.3}$$

$$\Delta y_t = \alpha + \varphi y_{t-1} + \sum_{i=1}^{p} \eta_i \Delta y_{t-i} + \varepsilon_t \tag{5.4}$$

$$\Delta y_t = \alpha + \beta t + \varphi y_{t-1} + \sum_{i=1}^{p} \eta_i \Delta y_{t-i} + \varepsilon_t \tag{5.5}$$

式中，y_t 为一时间序列变量；Δy_t 为 y_t 的一阶差分；α 为常数项；β 为时间趋势项系数；η_i 为 y_t 不同滞后期的差分系数；ε_t 为随机扰动项。采用 AIC 和 SC 准则来确定时间序列 y_t 的滞后期 p。

判断时间序列 y_t 是否存在单位根，采用 Mackinnon 临界值，如果 ADF 统计量值大于 Mackinnon 临界值，接受原假设 $H_0 : \varphi = 0$，则表明序列 y_t 存在单位根，为非平稳序列；如果 ADF 统计量的值小于 Mackinnon 临界值，拒绝受原假设 H_0，接受备选假设 $H_1 : \varphi < 0$，则表明序列 y_t 不存在单位根，为平稳序列[24]。如果序列 y_t 经过 ADF 检验为非平稳序列，则对其一阶差分进行检验，如果一阶差分序列变成平稳的序列，则称该序列为一阶单整序列，记作 $I(1)$。一般地，若时间序列 y_t 经过 d 次差分具有平稳性，则称 y_t 为 d 阶单整序列，记为 $I(d)$。

使用 Eviews 软件对模块化指数和不连续创新指数进行平稳性检验，检验结果如表 5.4 所示。

表5.4　ADF检验结果

变量	检验类型（C, T, K）	ADF检验值	1%临界值	5%临界值	10%临界值	结论
MI	（C, 0, 1）	−1.950	−4.011	−3.100	−2.692	不平稳
FD	（C, 0, 1）	−0.799	−4.011	−3.100	−2.692	不平稳
ΔMI	（0, 0, 0）	−1.475	−2.757	−1.967	−1.628	不平稳
ΔFD	（0, 0, 0）	−2.080	−2.757	−1.967	−1.628	平稳
Δ^2MI	（0, 0, 1）	−2.954	−2.798	−1.972	−1.630	平稳
Δ^2FD	（C, T, 1）	−5.687	−4.989	−3.873	−3.382	平稳

注：Δ 表示一阶差分，Δ^2 表示二阶差分；（C, T, K）分别表示检验方程包括常数项、时间趋势项和滞后阶数；"0" 表示无常数项、时间趋势项或滞后阶数；按照 AIC 和 SC 准则确定滞后阶数

检验 MI 序列指标的平稳性，结果显示在 1%、5%、10% 三个显著水平下，单位根检验的 Mackinnon 临界值分别为 –4.011、–3.100、–2.692，ADF 统计量值 –1.950 大于相应的临界值，表明 MI 存在单位根，为非平稳序列。对其一阶差分序列做单位根检验的结果显示，在 1%、5%、10% 三个显著水平下，ADF 统计量值 –1.475 大于相应的 Mackinnon 临界值，表明其一阶差分序列为非平稳序列。对二阶差分序列做单位根检验的结果显示，在 1%、5%、10% 三个显著水平下，单位根检验的 Mackinnon 临界值分别为 –2.798、–1.972、–1.630，ADF 统计量值 –2.954 小于相应的 Mackinnon 临界值，即 MI 序列是二阶单整序列，同样也可检验得到 FD 序列是二阶单整序列。两者属二阶单整序列，满足协整性分析的条件。

5.4.2　协整检验

在实证研究中，大多数的时间序列变量都是非平稳的或带有非平稳趋势，为了克服时间序列的非平稳性带来的伪回归，通常做法是对随机游走变量进行差分使其变为平稳序列。但这样做的后果是忽略了原始数据中所包含的有用信息，而这些信息对分析问题是必不可少的[24]。为了解决上述问题，需要进行协整检验，检察它们是否存在协整关系，即非平稳性时间序列变量之间是否存在长期的稳定关系。

如果时间序列 y_{1t}，y_{2t}，$\cdots$，y_{nt} 都是 d 阶单整的，存在一个非零向量 $\boldsymbol{\alpha} = (\alpha_1, \alpha_2, \cdots, \alpha_k)$，使 $\boldsymbol{\alpha} \boldsymbol{Y}_t'$ $(\boldsymbol{Y}_t'$ 为 $\boldsymbol{Y}_t$ 转置$) \sim \boldsymbol{I}(d-b)$，即 $\boldsymbol{\alpha} \boldsymbol{Y}_t'$ 是 $(d-b)$ 阶单整的，其中 $\boldsymbol{Y}_t = (y_{1t}, y_{2t}, \cdots, y_{nt})$，$0 \leqslant b \leqslant d$。则称时间序列 y_{1t}，y_{2t}，$\cdots$，y_{nt} 是 (d, b) 阶协整，记为 $\boldsymbol{Y}_t \sim \boldsymbol{CI}(d, b)$，$\boldsymbol{\alpha} = (\alpha_1, \alpha_2, \cdots, \alpha_k)$ 为协整向量。具有协整关系的非平稳序列反映了变量之间的某种平稳的线性组合[32]。

协整关系的确认一般采用 EG 两步法和 Johansen 协整检验。前者是基于回归残差的协整检验，适用于单一方程的协整检验；而后者是基于回归系数的协整检验，适用于多变量的协整检验。因此，本节采用 EG 两步法对变量加以检验，检验的主要步骤如下[24]：

第一步，如果序列 x_t 和 y_t 都是 d 阶单整的，建立回归方程：

$$y_t = \boldsymbol{\alpha} + \boldsymbol{\beta} x_t + u_t \tag{5.6}$$

则模型的残差估计：

$$\hat{u}_t = y_t - \hat{\boldsymbol{\alpha}} - \hat{\boldsymbol{\beta}} x_t \tag{5.7}$$

第二步，检验 $\hat{u}_t$ 的平稳性。如果 $\hat{u}_t \sim \boldsymbol{I}(0)$，那么 x_t 和 y_t 存在协整关系，反之，如果 $\hat{u}_t$ 为非平稳序列，则 x_t 和 y_t 两序列变量之间不存在协整关系。

通过平稳性检验，MI 与 FD 均是二阶单整序列，满足构建协整方程的前提条件。使用最小二乘法建立 MI 与 FD 的协整回归方程：

$$\begin{cases} \text{FD} = -0.062\,8 + 0.142\text{MI} + \boldsymbol{u}_t \\ t = \quad (-4.961) \quad\quad (8.974) \\ \text{AR}^2 = 0.841 \\ \text{DW} = 0.711 \end{cases} \quad\quad (5.8)$$

由上述回归结果可知，修正后的判定系数 AR^2 的值为 0.841，说明模块化与汽车产业的不连续创新之间线性相关性较高，因此可认为估计的回归直线较好地拟合了样本数据。α 和 β 估计值的 T 统计量的 p 值越小，表明自变量对因变量的影响越显著，回归结果显示 F 统计量的 p 值为零，说明 MI 与 FD 的线性关系显著，可以作为解释变量保留在模型中。

对上述回归方程的残差进行 ADF 检验，如表 5.5 所示，在 1%、5%、10%三个显著水平下，单位根检验的 Mackinnon 临界值分别为 -2.757、-1.967、-1.628，ADF 统计量值为 -3.494 小于 1%水平的临界值，表明残差序列不存在单位根，是平稳序列，证明 MI 与 FD 之间存在协整关系，即模块化与汽车产业的不连续创新之间存在长期稳定的均衡关系。

表5.5　残差ADF检验

变量	检验类型（C, T, K）	ADF检验值	1%临界值	5%临界值	10%临界值	结论
$\boldsymbol{u}_t$	（0, 0, 1）	-3.494	-2.757	-1.967	-1.628	平稳

协整回归方程的 DW 值为 0.711，可以看出，回归方程的扰动项序列存在自相关，本节研究采用 AR（2）模型修正协整方程的残差序列的自相关性。

$$\begin{cases} \text{FD} = -0.076\,7 + 0.159\text{MI} + 1.030\text{AR}(1) - 0.731\text{AR}(2) \\ t = \quad (0.013\,5) \quad\quad (0.016\,9) \quad (0.225) \quad\quad (0.213) \\ \text{DW} = 2.229 \end{cases} \quad (5.9)$$

根据上述回归结果，可以得出这样的结论：模块化对汽车产业的不连续创新有积极的促进作用，模块化指数每增加 1 百分点，汽车产业不连续创新指数增加 0.16 百分点。

5.4.3　误差修正模型

协整检验考察了两个变量之间长期稳定的动态均衡关系，而实际上变量之间很少处在均衡点上，它们之间通常是短期均衡或非均衡的关系。因此，在协整检验基础上，进一步建立包括误差修正项在内的误差修正模型，以此来研究模型的短期动态和长期调整特征。

考虑二阶自回归分布滞后模型，即两个变量且滞后两阶，记作 ADL（2，2）：

$$y_t = \alpha + \beta_0 x_t + \beta_1 x_{t-1} + \beta_2 x_{t-2} + \gamma_1 y_{t-1} + \gamma_2 y_{t-2} + u_t \tag{5.10}$$

移项后，整理得

$$\Delta y_t = \alpha + \beta_0 \Delta x_t - \beta_2 \Delta x_{t-1} - \gamma_2 \Delta y_{t-1} + (\gamma_1 + \gamma_2 - 1)\left(y - \frac{\beta_0 + \beta_1 + \beta_2}{1 - \gamma_1 - \gamma_2} x\right)_{t-1} + u_t \tag{5.11}$$

式中，x_{t-1}，x_{t-2} 分别为解释变量 x_t 的一阶滞后和二阶滞后；y_{t-1}，y_{t-2} 分别为被解释变量 y_t 的一阶滞后和二阶滞后；Δx_t 和 Δy_t 分别为 x_t 和 y_t 的一阶差分；Δx_{t-1} 和 Δy_{t-1} 分别为 x_t 和 y_t 的一阶差分滞后项；$y - \frac{\beta_0 + \beta_1 + \beta_2}{1 - \gamma_1 - \gamma_2} x$ 为误差修正项，记作 ecm。

式（5.11）说明了被解释变量 y_t 的短期波动 Δy_t 是如何被影响的，其不仅受到自变量短期波动 Δx_t，Δx_{t-1}，Δy_{t-1} 的影响，还取决于误差修正项 ecm。如果变量 y_t 和 x_t 有长期的均衡关系，那么则有 $\bar{y} = \bar{\theta} x$，式（5.11）中的误差修正项 ecm，可以写成：

$$\bar{y} = \frac{\beta_0 + \beta_1 + \beta_2}{1 - \gamma_1 - \gamma_2} \bar{x} \tag{5.12}$$

不难发现，误差修正项 ecm 反映了短期波动偏离长期均衡的程度，叫做均衡误差，简化模型为

$$\Delta y_t = \alpha + \beta_0 \Delta x_t - \beta_2 \Delta x_{t-1} - \gamma_2 \Delta y_{t-1} + \lambda ecm_{t-1} + u_t \tag{5.13}$$

式（5.13）中，$\lambda = \gamma_1 + \gamma_2 - 1$。

通过式（5.13）可以发现：$\lambda = \gamma_1 + \gamma_2 - 1 < 0$ 时，若 $y_{t-1} > \frac{\beta_0 + \beta_1 + \beta_2}{1 - \gamma_1 - \gamma_2} x_{t-1}$，$ecm_{t-1} > 0$，$\lambda ecm_{t-1} < 0$，$\Delta y_t$ 减小；$\lambda = \gamma_1 + \gamma_2 - 1 > 0$ 时，若 $y_{t-1} < \frac{\beta_0 + \beta_1 + \beta_2}{1 - \gamma_1 - \gamma_2} x_{t-1}$，$ecm_{t-1} < 0$，$\lambda ecm_{t-1} < 0$，$\Delta y_t$ 减小。这体现了均衡误差 ecm 对被解释变量 y_t 的控制。

根据协整检验，FD 和 MI 之间存在长期稳定的均衡关系，建立关于两者的误差修正模型，如下所示：

$$\begin{cases} \Delta FD = 0.131\Delta MI + 0.688\Delta FD(-1) - 0.0918\Delta MI(-1) - 0.613ecm(-1) \\ t = \qquad (3.224) \qquad (2.619) \qquad (-2.072) \qquad (-2.584) \\ AR^2 = 0.911 \\ DW = 1.975 \end{cases} \tag{5.14}$$

由式（5.14）可以看出，回归方程的各变量的系数通过了显著性检验，显著不为零。误差修正系数为-0.613，通过了 5%的显著性水平检验，符合反向修正

机制。误差修正模型中汽车产业的不连续创新的波动可分成两部分：一是差分反映的短期波动的影响；二是偏离长期均衡的影响。误差修正模型表明，模块化和汽车产业不连续创新之间存在着紧密的联系。短期内，模块化的变动将引起汽车产业不连续创新的同方向变动，如果当期模块化指数增加 1 百分点，将会引起当期的汽车产业不连续创新指数增加 0.131 百分点；前一期的汽车产业不连续创新指数增加 1 百分点，导致当期的汽车产业不连续创新指数增加 0.688 百分点；而前一期模块化指数的增加，使当期的汽车产业不连续创新指数有所减少，但不明显。误差修正项的系数通常被称为调整系数，反映了对短期波动偏离长期均衡的调整速度。误差修正系数估计值为-0.613，汽车产业不连续创新短期波动偏离均衡时，误差修正项以 61%的比例对其做出修正，使其从非均衡状态收敛到均衡状态。

5.4.4 脉冲响应函数

为进一步测度产业模块化对不连续创新影响机制的动态性，引入脉冲响应方法。脉冲响应函数（impulse response function，IRF）用于描述来自随机扰动项的一个标准差大小的冲击对系统内各个变量当前取值和未来取值的影响。脉冲响应函数通常不分析一个变量的变化如何对另一个变量产生影响，而是关注当一个随机扰动项发生变化或是模型受到某种冲击时，对系统产生的动态影响[32]。考虑下面的两变量向量自回归模型（vector autoregression，VAR）：

$$y_t = \alpha y_{t-1} + \beta x_{t-1} + u_{1t} \tag{5.15}$$
$$x_t = \varphi x_{t-1} + \delta y_{t-1} + u_{2t} \tag{5.16}$$

式中，α、β、φ、γ 为参数；x_{t-1} 和 y_{t-1} 为滞后变量；u_{1t} 和 u_{2t} 为随机扰动项，又称新息（innovation）。由式（5.15）和式（5.16）构成的 VAR（1）模型中，如果 u_{1t} 改变，不仅当前的 y 取值立即发生变化，而且还会通过当前的 y 值影响到变量 y 和 x 未来的取值。脉冲响应函数企图描述这些影响变动的轨迹，显示模型中任意一个变量的随机扰动如何影响其他所有变量，并最终又反馈到自身的过程[24]。

图 5.2 给出了汽车产业不连续创新对一个标准差新息冲击的脉冲响应图，横轴代表函数的追溯期数，这里设置为10；纵轴表示不连续创新对各个变量的响应大小。

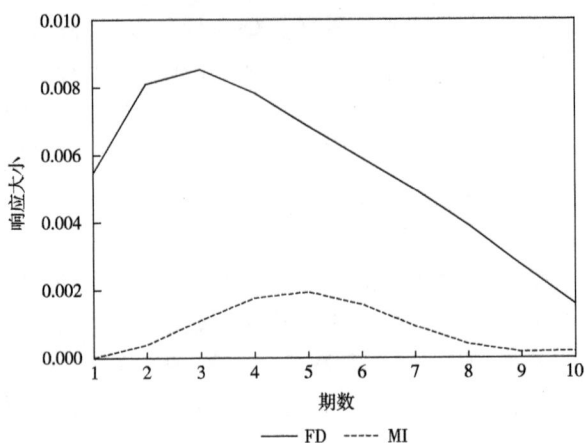

图 5.2　FD 对一个标准差新息的脉冲响应图

从图 5.2 和表 5.6 中可以看出，汽车产业不连续创新受到其自身标准差新息的冲击后，立刻做出反应，第 1 期不连续创新指数增加 0.005 52，第 2 期增加 0.008 09，并在第 3 期达到最大为 0.008 52，此后持续下降。这说明汽车产业不连续创新受自身标准差新息冲击，会马上做出响应，第 3 期达到最大后响应程度逐渐衰退，短期内自身有一个自我强化的趋势。汽车产业不连续创新受到模块化的标准差新息的冲击后，当期没有响应，但之后持续上升，在第 5 期到达最高点 0.001 93，第 9 期渐渐趋于稳定，并且呈现出逐渐收敛的态势。表明模块化程度的提高会引起汽车产业不连续创新指数的迅速上升，模块化程度的波动也会对汽车产业不连续创新产生强烈影响。

表5.6　FD的脉冲响应表

期数	FD	MI
1	0.005 52	0.000 00
2	0.008 09	0.000 37
3	0.008 52	0.001 10
4	0.007 83	0.001 76
5	0.006 84	0.001 93
6	0.005 89	0.001 55
7	0.004 95	0.000 913
8	0.003 91	0.000 374
9	0.002 72	0.000 141
10	0.001 56	0.000 166

　　汽车产业的模块化设计大规模应用始于 20 世纪 80 年代中期，而本节研究中所设定的不连续创新率是由专利的高被引频数确定的，考虑到专利引用的时滞及模块化的广泛应用，图 5.2 中不连续创新率先于模块化指数达到最大值。

5.5　本章小结

　　20 世纪 90 年代末期和 21 世纪初期，整个汽车产业的模块化程度处于低潮期，本章研究认为这与汽车产业寡头格局的形成有密切的关系。在这一时期，汽车整车制造商通过兼并和控股等方式形成了六大汽车集团，强强联合后的汽车整车制造商，集团内的技术优势互补得以实现，提高了创新能力，导致以专利申请数量比例衡量的模块化指数有所下降。但当寡头格局稳定后，各寡头通过垄断优势即可获得较高利润，因此缺乏创新的动力，此时，零部件供应商为了争取获得各寡头的订单，纷纷进行模块的改进，提高了其创新能力。

　　在所有的高被引专利中，将近 80% 的专利由零部件供应商所拥有，不难看出，在整个汽车产业中，不连续创新的主力军是零部件供应商，其中，大型的零部件供应商占据了大部分。因此，通过政策和资金的倾斜，培养一部分具有较强国际竞争力的大型零部件企业，对于中国汽车产业的发展具有重要意义。

　　通过协整检验和误差修正模型发现，不论是长期还是短期，模块化与汽车产业不连续创新之间都存在正向相关关系，但模块化对汽车产业不连续创新的长期影响更为显著。因此，中国汽车产业要想在全球汽车市场中占据一席之地，必须采用模块化的战略来促进汽车产业的创新，提高竞争力。中国汽车产业在实施模块化战略时应充分考虑自身特点与优势，对整车制造商来说，无论采用并购还是自主研发的方式，企业必须拥有自己的核心模块技术，因为只有这样，企业才能在全球汽车市场上获得一定的话语权，拥有发展的主动权，在此过程中，政府应当起到保驾护航的作用；对于零部件供应商来说，定位自己在供应体系中所处的层次至关重要，不论是一级供应商，还是二级或是更低层次的供应商，只有结合企业本身特点进行定位，才可能在竞争中获得优势。

　　1. 主要结论

　　本章先对模块化与不连续创新进行界定，然后运用德温特专利数据库中的专利信息对它们进行定量测度。根据 1981~2000 年的全球汽车产业专利数据，检验模块化与不连续创新之间的协整关系，在此基础上建立误差修正模型，之后利用脉冲响应函数分析受到外部因素冲击的模块化的变动对汽车产业不连续创新的影响，通过对模块化与汽车产业不连续创新进行的实证研究，得出以下结论：

（1）根据单位根检验结果，尽管模块化与汽车产业不连续创新指数都是非平稳性序列，但两者之间存在协整关系，即长期稳定的均衡关系。长期来看，模块化与汽车产业不连续创新之间在统计上具有高度的相关性，并且两者之间是正向相关的关系，即模块化程度的提升会促进汽车产业不连续创新的提高。从消除自相关的协整方程中可以看出，模块化指数每增加 1 百分点，汽车产业不连续创新指数增加 0.16 百分点。

（2）从误差修正模型中可以看出，误差修正系数估计值为 -0.613，表明误差修正项对汽车产业不连续创新短期波动偏离长期均衡时的调整力度为 61.3%，具有较强的调整作用。ΔMI 的系数为 0.131，说明模块化指数短期内每变动 1 百分点，汽车产业不连续创新指数将同方向变动 0.131 百分点，这一系数要小于消除自相关的协整回归方程中的系数 0.16，说明不论是长期还是短期，模块化与汽车产业不连续创新之间都存在正向相关关系，但模块化对汽车产业不连续创新的长期影响更为显著。整车制造商将非核心业务外包或是将自身零部件生产的工厂从整体上分离出去，由于整车厂的组织结构和管理模式的改变，适应新的生产组织和管理方式需要一定的时间，所以短期内模块化程度的提高并不能立刻引起不连续创新的增强；长期来看，模块化程度的提高，使零部件供应商之间的竞争更加激烈，为了获得竞争优势，它们不断进行创新，同时由于外包了许多非核心的职能，整车制造商将更多的费用用于对核心模块的研发设计，从而提高了整个汽车产业的不连续创新能力。

（3）通过脉冲响应函数的分析可以看出，汽车产业不连续创新受到模块化的一个标准差新息的冲击后，当期没有即刻做出响应，在第 5 期最大，之后响应程度越来越小，第 9 期才稳定，并且呈现出逐渐收敛的态势。模块化受到外部条件的冲击后，给汽车产业不连续创新带来同向的冲击，并且这一冲击具有持久的促进作用。

研究发现，汽车产业的模块化对不连续创新具有积极的促进作用，我们应当加强同世界知名整车制造商和零部件供应商的联系，采用模块化发展策略，增强我国整车企业和零部件企业的技术创新能力，促进我国汽车产业的升级。我国有为数众多的零部件企业分散在全国各地，但大部分企业规模较小，缺少自主知识产权的核心模块技术，因此通过政策和资金的倾斜，鼓励零部件企业兼并重组，淘汰弱小企业，建立一批大型零部件企业集团，对于提升零部件企业的创新能力和国际竞争力具有重要意义。我国政府应鼓励内资整车制造企业在模仿改进市场已有车型的基础上，加强自主研发，开发具有自主知识产权的核心模块技术及产品，摆脱对国外技术的依赖，提高企业的核心竞争力。新能源汽车作为未来汽车产业发展的趋势已毋庸置疑，面对这种形式，我国政府应采取正确措施，积极应对。通过加大政策倾斜及人力、物力和财力的投入，支持企业对新能源汽车的研发，掌握核心模块技术，对于我国汽车产业在新一轮的汽车产业技术竞争中占据一席之地至关重要。

2. 研究局限

由于数据可获得性等研究局限，本章虽然通过分析获得了一些结论，但对于模块化对不连续创新的影响的探索性研究尚有不足之处。首先，本章所研究的产业领域仅限于汽车制造业，得出的结论不一定具有普遍性，后续研究可以扩展到其他产业，通过对更多产业的分析，从而可以得到更具一般性的结论。其次，本章使用德温特专利数据库中的专利数据来定量测度模块化与不连续创新存在一定的局限性。受到客观条件的限制，考虑到数据的有效性，本章所选取的数据的时间跨度为1981~2000 年 20 年的数据，时间跨度偏小。未来的研究中，数据来源可以扩展到其他的专利数据库或一些经济数据，如考虑不采用专利来定量测度模块化与不连续创新。此外，如何能更有效、更全面地定量测度模块化与不连续创新？模块化是否对产业的不连续创新有普遍影响？这些都是后续研究值得探讨的问题。

参 考 文 献

[1] Tushman M L, Anderson P. Technological discontinuities and organizational environments. Administrative Science Quarterly, 1986, 31（3）: 439-465.

[2] Henderson R M, Clark K B. Architectural innovation: the reconfiguration of existing product technologies and the failure of established firms. Administrative Science Quarterly, 1990, 35（1）: 9-30.

[3] Christensen C M. The Innovator's Dilemma. Boston: Harvard Business School Press, 1997.

[4] Henderson R. The innovator's dilemma as a problem of organizational competence. Journal of Product Innovation Management, 2006, 23（1）: 5-11.

[5] Lambe C J, Spekman R E. Alliances, external technology acquisition, and discontinuous technological change. Journal of Product Innovation Management, 1997, 14（2）: 102-116.

[6] Macher J T. Technological development and the boundaries of the firm: a knowledge-based examination in semiconductor manufacturing. Management Science, 2006, 52（6）: 826-843.

[7] 王海龙. 不连续创新导向与科技创业企业成长. 北京：科学出版社，2011.

[8] Asan U, Polat S, Sanchez R. Scenario-driven modular design in managing market uncertainty. International Journal of Technology Management, 2008, 42（4）: 459-487.

[9] Buganza T, Verganti R. Life-cycle flexibility: how to measure and improve the innovative capability in turbulent environments. Journal of Product Innovation Management, 2006, 23(5): 393-407.

[10] Genba K, Ogawa H, Kodama F. Quantitative analysis of modularization in the automobile and PC industries. Technology Analysis & Strategic Management, 2005, 17(2): 231-245.

[11] Prencipe A. Breadth and depth of technological capabilities in CoPS: the case of the aircraft engine control system. Research Policy, 2000, 29(7~8): 895-911.

[12] Schilling M A, Steensma H K. The use of modular organizational forms: an industry-level analysis. Academy of Management Journal, 2001, 44(6): 1149-1168.

[13] Ulrich K. The role of product architecture in the manufacturing firm. Research Policy, 1995, 24(3): 419-440.

[14] Schilling M A. Toward a general modular systems theory and its application to interfirm product modularity. Academy of Management Review, 2000, 25(2): 312-334.

[15] Baldwin C Y, Clark K B. Design Rules: The Power of Modularity. Boston: MIT Press, 2000.

[16] Ethiraj S K, Levinthal D. Modularity and innovation in complex systems. Management Science, 2004, 50(2): 159-173.

[17] Chesbrough H, Prencipe A. Networks of innovation and modularity: a dynamic perspective. International Journal of Technology Management, 2008, 42(4): 414-425.

[18] 王凤彬，李东红，张婷婷，等. 产品开发组织超模块化及其对创新的影响——以丰田汽车为案例的研究. 中国工业经济, 2011, (2): 131-141.

[19] 魏江，冯军政，王海军. 制度转型期中国本土企业适应性成长路径——基于海尔不连续创新的经验研究. 管理学报, 2011, (4): 493-503.

[20] 郝斌，冯增田. 模块化如何推动企业创新——基于文献回顾与理论构建研究. 科学学与科学技术管理, 2011, (2): 78-85.

[21] 柯颖，邬丽萍. 汽车产业模块化创新模式与发展战略研究——以广西汽车产业为例. 科技进步与对策, 2011, (8): 68-72.

[22] 张钢，王宇峰. 知识集聚与不确定环境下技术创新的影响机制. 科学学研究, 2011, (12): 1895-1905.

[23] Granger C W J. Investigating causal relations by econometric models and cross-spectral methods. Econometrica, 1969, 37(3): 424-438.

[24] 高铁梅. 计量经济分析方法与建模: Eviews 应用及实例. 北京: 清华大学出版社, 2006.

[25] 张纯洪，吴迪. 模块化生产对汽车产业的影响及其后发优势分析. 科学学研究, 2008, (4): 754-758.

[26] 程文，张建华. 中国汽车产业模块技术发展与产业升级. 中国软科学, 2010, (4): 44-49.

[27] Trajtenberg M. A penny for your quotes: patent citations and the value of innovations. The RAND Journal of Economics, 1990, 21(1): 172-187.

[28] 柳卸林. 不连续创新的第四代研究开发——兼论跨越发展. 中国工业经济, 2000, (9): 53-58.

[29] Phene A, Fladmoe-Lindquist K, Marsh L. Breakthrough innovations in the U.S. biotechnology industry: the effects of technological space and geographic origin. Strategic Management Journal, 2006, 27(4): 369-388.

[30] 刘世锦，冯飞. 汽车产业全球化趋势及其对中国汽车产业发展的影响. 中国工业经济，
2002，（6）：5-12.

[31] 张仁琪，高汉初. 世界汽车工业——发展趋势、矛盾、对策. 北京：中国经济出版社，2001.

[32] 易丹辉. 数据分析与 Eviews 应用. 北京：中国统计出版社，2002.

第6章　知识网络模块化与产业基础技术：以半导体技术领域为例

本章首先根据 USPTO 的专利数据样本，从结构洞指标和中心度两个维度建立产业基础技术的测度指标，利用社会网络分析方法构建专利引用网络，并以半导体制造业为例对基础技术进行识别，分析基础技术演化中的知识流动。其次，从知识模块化的视角出发，分别对知识网络模块化和基础技术发明效用进行测度，并进行格兰杰检验，分析知识网络模块化与产业基础技术的关系。最后，分析得到的结论并为未来的研究提供建议。

6.1　引言

随着市场竞争的愈发激烈和技术创新速度的加快，创新的风险和难度越来越大。模块化能够给产品设计带来供需两方面的经济利益：一方面，模块化技术在生产前确定了模块间的界面规则，降低了产品生产和设计的复杂性，减少了设计时间；另一方面，模块的多种组合增加了产品适应客户个性化需求的能力。因此，模块化技术在产品生产设计中被广泛使用，它能使产品得以系统分解、重组与更新换代。而知识网络研究中包含着大量的知识及它们之间的联系，这些知识之间存在着错综复杂的关系，研究产业内核心知识的演化以及如何充分利用知识及知识流动所带来的成果具有重要意义。

半导体产业是经济与社会发展的战略性、基础性和先导性产业。相关研究表明，全球半导体产业产出与一国 GDP 之间的相关性越来越显著，从 20 世纪 90 年代开始，全球半导体产业产出增长率与国家 GDP 增长率之间相关性系数达到了 0.79。从 20 世纪末开始，全球的半导体产业正在经历重大的结构调整，受全球经济不景气的影响，半导体产业整体的销售总收入有所下降。2001 年，全球网络通信设备市场泡沫破灭，半导体产业重挫 37%。近几年，随着个人计算机及手机等移动设备的普及，半导体产业总体上处于复兴状态，2011 年，全球半导体市场销售收入突破创纪录的 3 000 亿美元，同比增长 1.3%。可见，全球半导体产业正在经历萧条之后的复苏阶段。

当今世界技术日新月异，迅猛发展，随时会孕育出新一轮的产业革命，作为未来经济与科技竞争的重要力量，新兴产业得到了越来越多的国家的重视，各国纷纷调整发展战略，争取抢占产业发展先机。2010 年 10 月，国务院更新并发布了《关于加快培育和发展战略性新兴产业的决定》，在决定中明确提出了加快发展战略性新兴产业的要求，并将出台一系列财政金融等一揽子政策支撑产业发展。《关于加快培育和发展战略新兴产业的决定》要求到 2015 年，GDP 中战略性新兴产业的增加值的比重应该接近 8%。2012 年 2 月，工业和信息化部正式发布了《集成电路产业"十二五"发展规划》，作为行业发展的指导性文件。文件指出，集成电路技术和产业具有极强的创新力和融合力，已经渗透到工业生产、社会生活以及国防安全和信息安全的方方面面，其战略地位进一步凸显。拥有强大的集成电路技术和产业，是迈向创新型国家的重要标志。2012 年，我国半导体产业实现销售额 3 548.5 亿元，占电子信息产业销售额的 3.23%；占国内半导体市场份额的 36.1%；占世界半导体市场份额的 19.6%，其中，集成电路销售额占世界集成电路市场份额达到 14.4%。与此同时，随着我国经济的持续增长及战略性新兴产业的进一步发展，我国内需集成电路市场仍将保持较快增长。

在国家寻求经济发展方式转型的重要时期，发展战略地位突出的集成电路产业对创新型国家的建设起到至关重要的作用。但是，我国半导体产业仍存在诸多问题：产业规模不大，自给能力不足，产品国内市场占有率仍然较低；企业规模小且分散，持续创新能力不强，核心技术少，与国外先进水平有较大差距；价值链整合能力不强，芯片与整机联动机制尚未形成，自主研发的芯片大都未挤入重点整机应用领域；产业链不完善，专用设备、仪器和材料发展滞后；等等。

基础技术与不连续创新密切相关，基础技术会引发相关技术的更新与突破，形成关联的从属技术创新，由此导致产业集群创新。而基础技术是产业创新活动的基础，影响着产业未来的一系列创新活动。因此，如何识别产业基础技术是一个重要问题。此外，经济信息化、网络化在 20 世纪 90 年代以来得到迅速发展，知识网络成为新的研究热点。目前对知识网络的研究主要集中在知识网络的概念、结构、演化和测度上；而关于演化、测度的研究多采用模型构建、仿真计算等方法，对于模块化的定量测度相对较少，缺少定量的实证研究。尤其是对知识网络模块化与产业基础技术的关系，目前尚缺乏深入研究。

　　为此，本书以半导体产业为研究对象、以专利信息为载体、以专利计量为研究方法，分析半导体产业知识网络模块化及其与产业基础技术的关系，通过专利计量方法对行业的知识网络模块化程度进行定量测算，对模块化程度与基础技术发明的效用指数进行格兰杰因果分析，探寻知识模块化与基础技术的影响关系，为企业技术研发路径选择提供可靠的支持，同时也为制造业产业发展提供决策借鉴和管理支持。

6.2　基于专利引用网络的产业基础技术识别方法

6.2.1　基本概念界定

1）产业基础技术

　　变革性研究一般是指能够变革研究主题、研究领域甚至学科的一项科学工作，科学革命和科学突破均属于变革性研究。新理论的诞生往往意味着彻底改变当代知识结构，因此科学领域知识网络中新出现论文的新颖性可以通过共词网络的模块化值和中心性的变化来判定：如果一篇新文献为两条原本没有连接的两个不同聚类间增加了一条连接，新结构的模块化程度将低于原来结构的模块化程度[1]。我们在此定义产业基础技术为，技术来源具有明显的异质性、经跨领域吸收复合而成，对整个产业或多个产业的技术结构、产品结构、组织结构甚至产业结构具有重要影响的一类应用广泛的技术。类似地，产业基础技术的新颖性程度可以通过产业技术领域知识网络的属性变化来探测。

2）产业技术领域知识网络

　　知识网络指的是一批人、资源和它们之间的关系，为了知识的积累和利用，通过知识创造、知识转移，促进新的知识的利用[2]。知识网络主要由三种主体构成，分别为知识、人和企业研究所，这三种主体之间相互组合而成的复杂联系就构成了不同形式的知识网络。我们主要关注的是技术领域知识网络，所以属于狭义的技术知识网络。知识域是可以充分代表潜在知识发展本质的实体，它包括一个主题领域、一个研究领域、一个学科或者这些实体的任意组合。在重大概念变革前后，新理论和新证据的出现，将导致一个知识域的知识结构产生根本性的变化[1]。类似地，我们可以定义产业技术领域知识网络是由专利、发明人和技术领域等为节点，通过共现或共被引关系组成的网络。由此，某一项技术或技术域的影响力或新颖性可以通过产业技术领域知识网络的结构变化来测度。

6.2.2　研究方法与数据处理

1. 数据处理

USPTO 是美国商务部下设的一个知识产权机构，为各国的发明家及其相关发明提供专利保护，以及商品商标注册和知识产权的证明。在此基础上，USPTO 建立了 USPTO 网站这一政府性官方网址，用来向全球公众提供免费查询的全方位专利信息服务，并更新了自 1790 年以来在美国申请的各种专利数据以方便查询。本节研究所用数据来自于 NBER（National Bureau of Economic Research，美国国家经济研究局）的官方网站，时间跨度为 1963~2006 年（44 年）。包括所有已经授权的实用专利，总计 388 140 条；也包含 1975~2006 年所有已授权专利的引文。数据库中还包括每一个专利的技术类别和引用专利情况等。

这些专利共分为 6 个大的技术类别（包括计算机和通信、药品和医疗、电气和电子、化学、机械和其他），具体又分为 400 多个 3 位数主要专利分类，以及 120 000 个专利子类。这个分类系统是不断更新的，反映着技术的不断变化，有不同的专利类别被加入原有分类中，也有的分类被重新划分或被删除。每一个专利都被分配到一个类别或它的附属类别或者子类别中。对于大多数的专利都属于唯一的一个 3 位数专利分类，因此现有研究中多选取 3 位数的专利分类进行研究，本节亦选取 3 位数的专利类作为技术领域进行分析。

使用 Access 打开所有数据，先使用 SQL 语句将数据分为施引技术领域、被引技术领域、被引频次和引用年份四列。将所得数据导入 Excel 表格中，得到表 6.1 中数据（部分），考虑到 1975 年之前的专利相互引用关系不明显，本节研究选取 1976~2006 年的引用关系，共得到 821 392 条引用关系。

表6.1　技术领域引用关系

被引频次	被引技术领域	施引技术领域	引用年份
4 182	2	2	2 000
99	5	2	2 000
⋮	⋮	⋮	⋮
7	12	2	2 000
26	15	2	2 000

2. 研究方法

使用 Java 语言对所得技术领域之间的引用关系构建引用矩阵，得到一个 418×418 的技术领域引用矩阵，见表 6.2。其中，行表示被引技术领域，列表示施引技术领域，如第二行第二列表示 4 类技术领域引用 2 类技术领域的总频次是 29。

表6.2　技术领域引用矩阵

技术领域	2	4	…	726	800
2	54 997	49	…	0	0
4	29	32 092	…	0	0
⋮	⋮	⋮		⋮	⋮
726	0	1	…	12 357	0
800	0	6	…	0	116 461

利用社会网络分析软件 Netdraw 可以把上述矩阵的数据生成技术领域引用网络，在研究该引用网络结构时，可以把表 6.2 中的矩阵直接导入软件中分析，因此只要产生了技术领域间的相互引用，即引用强度不为 0，两个技术领域间就会产生连线。对于上述矩阵，虽然软件可以使用连线的粗细来反映两者之间关系的强弱，但很难清晰地得到整个网络的关系结构。因此，需要对表 6.2 中的引用矩阵做进一步处理。继续对技术领域的引用矩阵进行标准化处理，得到表 6.3。

表6.3　标准化的技术领域引用矩阵

技术领域	2	4	…	726	800
2	0.625 22	0.000 96	…	0	0
4	0.000 33	0.630 65	…	0	0
⋮	⋮	⋮		⋮	⋮
726	0	1.97×10^{-5}	…	0.270 465	0
800	0	0.000 118	…	0	0.727 71

6.2.3　指标的选取

根据上述产业基础技术的定义，产业基础技术具有以下几个根本属性。第一，源散性，即基础技术往往来源于不同的领域，经过跨领域的知识吸收、复合而成，表现出明显的异质性来源。异质性来源是基础性技术的重要特征，也是基础技术与共性技术和核心技术的本质区别。第二，基础性，即基础技术具有基础性地位，能够为后续技术的研发提供基础性研发手段和技术支持，这一点与共性技术所代表的技术层面基本相同。第三，通用性，即基础技术的应用范围广泛。基础技术往往包含先进的科学知识，往往会扩散到多个技术领域或产业领域，对其他技术及产业产生重要的影响。因此，主要根据这三项基本属性从中心性指标和结构洞指标两个方面进行指标选取。

1. 中心性指标

在社会网络分析中，对于一个处于很多网络连接路径上的行动者，其在网络中肯定处于比较重要的地位，个体在这个位置上可以改变信息的内容，从而影响整个群体网络信息的传递。因此，本节先选择中心度的相关指标来确定节点对整个网络的重要程度。

中心度是一个较简单的指标，它又可以分为绝对中心度和相对中心度，前者就是与该点直接相连的点数，后者为前者的标准化形式，如果一个点与许多点直接相连，那么这个点具有较高的度中心性。对有向关系网络的中心度进行测量，每个点都有两种局部中心度，一种对应的是点入度（indegree），另一种对应的是点出度（outdegree）。如果一个点处于许多其他点对的最短路径上，该点就具有较高的中介中心度，即表示一个点在多大限度上是网络中其他点的"中介"。对于网络中的一个点，越是与其他点接近，该点在传递信息时就会更加容易，因此可能位于网络的中心，这就是临近中心度。本节在识别网络中的重要节点时使用上述四项指标。使用 Ucinet 6.0 得到专利引用网络中技术领域的中心性指标（表6.4）。

表6.4　技术领域的中心性指标

技术领域	出度	入度	中介中心度	临近中心度
428	820 438	815 929	1 076.421	98.349
424	814 994	559 638	505.696	91.648
514	720 259	683 173	394.439	88.535
438	628 553	470 071	438.074	91.247
435	627 207	712 500	477.686	90.85
257	543 537	534 450	418.962	89.293
264	318 723	287 714	824.335	96.305
427	314 962	325 510	840.467	96.083
156	297 030	280 446	876.566	96.752
359	291 553	243 977	464.139	91.247
524	287 536	339 088	550.362	92.257
370	271 235	286 781	188.704	81.287
709	263 132	178 898	113.969	76.374
604	262 219	260 905	665.171	93.708
29	261 067	217 794	1 173.577	98.582

2. 结构洞指标

Burt[3]认为一个结构洞是两个行动者之间的非冗余联系，结构洞能够为其占据者获取"信息利益"和"控制利益"提供机会，从而比网络中其他位置上的成员更具竞争优势。该理论所倡导的网络行为观可以沟通宏观与微观两个角度，并且强调了三方关系结构的重要性，有利于揭示整个社会网络中的核心部分。结构洞主要有有效规模（effective size）、效率、限制度（constraint）和等级度（hierarchy）四项指标。有效规模代表网络中个体的非冗余程度，即该个体的网络规模减去自身网络的冗余度；效率使用个体在网络中的有效规模除以网络的实际规模，是一个比值；限制度反映出个体在网络中使用结构洞的水平与能力；等级度是限制度在整个网络中的集中程度，即个体在多大限度上掌握着网络的限制度。

限制指标数值越小，显示其资源控制能力越强，有效规模数值越大，代表在网络中所能接触到的不重复资源越多，代表异质资源的可获得性，即有越来越多的技术领域引用该技术，表明该技术领域的通用性。通过结构洞理论分析，有效规模数值越大表明其异质资源的可获得性越高，表示在引用网络中扩散对象越多元，被越多的专利所引用。限制指标越小，代表该技术领域位于整个网络的结构洞，代表其对整个网络资源控制能力越强。

综上，社会网络分析中的中心性指标和结构洞指标可以反映产业基础技术的源散性、基础性和通用性等关键属性，因此本节选择中心性指标结合结构洞理论的相关指标识别基础技术。使用社会网络分析软件 Ucinet 6.0，计算标准化矩阵中技术领域的结构洞指标，见表 6.5。

表6.5　技术领域的结构洞指标

技术领域	有效规模	效率	限制度	有效度
428	397.998	0.968	0.041	0.501
424	367.884	0.968	0.119	0.699
514	354.972	0.975	0.197	0.705
438	365.706	0.967	0.16	0.747
435	366.049	0.974	0.189	0.733
257	355.498	0.966	0.182	0.766
264	389.043	0.968	0.066	0.617
427	388.073	0.968	0.053	0.535
156	390.584	0.967	0.053	0.587
359	366.265	0.969	0.166	0.801

技术领域	有效规模	效率	限制度	有效度
524	370.354	0.967	0.121	0.654
370	311.87	0.969	0.236	0.762
709	279.268	0.966	0.174	0.621
604	377.456	0.968	0.164	0.814
29	400.6	0.972	0.045	0.532
525	348.434	0.965	0.146	0.678
455	332.263	0.972	0.209	0.751

综合中心性指标和结构洞指标，见表6.6。

表6.6　技术领域的中心性指标和结构洞指标

技术领域	出度	入度	有效规模	限制度	中介中心度	临近中心度
428	820 438	815 929	397.998	0.041	1 076.421	98.349
424	814 994	559 638	367.884	0.119	505.696	91.648
514	720 259	683 173	354.972	0.197	394.439	88.535
438	628 553	470 071	365.706	0.16	438.074	91.247
435	627 207	712 500	366.049	0.189	477.686	90.85
257	543 537	534 450	355.498	0.182	418.962	89.293
264	318 723	287 714	389.043	0.066	824.335	96.305
427	314 962	325 510	388.073	0.053	840.467	96.083
156	297 030	280 446	390.584	0.053	876.566	96.752
359	291 553	243 977	366.265	0.166	464.139	91.247
524	287 536	339 088	370.354	0.121	550.362	92.257
370	271 235	286 781	311.87	0.236	188.704	81.287
709	263 132	178 898	279.268	0.174	113.969	76.374
604	262 219	260 905	377.456	0.164	665.171	93.708
29	261 067	217 794	400.6	0.045	1 173.577	98.582
525	256 847	292 244	348.434	0.146	393.073	87.975
455	233 671	169 279	332.263	0.209	256.417	84.584

6.2.4　指标权重确定

根据表 6.6 的各项指标，我们很难从直观上得到专利类的重要程度，因此使用客观赋权的熵值法。客观赋权的方法根据各个指标之间的相互联系程度或者各个指标之间提供的数据来确定权重，不需要对原数据的分布形态做任何的假定，从而克服了主观因素对结果的干扰。

在信息论中，可以把信息熵定义为以下形式：

$$H(x) = -\sum p(x_i) \times \ln(x_i) \tag{6.1}$$

式中，$p(x_i) \in [0,1]$，且 $\sum p(x_i) = 1$。该信息熵主要用来反映指标的变化与差异程度，还可以用来进行指标的综合评价。对于有 m 个研究对象具有 n 个衡量指标时，首先会形成指标的原始数据矩阵 $\boldsymbol{X} = (X_{ij})_{m \times n}$，其中某项指标值 X_{ij} 的差异越大，表明该指标能反映的信息越大，从而其在指标的综合评价中所起的作用也会越大，因此该指标的信息熵值越小，权重反而越大；反过来，则指标的权重就会越小。当一个指标的指标值完全没有差别，即全部相等时，那么该指标在综合评价中就会起不到任何作用[4]。运用熵值法对指标进行赋权的步骤如下：

（1）标准化原始矩阵，可以把原数据矩阵中的每一个 X_{ij} 转化为比重形式 p_{ij}：

$$p_{ij} = \frac{x_{ij}}{\sum_{i=1}^{m} x_{ij}}, \quad i=1,2,\cdots,m; \ j=1,2,\cdots,n \tag{6.2}$$

（2）使用公式计算第 j 个指标的熵值：

$$H_j = -k \sum_{i=1}^{m} p_{ij} \ln p_{ij}, \quad j=1,2,\cdots,n \tag{6.3}$$

式中，$k = \ln m$，其中的常数项 k 的目的是保证当第 j 个指标 p_{ij} 数值相同时，满足 $H_j = 1$。在这里，该指标不反映任何信息，不影响最终的综合评价。在式（6.3）中假定，当 $p_{ij} = 0$ 时，$p_{ij} \ln p_{ij} = 0$，这样就保证了 $H_j \in [0,1]$。

（3）第 j 个指标的熵权：

$$\omega_{\sigma j} = \frac{1 - H_j}{\sum_{i=1}^{n}(1-H_j)} = \frac{1-H_j}{1-\sum_{i=1}^{n}H_j}, \quad j=1,2,\cdots,n \tag{6.4}$$

式中，$\omega_{\sigma j} \in [0,1]$，且 $\sum_{j=1}^{n} \omega_{\sigma j} = 1$。

根据上述测算方法和数据，可以得到引用网络中技术领域的综合评价指标权重，见表6.7。

表6.7　综合评价指标权重

出度	入度	中介中心度	接近中心度	有效规模	限制度
0.236 3	0.255 7	0.007 4	0.222 8	0.273 7	0.004 2

在对结果进行评价时，本文主要采用综合评价法。该方法的评价模型为

$$CR = \sum_{i=1}^{m} \omega_{ij} p_{ij} \qquad (6.5)$$

式中，CR 为引用网络中专利类的综合评价指标；ω_{ij} 为各个指标的权重；p_{ij} 为第 i 个指标的标准化值。从而得出专利类的综合评价指标，见表 6.8。

表6.8　技术领域的综合评价指标

技术领域	综合评价指标	名称
428	0.090 433 217	库存物料或杂物
424	0.072 026 499	药品和生物治疗化合物
514	0.077 608 335	药物，生物影响和身体治疗成分
438	0.064 589 894	半导体器件制造：流程
435	0.077 327 576	分子生物学和微生物学
257	0.065 746 361	活性固态元件（如晶体管、固态二极管）
264	0.050 053 209	塑料和非金属材料成型或处理流程
427	0.050 620 024	涂装工艺
156	0.049 352 268	胶接及杂项化学品制造
359	0.046 670 349	光系统和光元件
524	0.048 421 977	合成树脂或天然橡胶-520类的一部分
370	0.046 317 073	多路通信
709	0.034 344 111	电子计算机和数字处理系统：多计算机数据传输
604	0.051 705 655	手术
29	0.053 273 086	金属加工
525	0.043 608 238	合成树脂或天然橡胶-520类的一部分
455	0.040 171 409	电信

以各个指标在社会网络中的实际意义及专利类的综合评价指标结果为基础并咨询相关领域专家，我们可以得到，424 类（药品和生物治疗化合物）是 USPTO 六大分类中第三类药品和医疗的基础技术，同理可以把 264 类（塑料和非金属材料成型或处理流程）和 29 类（金属加工）看做材料处理和手工工艺的基础技术及金属工艺的基础技术，它们都属于 USPTO 六大分类中的机械大类。

6.3　半导体产业基础技术的识别实证分析

6.3.1　半导体产业技术的发展

19 世纪 70 年代，布莱恩、舒斯特等分别用某些硫化物、氧化亚铜、硒等半导体材料制造出整流器，并发现半导体的四个特征，但是半导体在电子学领域中一直没有得到重视。直到 1947 年，肖克莱、巴丁和布拉坦研制出点接触型的 Ge 晶体管，在此基础上制造出世界上最早使用的半导体器件，这是 20 世纪一项重大的发明，是微电子革命的先声[5]。由于此项发明，1956 年诺贝尔物理学奖被授予这三位半导体器件技术的先驱，以表彰他们在半导体研究和晶体管效应发现方面的贡献。1952 年，有人首次提出集成电路的概念，并在 1959 年制作了第一块双极性集成电路。

自 20 世纪 60 年代以来，集成电路经历了五个重要的发展阶段：第一代是 60 年代初期发展起来的小规模集成电路（small scale integration，SSI），每个芯片只有一个元件；第二代是 60 年代末期发展起来的中规模集成电路（medium scale integration，MSI），每个芯片包含 2~50 个元件；第三代是 70 年代末期发展起来的大规模集成电路（large scale integration，LSI），每个芯片包含 20~5 000 个元件；第四代是 80 年代发展起来的超大规模集成电路（very large scale integration，VLSI）；第五代是 90 年代发展起来的甚大规模集成电路（ultra large scale integration，ULSI）。

从 20 世纪 70 年代开始，决定半导体产业发展的主要有两个因素，即半导体的存储（semiconductor memory）和微处理器（micro processor）。对于微处理器，1971 年，诞生了世界上第一个微处理器 4004，它当时使用了总共 2 300 个晶体管。到 2005 年，英特尔公司的双核处理器已经包含了超过 10 亿个晶体管。由于结构简单，密度又高，当今半导体产业的发展通常以动态随机存储能力作为衡量标准。大体上来讲，70 年代初期就有了 1KB 的产品，直到 1983 年出现 256KB 产品；1986 年 1MB 产品；1989 年 4MB 产品；1992 年 16MB 产品；1995 年 64MB 产品，1998 年到 256MB 产品，大约每三年进步一代。

6.3.2　半导体产业基础技术的识别

半导体技术是现代高科技产业的重要组成部分，是多种边缘学科和重大产业的重要支柱，是现代电子学和电子工业的基础。20 世纪 40 年代，建立了固体量子理论，发展了半导体的能带理论、P-N 结理论和电子与空穴传输理论，为半导体科技的发展奠定了基础[6]。世界银行的数据表明，1980~2007 年，全球半导体产业的产出与 GDP 之间的关系相关性越来越高，在 1998~2007 年这个时间段内，相关性系数甚至达到了 0.79。

Yayavaram 和 Ahuja[7]在研究知识结构的可分解性及其对发明的影响时，选取了美国、亚洲、欧洲共 141 家半导体产业相关公司，发现半导体产业的专利主要集中在 30 个专利分类中。因此，本节使用这 30 个专利类所代表的技术领域来识别半导体产业的基础技术。

先测算得到半导体产业中 30 个技术领域的 6 项指标（表 6.9）。

表6.9　半导体产业技术领域的中心性指标和结构洞指标

技术领域	出度	入度	中介中心度	接近中心度	有效规模	限制度
29	261 067	217 794	1 173.577	98.582	400.6	0.045
148	41 620	52 734	396.792	85.276	335.643	0.226
174	94 623	86 971	416.346	89.677	357.276	0.146
250	196 227	230 977	647.522	93.919	379.672	0.125
257	543 537	534 450	418.962	89.293	355.498	0.182
307	46 019	51 732	301.255	84.413	330.607	0.105
323	29 968	32 504	80.417	70.798	238.625	0.327
324	185 543	187 616	488.509	90.652	363.812	0.167
326	66 313	83 217	57.17	68.699	221.657	0.437
327	126 579	139 662	200.083	80.038	305.924	0.243
330	24 044	35 846	63.457	67.915	214.986	0.399
331	23 339	46 987	63.57	68.137	215.974	0.312
333	35 702	54 894	108.35	74.199	265.053	0.322
340	220 102	241 313	677.817	93.498	376.748	0.082
341	55 660	58 040	147.628	76.095	278.741	0.245
345	231 846	160 853	357.868	87.056	345.128	0.155
348	165 978	236 337	356.196	87.056	346.266	0.176
361	193 685	245 714	647.227	91.85	369.307	0.104
363	31 144	45 280	104.717	74.464	267.666	0.35
365	114 294	164 146	227.708	80.192	307.684	0.35
370	271 235	286 781	188.704	81.287	311.870	0.236
375	214 472	200 384	188.653	78.679	296.116	0.217
427	314 962	325 510	840.467	96.083	388.073	0.053
438	628 553	470 071	438.074	91.247	365.706	0.16
455	233 671	169 279	256.417	84.584	333.263	0.209
708	31 869	60 963	88.436	71.773	246.122	0.251
710	192 673	145 119	163.077	80.038	304.488	0.2
711	140 863	128 440	110.811	75.135	271.588	0.264

　　按照 6.2 节的步骤，可以得到各个指标的权重，见表 6.10。进而可以得到引用网络中各个技术领域的综合评价指标，见表 6.11。

表6.10　半导体产业技术领域的指标权重

出度	入度	中介中心度	接近中心度	有效规模	限制度
0.319	0.249 7	0.302 2	0.005 7	0.015 02	0.108 4

表6.11　半导体产业技术领域的综合评价指标

技术领域	综合评价指标	名称
438	0.081 1	半导体装置的制造：流程
257	0.078 7	活性固态元件，如晶体管、固态二极管
29	0.066 5	金属加工
427	0.064 9	涂层工艺
340	0.049 9	通信系统：电力
361	0.047 9	电学：电气系统及设备
250	0.047 7	辐射能
370	0.042 4	多路通信
324	0.040 4	电学：测量和测试
345	0.037 6	计算机图形处理和选择性视觉显示系统
348	0.037 5	电视机
455	0.035 8	电信学
375	0.034 1	脉冲或数字通信
365	0.029 4	静态信息存储和检索
710	0.028 8	电子计算机数字数据处理系统：输入/输出
714	0.026 9	错误检测/纠正和故障检测/恢复
174	0.026 9	电学：导体和绝缘体
327	0.026 2	混杂活性电子非线性电路元件、电路和系统
711	0.024 0	计算机和数据处理系统：存储
148	0.022 5	金属处理
713	0.021 8	计算机和数据处理系统：支持
326	0.018 1	电子数字逻辑电路
307	0.017 6	传真或互联系统
341	0.015 9	编码数据生成和转换
333	0.014 5	波传递线和网络
363	0.014 1	电力转换系统
330	0.012 6	功放
323	0.012 1	电学：电源和调节系统
331	0.011 6	振荡器

在这里，以上述结果为基础结合专家咨询，可以确定 438 类（半导体装置的制造：流程）和 257 类（活性固态元件，如晶体管、固态二极管）为半导体产业的基础技术，分别属于对产品创新和工艺创新具有根本影响的技术领域。

6.3.3　半导体产业基础技术的演化

为了研究知识流动在产业基础技术形成过程中的影响，使用 Ucinet 软件包中的绘图工具 Netdraw 进行下一步研究。将所得的标准化系数矩阵（表 6.1）导入 Netdraw 软件中，图 6.1 是 1976~2006 年技术领域之间的相互引用网络，图中的每一个节点反映了一个技术领域，节点的大小表示其在网络中的中心性，节点间的连线反映了技术领域之间的相互引用。

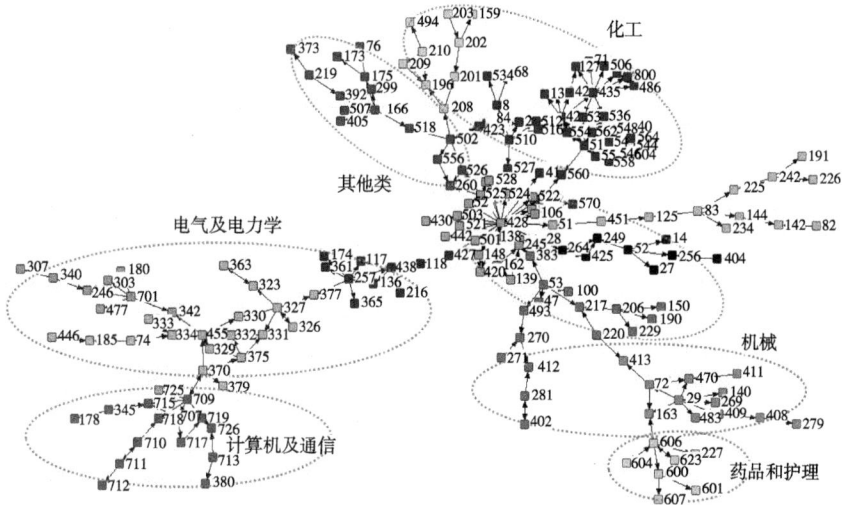

图 6.1　USPTO 技术领域引用网络（阈值=0.08）

根据产业基础技术的定义，我们可以通过设置不同的阈值及网络图中的主要路径来确定关键技术领域。在保证网络有效性和节点可观察性的基础上，我们先设置阈值为 0.06，在删除孤立点及主要路径之外的节点以后，我们得到阈值为 0.07 的引用网络。虽然可以通过 Girvan-Newman 聚类[8]及计算中心度得到节点的分类及重要性，但效果仍不明显，我们进一步调大阈值（为 0.08），并进行删除孤立点，选择主要路径的操作，得到如图 6.1 所示的引用网络。

通过图 6.1 可以很清晰地展现 USPTO 的六大分类，处于整个网络中心位置的是橡胶等基础化工品及其他类，这是符合基本常理的，化工品是我们日常生活及科学研究必不可少的基础物品。与之相联系的是电气及电力学大类、机械大类及化工类，外围包括计算机及通信、药品和护理两类。其中，连接电气及电力学与基础化工类的是以 438 类（半导体装置的制造：流程）和 257 类（活性固态元件，如晶体管、固态二极管）为主的半导体产业子类。

为了研究半导体技术领域在引用网络中的演化，本节先删除机械类、化工类与其他类的节点，仅保留与半导体技术领域相连的电气及电力学类与计算机及通信类，得到图 6.2。图 6.2 中的箭头方向表示该技术领域被引用的情况，代表知识流动的方向。从图 6.2 中可以看出 257 类引用了 438 类，而被 117 类、136 类、174 类、361 类、365 类、377 类及 438 类所引用；438 类则被 117 类、118 类、136 类、216 类和 257 类所引用，表明知识从这两类技术领域溢出到其他技术领域，进一步验证了 257 类和 438 类作为半导体产业基础技术的结论。

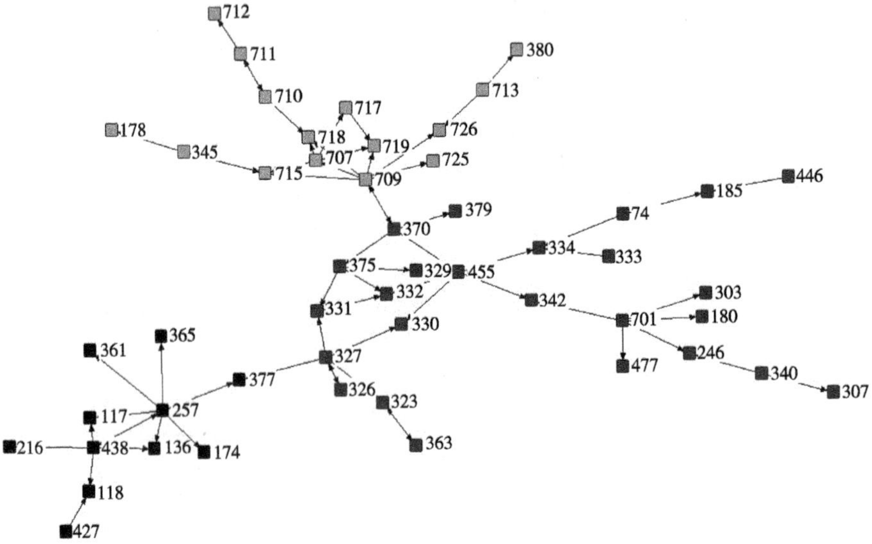

图 6.2　半导体相关技术领域（阈值=0.08）

6.3.4　基础技术演化中的知识流动分析

根据晶体管数量和存储能力增长变化情况，将 1976~2006 年分为三个阶段，考察半导体产业技术领域在整个引用网络中的变化。

1. 1976~1985 年半导体技术领域引用网络中的知识流动分析

图 6.3 所示为 1976~1985 年半导体技术领域在引用网络中的位置。从这个时期的引用网络可以看出，半导体技术此时并未处于网络的中心位置，而是通过其他类与计算机及通信类相联系。通过图中箭头的方向，可以看到 438 类和 257 类

在 1976~1985 年处于知识吸收的阶段。438 类接收来自 117 类、136 类、216 类和 257 类的知识；257 类则引用了 365 类、372 类和 438 类三个专利类。这个结果表明，在引用网络的初期，半导体产业技术领域处于知识吸收阶段。

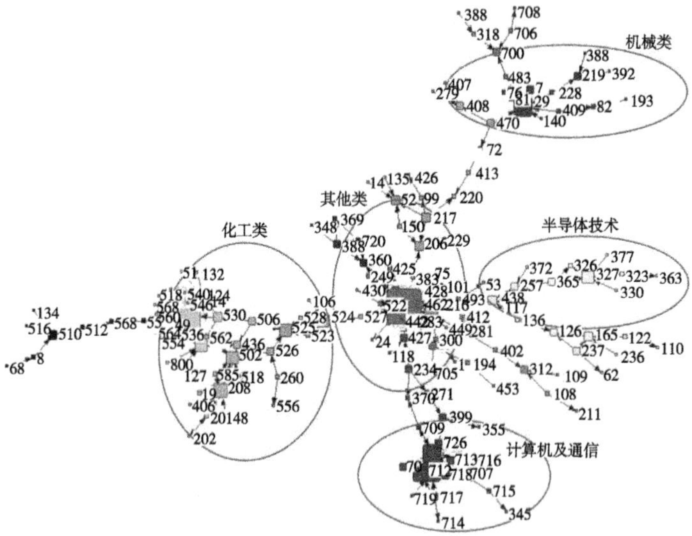

图 6.3　1976~1985 年半导体技术领域引用网络（阈值=0.08）

20 世纪 70 年代中期到 80 年代中期是集成电路集中发展的时期。20 世纪 60 年代，大量采用集成电路的最突出例子是计算器和数字手表。在 70 年代初期，美国通用仪器公司和通用微电子合作，开发出金属氧化物半导体材料（mos oxide semiconductor，MOS），成为后来集成电路制造工艺的基本元件。1972 年推出的微处理器具有体积小、功耗低和价格便宜的优点，完全取代了计算机主存储器中原来使用的磁芯存储器。同时，石英光导材料的发明及广泛应用，促进了光纤技术的发展，进而使光纤通信成为高新技术产业。在引用网络中，257 类和 438 类代表的技术领域引用了 136 类（热电光电电池）和 372 类（相干光发生器）。

20 世纪 70 年代末至 80 年代初期，掀起了研究和应用建立在集成电路工艺基础上的微机电系统（micro electromechanical system，MEMS）浪潮[9]。它利用蚀刻硅片技术制备的薄硅片振动膜在压力下变形会影响其表面的压敏电阻的原理，将压力转换成电信号，在电容感应移动质量加速计、汽车安全气囊和定位陀螺仪等领域有广泛的应用。

2. 1986~1995 年半导体技术领域引用网络中的知识流动分析

随着科技的发展及存储材料的改进，半导体的存储能力在 20 世纪 80 年代中期突飞猛进。在这一时期，计算机及相关设备发展迅速，体现在网络中是半导体技术类通过电信类与计算机类相连。20 世纪 60 年代初，大型计算机的主存储器很少能达到 1MB，在 1978 年生产的 HP300 小型机中，已经装备大容量的半导体存储器。这时期半导体的发展与日常生活中的电视机、CD 光盘、电冰箱、洗衣机、医疗仪器等的需要密切相关。

汽车电子化的过程很快体现出了这个时期半导体产业的变化。汽车电子化的第一阶段开始于 20 世纪 60 年代，当时只用于点火装置和电压调整期等，主要以晶体管和中小规模集成电路为主；第二阶段始于 70 年代，发展到由电子控制的燃料喷射、防滑装置、故障诊断等，开始采用微处理器；80 年代进入第三阶段，除了微处理器外，还增加了专用集成电路（application specific integrated circuit，ASIC）。

与 1976~1985 年的网络相比，在 1986~1995 年与 438 类直接相连的技术领域在数量上并没有明显的变化，引用网络中与 257 类直接相连的技术领域有所增加，引用了 361 类、365 类、377 类和 438 类，而对 372 类的引用不再显著。从知识流动方向看，该时期知识流向半导体技术类（图 6.4）。

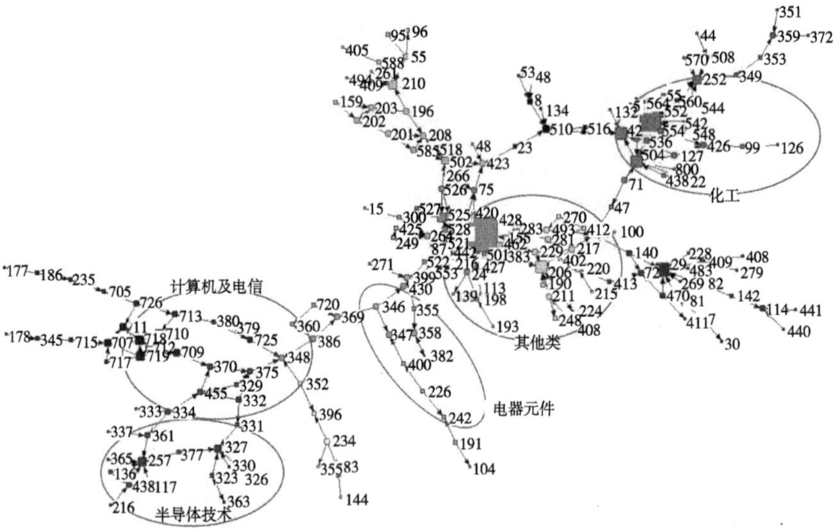

图 6.4　1986~1995 年半导体技术领域引用网络（阈值=0.07）

3. 1996~2006 年半导体技术领域引用网络中的知识流动分析

除了上文提到的微型计算机，在新世纪初期移动通信技术的发展进一步推动着半导体技术的进步。存储能力的提升使人们对产品的要求越来越高，除了外观、大小、耗电量及产品质量外，更要求新产品如何在更小的体积下具有更多更好的应用功能。多种类型的集成电路广泛存在于当前的手机等数码产品中，其中就包括数字信号处理系统芯片、具备动态存储功能的存储器和数字模型转换器，随着科技的进步，U 盘等具备闪存功能的存储设备竞相出现。

集成电路的高速发展来源于电子整机系统的需求推动，同时集成电路的性能提高和价格下降又反过来带动着电子整机系统的更新换代。超高速计算机及高速高性能工作站等要求芯片高速化，数字高清电视、电视电话要求芯片具备高速数字化处理功能；笔记本、移动电话等要求芯片的高集成化和低能耗化，并具有传输移动数据的能力；无线通信、无线保真（WiFi）要求半导体具备高频器件；半导体太阳能电池作为空间能源具有不可替代的作用；LED 照明技术对半导体照明技术发展的推动等。

体现到引用网络中，在 1996~2006 年，半导体技术领域在整个网络中的地位显著增强。经过代表计算机软件和硬件的 710（电子计算机数字数据处理系统：输入/输出）、711（计算机和数据处理系统：存储）与电信类技术领域相连接，进而与 701 类（数据处理：车辆、导航和相对位置）所代表的汽车制造领域相连，这与上文分析的汽车电子化过程相吻合。从图 6.5 中可以看出，与 438 类和 257 类直接相连的技术领域数量增加明显，该时期知识更多的是从半导体领域流出到其他技术领域中。

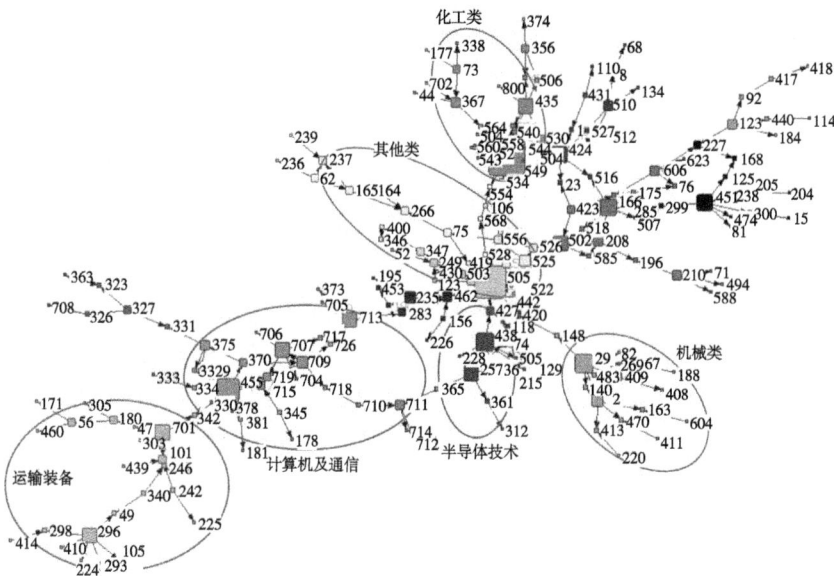

图 6.5　1996~2006 年半导体技术领域引用网络（阈值=0.09）

6.4　半导体产业知识网络模块化与基础技术

6.4.1　半导体产业知识网络的形成及演化

本节研究利用半导体产业专利数据绘制其各年知识网络结构图，通过半导体产业知识网络结构分析半导体产业知识网络变动情况，继而测算半导体产业知识的模块化变动情况，从而对其产业知识网络结构模块化程度进行分析。

1. 半导体产业知识网络的演化过程

半导体产业知识网络作为一种网络组织形式，具有从"产生—发展—成熟—衰退"的循环生命周期。它的形成、发展源于产业外部环境对组织内知识相互之间共享的需求。当组织内知识之间共享的所有需求都得到满足时，知识网络就会失去发展的基础和存在的意义，逐渐走向衰退和瓦解。依据产业周期发展规律，将半导体产业知识网络形成过程分为四个过程，即形成期、成长期、成熟期和衰退期（图 6.6）。

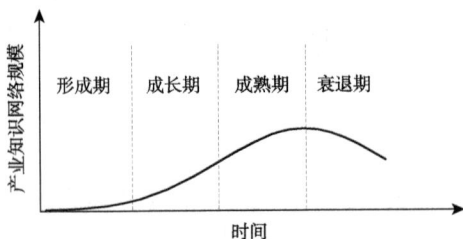

图 6.6　产业知识网络生命周期演化图

1）形成期

知识网络形成初期，网络的整体密度较小，而且各个知识节点之间联系相对较少。处于探索发展的阶段，随着知识网络各个组成部分之间联系的紧密和合作需求的增加，网络会得到不断地完善。为了加快网络内成员的知识流动和共享，各创新主体开始准备建设合作创新平台和合作交流平台，提高合作创新能力。

2）成长期

知识网络形成之后，网络参与成员开始享受知识共享、流动所带来的收益，在这种利益驱动下，它们之间的合作关系会快速加强，使知识网络进入快速成长期。此时，各知识节点之间的合作频率、强度、深度同时加强，知识资源的快速流动使合作创新的收益凸显，形成螺旋上升的良性循环。此外，网络内结点存在着合作竞争的双重关系，这种关系会影响到整体行为；而这种整体行为又会影响网络结点，在结点之中产生协调效用，进而推动知识网络结构的演化。

3）成熟期

经过一段时间的快速成长期，知识网络进入成熟期，也可称为稳定期。知识网络各组成部分已经建立充分的联系、合作。网络的创新能力到达一个较高水平，提升速度开始变缓，逐渐趋于稳定。此时，产业相关的企业、高校、研究所等创新主体到达稳定的合作水平，网络整体竞争力和知识优势几乎完全形成，产业技术创新依然持续，但速度已经逐步回落，趋于平稳。

4）衰退期

知识网络经过长期的发展之后，必然会出现衰落，成为下一个周期的起点。由于产业的内外部环境变化等原因，会导致知识网络规模减小、合作创新能力下降。例如，整个产业发展遇到难以逾越的瓶颈及合作企业的道德风险都可能导致知识网络的发展速度减慢。

虽然事物发展具有一定的周期规律性，但并不表示知识网络一定要经历衰退期的过程，如果能够加强网络管理、规范市场行为，完全有可能在经历短暂的低谷或是持续低速增长之后，重新获得活力，继续发展。

2. 半导体产业知识网络的形成动因

随着知识、产品的更新需求速度的加快，以及市场竞争的不断加剧，企业和科研机构都面临巨大挑战。迫使企业、大学、科研院所相互之间建立新的合作关系，形成知识网络，加速知识转移的速度。知识网络形成之后，网络内参与成员能够以低于传统交易下的成本获取新知识，降低创新成本。同时通过广泛的沟通交流，可以减少重复性研发，提高研发的效率。

蒋恩尧和侯东[10]研究认为，通过组建合理的企业知识网络，可促使企业之间信息适当的沟通，使企业与合作伙伴之间的产品衔接更加合理，也可方便企业领导人做出更符合企业利益的决策。宋昱雯[11]研究指出，通过形成知识网络可以将企业单独有限的技术力量结合在一起，可以使各个企业最大限度地发挥企业自身优势，这是企业稳定提高竞争力的重要手段之一。企业间形成知识合作战略网络主要有两方面原因，分别是内部原因和外部原因。内部原因有寻求降低交易费用和整合企业内资源；外部原因有获取长期竞争优势和分散风险。这两种原因共同驱动知识合作战略网络的形成。总体来说，知识网络的形成主要是为了利用协同效应、分散风险、节约成本。

获得网络中其他成员的互补性知识和技术，是产业内成员协同合作的重要原因。知识网络能够促进知识主体间的交流，加快知识产品化速度，提升企业、产业的技术创新能力。虽然在知识外溢时确实存在被搭顺风车的问题，自己的一些技术很有可能被行业内竞争对手掌握，但是通过整体协同效应，仍可发挥"1+1>2"的效果。知识网络的形成就是为了追求、利用这种协调效应，追求网络群体的总体表现与网络形成之前个体表现的简单加总的差异，进而提高创新效率。

创新过程伴随着种种风险，这种创新风险会对创新行为带来难以准确预期的负面影响。网络内成员的合作研发、知识共享能够降低单一成员进行独立研发的创新风险，能够有效地将研发过程中的不确定性分散出去，这也是促使产业内知识网络形成的重要原因。如果能够将创新活动扩散到更加广阔的范围，并在此基础上提升各自的核心能力，就能够降低创新的整体风险性。

知识网络形成的另一个原因是节约交易费用。知识网络既能带来竞争之下而有序的发展，又可以降低市场机制下存在的交易成本。特别是知识密集型产业，需要更频繁的知识流动来保证创新的速度，因此更需要网络内成员相互合作，降低交易费用，推进产业整体发展。

鉴于以上几种主要原因，半导体产业内企业会主动参与到整个网络之中，加上半导体产业是典型的知识密集型产业，知识这种特殊的生产要素更要发挥作用。所以，会形成以知识为载体的产业知识网络。

3. 半导体产业知识网络的形成条件

知识网络中各个创新主体之间的信任是网络形成、发展的前提和保障。而且也融汇贯穿于知识网络的运行过程中，知识网络的形成、发展和延续的重要纽带就是创新主体之间的信任程度。信任机制能否有效建立是知识网络内创新主体间合作成功与否的关键，良好的信任程度能够降低交易费用，提高合作效率。

信任对知识网络的作用如下：它能够激励与其他人一起参与各种形式的合作，并在利益驱动下不断扩大合作的网络，强烈的合作倾向会在网络中产生，为获得信任、扩大合作，甚至会有牺牲个人短期利益而保证集体利益的情况发生。更为重要的是，信任能够显著降低交易成本。知识一般具有公共物品的特性，但是积累、创造知识需要物质和时间等资本的投入，所以企业一般偏好于封锁知识而不是共享，导致知识的转移受到阻碍。由于组织所处环境的不确定性，关键的重要知识无法从市场交易中得到，无法形成稳定的知识流动机制。所以企业不得不与其他企业形成各种各样的合作关系，知识网络就是这一知识流动机制的典型代表之一。信任机制能够帮助创新主体之间建立长期稳定的关系，提高合作的稳定性，促进知识网络的发展壮大。

互惠互利是知识网络内各创新主体之间进行合作的重要基础。出于内在的互惠偏好和对互惠目标的追求，各创新主体会在经济行为中产生合作关系，这种合作关系能够提高网络内整体的收益水平，也称福利水平。特别是对企业，随着创新难度的增大，为了实现技术创新带来收益的目的，它们将越来越重视企业间合作。各个参与企业为了实现自身利益而需要通过不同类型的博弈进行合作，进而使合作参与者实现利益的最大化。

沟通是每一个商业经济行为的中心，是知识网络得以形成并顺利运行的重要条件，参与主体通过沟通才能获得对方的数据、信息和知识。如果说创新主体在合作过程中最主要的目的是实现知识的获取、转移与共享，那么沟通就是整个过程中不可缺少的传送带。良好的沟通具有以下功能：①可以促使各个创新主体内的成员对组织确定的目标获得准确的理解与共识；②可以帮助知识网络内创新主体之间建立紧密的合作；③可以提高知识网络的凝聚力；④可以促进知识的获取、转移与共享。良好的沟通与交流是知识网络中个人与个人、个人与组织、组织与组织等各节点之间建立相互信任的先决条件，也是知识网络得以顺利运行的润滑剂，是支撑知识网络运行的重要机制。

6.4.2　知识网络模块化的测度

1. 数据来源及数据处理

通过使用社会网络分析软件 UCINET 6.0，以半导体产业的 30 个专利类别作为网络节点，以各个专利类别间专利的引用数量衡量活跃度，可以得出半导体产业各年的知识网络结构图。

这里主要使用社会网络分析方法，社会网络分析方法主要有中心度分析、子群分析和密度分析等。其中，中心度分析用来描述节点在网络中的重要性；子群分析主要考察网络整体的结构特征；密度分析主要用来表示合作者之间的紧密程度。在此，主要利用子群分析法分析半导体产业知识网络结构。现在分析子群主要有两种方法：一是以节点计算，一群相连的节点视为一个群体，包括 k-plex、k-核等方法；二是以距离计算，将在一定距离范围内的节点视为一个群体，包括 n-clan、n-club 等方法。k-核方法具有操作简便、识别准确的优点，善于抓住结构图的整体性质。本节主要使用 k-核方法进行计算。

本节研究数据来自 NBER 的官方网站，时间跨度为 1963~2006 年总计 44 年。样本数据包括所有已经授权的实用专利，总计 388 140 条；另外包括 1975~2006 年所有已授权专利的引文。数据库中还包括每一个专利的技术类别和引用专利情况等。

这些专利共分为六个大的技术类别（包括电子和通信、药品和医疗、电气和电子、化学、机械和其他），具体又分为 400 多个 3 位数主要专利分类，以及 120 000 专利子类。这个分类系统是不断更新的，反映着技术自身的快速变化，有不同的专利类别被加入原有分类中，也有的分类被重新划分或被剔除。每一个专利都被分配到一个类别或它的附属类别或者子类别中。但对于大多数的专利属于唯一的一个 3 位数专利分类，因此现有研究中多选取 3 位数的专利分类进行研究。Yayavaram 和 Ahuja[7]研究了知识结构的可分解性及其对发明的影响,选取了美国、亚洲、欧洲共 141 家半导体产业相关公司，发现其所属专利主要集中在以下 30 个专利分类中，本节研究同样选取这 30 个专利分类作为研究对象，见表 6.12。

表6.12　半导体产业相关专利子类

专利子类	主题
9	金属加工
148	金属处理
174	电学：导体和绝缘体
250	辐射能
257	活性固态元件，如晶体管、固态二极管
307	传真或互联系统
323	电学：电源和调节系统
324	电学：测量和测试
326	电子数字逻辑电路
327	混杂活性电子非线性电路元件、电路和系统
330	功放
331	振荡器
333	波传递线和网络
340	通信系统：电力
341	编码数据生成和转换
345	计算机图形处理和选择性视觉显示系统
348	电视机
361	电学：电气系统及设备
363	电力转换系统
365	静态信息存储和检索
370	多路通信
375	脉冲或数字通信
427	涂层工艺
438	半导体装置的制造：流程
455	电信学
708	电子计算机：运算处理和计算
710	电子计算机数字数据处理系统：输入/输出
711	计算机和数据处理系统：存储
713	计算机和数据处理系统：支持
714	错误检测/纠正和故障检测/恢复

使用 Access 打开全部数据，去除 30 个专利子类以外以及不在研究年限之内

的专利就可以建立半导体产业专利基础信息数据库和专利引用关系数据库。之后利用 Access 内设的 SQL 功能进行处理，得到研究年限内各年的 30 个专利类别间相互引用次数。经汇总之后每年得到一个 30×30 的矩阵。例如，2001 年，纵列714、横列 324 交叉的数字是 399，代表在 2001 年申请的属于专利类 714 的全部专利引用属于专利类 324 的全部专利次数为 399。

将得到的数据矩阵导入 UCINET 6.0 软件进行处理。UCINET 是一个集成了许多功能的社会网络分析软件，既包括可以分析一维、二维数据的 NetDraw 功能，又包括可以分析大型网络的 Pajek。同时，UCINET 也具有灵活的数据兼容性，可以读取 txt、Pajek、Negopy、KrackPlot 等多种格式的数据。UCINET 软件含有多种计算方法，为了准确识别、把握结构图的整体性质，本节选择 k-核方法，这种方法可以根据子类的活跃度分类，与其他子类联系越广泛，则活跃度越高，因此这些子类会被分到不同的 k-核集群内。在一个 k-核集群内，每个点都至少与其他 k 个点连接，即该 k-核中每个点的度数至少为 k。可以得到 1976~2000 年各年的半导体产业知识网络结构图，点的大小代表子类内专利数量的多少，连接线的粗细代表链接强度，相同形状的点属于同一个 k-核子图，代表它们对外联系紧密程度相同。其中，1976 年和 1991 年半导体产业知识网络结构如图 6.7 和图 6.8 所示。

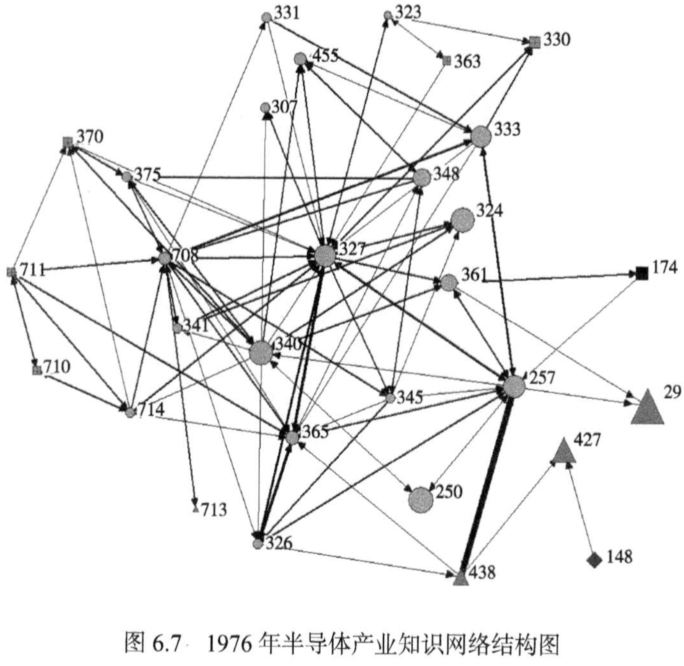

图 6.7　1976 年半导体产业知识网络结构图

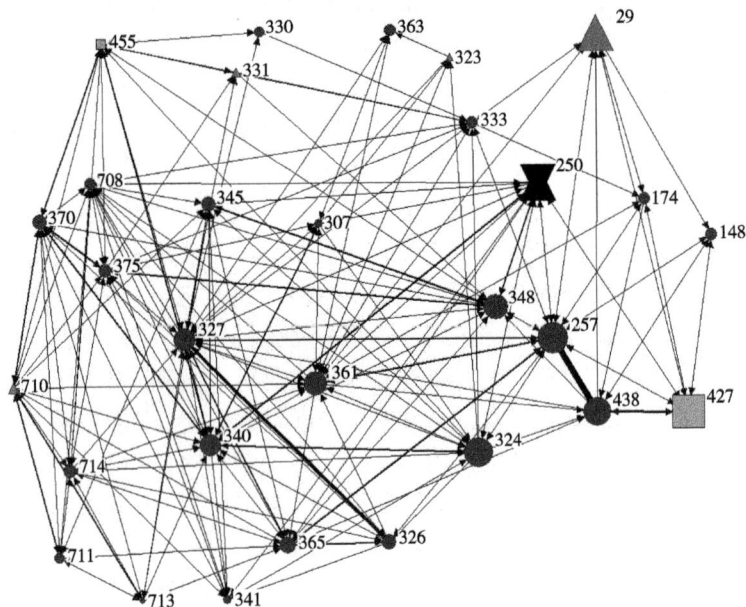

图 6.8　1991 年半导体产业知识网络结构图

比较图 6.7 和图 6.8 可以看出，1976~1991 年十多年间，半导体知识网络内跨集群点之间的联系不断加强，这与企业申请了更多的专利及技术更加复杂是分不开的。研究中发现，1986 年之前集群数量相对较多。但是从 1991 年之后半导体知识网络结构逐年发生变化，节点集聚到更少的集群之中，最多为 5 个集群，最少为 3 个集群。这种集群数量及集群内节点数量的变化如表 6.13 所示，这些变化进而会影响到后续的模块化水平。

表6.13　半导体产业专利集群变化情况

年份	各集群包含专利子类数目				
	集群1	集群2	集群3	集群4	集群5
1976	19	5	4	1	1
1977	25	4	1		
1978	21	3	3	2	1
1979	25	2	1	1	1
1980	20	4	3	2	1
1981	20	4	3	2	1
1982	23	5	1	1	
1983	22	5	2	1	
1984	25	3	1	1	

续表

年份	各集群包含专利子类数目				
	集群1	集群2	集群3	集群4	集群5
1985	25	3	1	1	
1986	23	4	2	1	
1987	24	4	1	1	
1988	25	2	1	1	1
1989	27	1	1	1	
1990	23	4	1	1	1
1991	22	4	2	2	
1992	24	3	1	1	1
1993	28	1	1		
1994	28	1	1		
1995	28	1	1		
1996	25	2	1	1	1
1997	27	2	1		
1998	28	1	1		
1999	28	1	1		
2000	28	1	1		

2. 测度方法及变量定义

现有模块化的研究主要是定性的研究，定量研究相对匮乏，主要是由于模块化的定量测度一直没有广泛接受的标准。本节用专利数据的属性代表技术知识属性，产业知识网络模块化本质即是技术知识网络模块化。

本节所选取的专利数据主要基于以下原因：①专利数据的可获得性。专利数据相对于其他产业数据更加公开，可以方便地在各专利数据库或专利商标局下载，每个专利本身就包含了非常详细的创新信息，如所属技术领域、发明者（地理位置）和专利权人等，而且专利所包含的领域、研发者类型等非常广泛，研究的数据资源非常丰富。②专利数据的可靠性。企业为了保证申请的专利获得授权，需要将专利的施引情况完整、真实地体现出来，包括引用以前的专利和科学文献，这样的引用可以追溯多个发明、发明者、公司等的多种联系，进而研究技术溢出并建立指标体系来衡量专利的重要性。③专利的连续性。18 世纪末，美国开始专利授权(连续的)，现有数据可回溯至 1870 年，意味着有持续 100 多年的记录数据。

本节数据来自 NBER 的官方网站 1963~2006 年的授权发明专利及其引文数据。另外，研究数据还包括来自 6.4.2 节进行产业知识网络结构分析时建立的专利引用矩阵，即在知识网络结构图的基础之上计算，得到各年的半导体产业知识网络模块化指数 MI。

$$\mathrm{MI}_i = \frac{M_i}{U_i} \qquad (6.6)$$

式中，M_i 表示与点 i 连接的跨集群链接点之间的实际连接次数；U_i 表示与点 i 连接的跨集群链接点之间的最大连接次数；点 i 代表其中一个专利分类。

3. 理论模型

本节将专利计量方法和社会网络分析方法相结合，定量测度知识网络模块化水平，选择专利数据主要是由于其特有的准确性、可获得性和连续性。用分析软件对专利进行筛选、描述性分析之后，再利用社会网络分析中的聚类分析方法，可以根据各个专利子类的活跃度分类及其与其他子类联系的广泛程度，将 30 个专利子类划分到不同集群，进而分析半导体产业知识网络模块化，并根据公式定量测度其模块化程度。

Yayavaram 和 Ahuja[7] 为研究知识基础的可分解性及其对发明的影响，选取了美国、亚洲、欧洲共 141 家半导体产业相关公司，并测度了知识的可分解性。在此基础上，本节利用该研究思路，定量测度半导体产业知识模块化程度，将 141 家公司主要分布于 30 个专利子类的专利作为本节的研究范围。

研究中测量的知识网络模块化是在传统集聚系数计算基础上实现的。集聚系数最原始的计算公式[12] 为

$$\mathrm{CC}_i = n_i / [k_i \times (k_i - 1)/2] \qquad (6.7)$$

式中，n_i 代表点 i 的 k 个邻接点之间的连接次数；分母代表点 i 的 k 个邻接点之间最大可能的连接次数，最后得到的 CC_i 就是点 i 的集聚系数，将网络中全部点的集聚系数进行算术平均，最后得到的值就是网络的集聚系数。

网络的集聚系数可以表示其内部的密度，体现网络内结点之间的相互作用关系。集聚系数可以用来描述知识网络的密度，描述网络内成员之间的联系强度和信息流动强度。集聚系数测量了网络中结点的链接边数，结点间的链接边数越多，集聚系数越大。用这种模型较为简单，但是没有考虑各个点的对外联系强度，结点之间只要发生联系，无论联系强度大小，对计算结果都没有影响。所以有必要根据对外联系强度区分哪些点是同一集群内的链接点，哪些点是跨集群的链接点，这样每一个点就形成了一个新的子网络，利用它就可以计算每一个点的模块化程度。

4. 知识网络模块化测度

模块化作为处理复杂系统问题的有效方法，应用范围不断扩大，吸引了越来

越多国内外学者的关注。但目前对于模块化的研究大多集中在理论上的定性研究，缺乏定量化的实证研究。之前有学者利用德温特专利数据定量测度汽车产业的模块化水平，并将结果与创新成果进行回归分析。现有研究缺乏广泛认可的定量测度模块化方法，为此本节以半导体产业为例，将半导体产业公司的专利按照一定规则归类到不同类别，定量测度半导体产业知识网络模块化程度 MI。

利用式（6.6），可以得到 30 个专利分类的知识网络模块化指数，将各个专利分类占全部专利的比例作为其权重，最后加权得到当年整个知识网络的模块化指数。

在 6.3 节中，可以测算得到半导体产业各年的知识网络结构，以此为基础，可以将每一年的 30 个专利子类区分到不同集群，同一 k-核子图内的点即相同形状的点被定义为同一集群，使代表每一个专利子类的点都有明显的集群内链接点和跨集群链接点。经过计算得到 1976~2000 年 25 年的模块化指数，如图 6.9 所示。本节下载的最新数据截止到 2006 年，但是从 2001 年开始每年的专利申请数量和专利授权数量均小于 2000 年，这并不符合常理，其主要原因是数据库数据更新不及时，由于专利存在引用时滞，所以本节选取前一部分数据，去除引用时滞的影响。

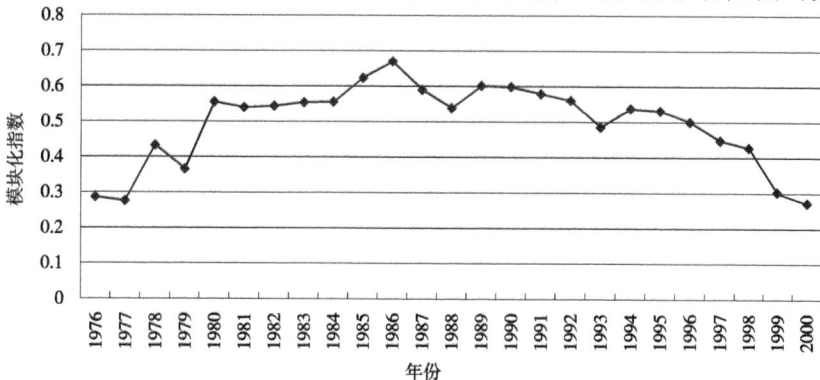

图 6.9　1976~2000 年半导体产业知识网络模块化指数变动情况图

从图 6.9 中可以看出，半导体产业知识网络模块化指数在 25 年的区间内呈现出倒 "U" 形，在 1986 年达到历史最高点。在其他年份中，也呈现出一定的波动起伏。这种变化与同期半导体产业的全球市场变化不无关系。如果按市场份额的变化，这时期半导体市场可以分为以下三个时期：

第二次世界大战之后，随着一些军事项目的民用化，美国的半导体产业迎来了高速发展期，在欧洲国家和日本正忙于战后恢复时，美国凭着先发优势，轻松取得了最大的市场份额，到 20 世纪 60 年代末，全球半导体市场中 70% 的份额都被美国企业占据，而且前十大半导体厂商全部是美国企业。

20 世纪 70 年代以后，日本加大了对半导体制造的政策扶持，投资规模迅速扩大，从美国购买大量先进技术和基础研究成果，并通过吸收再创新，提升自主研发水平，全力开发应用研究技术。80年代中后期，日本的应用研究水平已经超越了美国。这也帮助日本快速取得了国际市场份额。到1987年，日本在世界市场的份额从1977年的28%增加至50%。全球十大半导体厂商，日本已经占据半壁江山，此时日本国内市场几乎被本土企业所垄断。欧洲和亚洲新兴经济体也开始注重半导体产业的发展，全球范围掀起半导体研究热潮。逐步形成了两强分立、多点开花的局面，世界半导体产业重心开始转移，各家企业的技术优势开始凸显。

20世纪80年代后期开始的日元快速升值和90年代末的亚洲金融危机对产业的发展造成了巨大的负面影响，特别对日本及韩国等亚洲新兴经济体国家造成了严重的影响，这种影响会带动相关国家产业政策的制定及企业投资方向的变化。每个国家、企业的研究领域各有差异，这种差异会影响产业内知识的转移和传递过程。

6.4.3　产业基础技术发明效用的测度

1. 理论假设

模块化可以将复杂的系统分解为能独立设计生产的子系统，每个子系统就是一个新的模块，被分解后的各个模块拥有较高的研发自主性、设计权限及模块集成能力，可以同时进行技术研发，缩短整体系统的研发周期，提高研发效率。同时，创新主体不用分散资源和精力去研发通用模块，只需要根据自身原有技术实力和市场实际需求进行更具有针对性的研发。通过这种技术模块化分解过程，技术创新的需求被分散到多个非通用模块研发组中，不用浪费时间精力在通用模块上面，就能够大大加快技术创新的效率速度。同时，具有比较优势的研发团队可以针对自身情况研发非通用模块，将自身的研发优势发挥到最恰当的地方，可以充分提高专利质量、效用。

基于上述分析，提出本节研究的理论假设：知识网络模块化对基础技术发明效用具有积极的促进作用。其中，基础技术发明效用是考察专利的质量，主要通过专利被引次数和专利申请数衡量。

2. 基础技术的发明效用测算

创新发明能力是企业、国家获取竞争优势的重要能力之一，而对基础技术发明效用的测度主要是利用专利数据进行。由于专利包含了大量的创新信息，通过对其分析，可以得到创新主体的发明成效。专利体现知识密集型企业的核心价值，一个创新型企业的技术水平和竞争实力都可以用拥有的专利数量和质量来体现。专利文献内的信息包括创新的技术类别、引用和被引信息等。创新成果的重要性可以用被引频次衡量。一般地，专利被引频次越高，说明专利越有价值、专利的发明效用越高，可以看做具体技术领域内的核心专利，属于具有产业变革性潜力的基础技术。

Phene 等[13]使用生物产业专利高被引数据定量测算了美国生物技术产业的技术创新情况，分别计算了不同百分比下的高被引专利的平均被引频次，选取平均被引次数首次出现明显下降时的对应百分比专利，作为突破性创新专利，并以此为基础测度突破性技术指数。一般地，代表突破性创新的专利也是发明效用比较高的专利以及具有产业变革性潜力的基础技术。因此，参考 Phene 等的方法，选取半导体产业前 1%的高被引专利作为基础技术的研究范围。在本节研究的数据中，不同百分比高被引专利的平均被引频次如表 6.14 所示。

表6.14　半导体产业高被引专利平均被引频次

高被引专利百分比	平均被引频次
前1%	246
前2%	185
前3%	155
前4%	136
前5%	123

定义发明效用指数 IU 来测度半导体产业专利的发明效用，P_i 代表第 i 年的半导体产业高被引专利授权量，M_i 代表第 i 年半导体产业专利的全部授权量。具体公式如下所示：

$$IU_i = \frac{P_i}{M_i} \tag{6.8}$$

通过式（6.8）可以计算出半导体产业各年的基础技术发明效用指数，结果如图 6.10 所示。

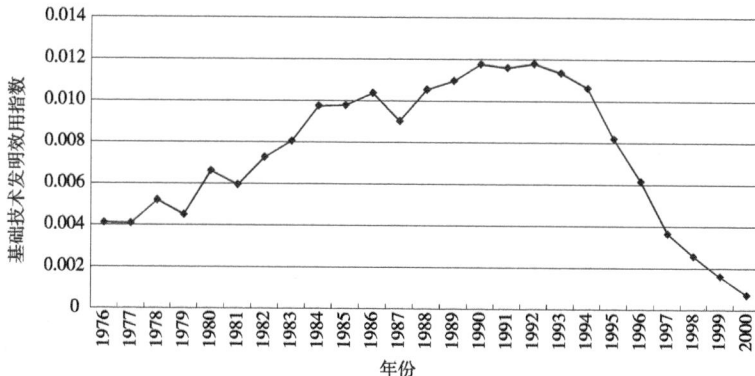

图 6.10　1976~2000 年半导体产业基础技术发明效用变动

6.4.4 实证分析

为确定知识网络模块化与基础技术发明效用之间的因果关系，对两组时间序列数据进行分析。格兰杰因果检验方法既可以测度变量之间是否存在因果关系，也可以对变量未来发展趋势给予判断和预测，后经过西蒙斯的继承发展日渐成熟，得到学术界的普遍认可和广泛应用[14]。因此，选取格兰杰因果检验方法对知识网络模块化与基础技术发明效用进行因果性检验。

格兰杰因果检验在判断对其他变量的回归时，考虑变量 X 的滞后期值，观察其能否显著改进对变量 Y 的预测效果，如果能够显著改进预测效果，则可认定变量 X 是变量 Y 的格兰杰原因。进行格兰杰检验前，要判断变量 X 和变量 Y 是否为平稳序列，如果均为平稳序列，则可以建立两者的滞后模型：

$$y_t = c + \sum_{i=1}^{n} \alpha_i y_{t-i} + \sum_{i=1}^{n} \beta_i x_{t-i} \qquad （6.9）$$

式中，c 代表常数项；n 代表滞后期，是任意选择的。检验变量 X 的变化是否为变量 Y 变化的原因就是根据原假设 H_0：$\beta_1 = \beta_2 = \cdots = \beta_n = 0$ 进行 F 检验，即验证滞后项不属于原回归方程，检验如下：

$$F = \left[(\mathrm{RSS}_0 - \mathrm{RSS}_1) / n \right] \big/ \left[\mathrm{RSS}_1 / (N - 2n - 1) \right] \qquad （6.10）$$

式中，RSS_1 表示式（6.9）的回归残差平方和；RSS_0 表示式（6.9）在原假设成立时的回归残差平方和；N 为样本容量；n 为滞后期数。F 统计值服从标准的 F 分布，如果计算得到的 F 检验值大于相应显著性水平下的 F 分布临界值，则可以拒绝原假设，检验结果表明 X 的变化是 Y 变化的格兰杰原因；如果 F 检验值小于相应显著性水平下的 F 分布临界值，则接受原假设，检验结果表明变量 X 的变化不能作为变量 Y 变化的格兰杰原因。

1. 单位根检验

时间序列数据进行格兰杰因果检验并保证结果准确的前提是要求所检验数据都是平稳的，因为对非平稳时间序列数据进行回归分析可能导致伪回归现象的出现，其分析结果显示出它们具有因果关系，但这些关系并不具有真实意义。因此，在实际计量过程中要尽可能避免这种现象的出现。时间序列的平稳性就是指时间序列的统计规律不会随着时间的推移而变化[14]。检验时间序列是否平稳主要进行单位根检验，比较常用的有 PP 检验、ADF 检验和 DF 检验，使用最为广泛的是 ADF 检验，因此本节选取这种方法进行检验。ADF 检验有三种检验模型，分别为有常数项和无时间趋势项、无常数项和无时间序列项、有常数项和时间趋势项，模型如下[14]：

$$\Delta y_t = \alpha + \varphi y_{t-1} + \sum_{i=1}^{p} \eta_i \Delta y_{t-i} + \varepsilon_t \qquad (6.11)$$

$$\Delta y_t = \varphi y_{t-1} + \sum_{i=1}^{p} \eta_i \Delta y_{t-i} + \varepsilon_t \qquad (6.12)$$

$$\Delta y_t = \alpha + \beta t + \varphi y_{t-1} + \sum_{i=1}^{p} \eta_i \Delta y_{t-i} + \varepsilon_t \qquad (6.13)$$

式中，y_t 为时间序列变量；Δy_t 为 y_t 的一阶差分；η_i 为 y_t 在不同滞后期时的差分系数；α 为常数项；β 为时间趋势项的系数；ε_t 为随机扰动项。

采用 Mackinnon 临界值来判断时间序列 y_t 是否存在单位根。如果 ADF 统计值比 Mackinnon 临界值大，则原假设 $H_0 : \varphi = 0$ 成立，序列 y_t 存在单位根，是非平稳序列，需要经过差分后重新检验；如果 ADF 统计值比 Mackinnon 临界值小，则原假设 H_0 不成立，备选假设 $H_1 : \varphi < 0$ 成立，序列 y_t 不存在单位根，是平稳序列[14]。如果序列 y_t 经过检验证明其为非平稳序列，那么就需要进行第二次检验，即对其一阶差分后得到的序列进行检验，如果其一阶差分序列是平稳的序列，那么原时间序列就称为一阶单整序列。如果一阶差分序列依旧为非平稳的序列，那么就需要进行第三次检验，即对其二阶差分后得到的序列进行检验，如果二阶差分序列变成平稳性序列，则称原序列为二阶单整序列。总之，时间序列 y_t 经过 d 次差分后变为平稳性序列，则 y_t 为 d 阶单整序列。

为了检验模块化指数和发明效用指数的平稳性，本节使用 Eviews 软件，得到 ADF 检验结果，如表 6.15 所示。

表6.15　ADF检验结果

变量	ADF统计量	检验类型	临界值1%	临界值5%	临界值10%	结论
Y	0.264	$C, T, 1$	−4.416	−3.622	−3.249	非平稳
X	−1.21	$C, T, 1$	−4.416	−3.622	−3.249	非平稳
Δy	−1.921	$0, T, 1$	−4.441	−3.633	−3.255	非平稳
Δx	−4.418	$0, T, 1$	−4.441	−3.633	−3.255	非平稳
$\Delta^2 y$	−12.453	$0, 0, 0$	−2.674	−1.957	−1.608	平稳
$\Delta^2 x$	−11.825	$0, 0, 0$	−2.674	−1.957	−1.608	平稳

注：Δ 为原序列的一阶差分；Δ^2 为原序列的二阶差分；(C, T, K) 为检验方程类型，其中 C 为常数项，T 为时间趋势项，K 为滞后阶数

检验 y 序列指标的平稳性，结果显示 ADF 统计量值为 0.264，在 1%、5%、10%三个显著水平下，单位根检验的临界值分别为−4.416、−3.622、−3.249，都小于 ADF 统计量值，说明 y 序列存在单位根，是非平稳序列，需要对其进行第二次检验。对其一阶差分序列再次进行单位根的检验的结果表明：ADF 统计量值−1.921大于相应显著性水平下的临界值，表明二者的一阶差分序列同样为非平稳序列。

需要对其二阶差分序列进行单位根检验。检验结果显示，在1%的显著性水平下，单位根检验的临界值分别为-2.674，ADF统计量值为-12.453，小于-2.674，说明 y 序列是二阶单整的，同理也可检验 x 序列是二阶单整的。两个序列为同阶单整序列，可以进行协整检验，检验两者之间的长期关系。

2. 协整检验

实证研究中，时间序列变量大多都是非平稳的，如同本节中的时间序列。如果直接检验会导致伪回归的出现，因而需要将原非平稳序列进行一次或多次差分，使原数据序列变为平稳序列。但是这种对数据进行差分的过程会忽略原数据中一些有用的信息，然而在分析问题时，这些被忽略的信息往往是不可缺少的[14]。为此需要进行时间序列数据的协整检验，如果检验结果表明序列数据之间存在协整关系，那么就说明序列数据之间存在长期稳定的关系。

是否存在协整关系的检验主要有 Johansen 检验法和 EG 两步法这两种方法。Johansen 检验主要利用回归系数，适用于存在多变量时的协整检验；EG 两步法是利用回归残差的协整检验法，主要适用于单方程。鉴于此，本节研究选择 EG 两步法进行协整检验[14]。

第一步，如果序列 x_t 和 y_t 同是 d 阶单整的，则可建立回归方程：

$$y_t = \alpha + \beta x_t + u_t \qquad (6.14)$$

回归方程模型的残差估计值为

$$\hat{u}_t = y_t - \hat{\alpha} - \hat{\beta} x_t \qquad (6.15)$$

第二步，检验回归方程残差的平稳性。如果残差数据为平稳序列，即说明 x_t 和 y_t 具有协整关系；反之，如果残差数据为非平稳序列，则说明 x_t 和 y_t 两个序列变量之间不具有协整关系，两者之间也不具有长期稳定关系。

对上述回归方程的残差进行 ADF 检验，检验结果如表6.16所示，残差的单位根检验临界值在1%、5%、10%三个显著水平下，分别为-2.669、-1.956、-1.608。ADF 检验值-2.147 小于 5%水平的临界值-1.956，可以认定残差序列为平稳序列，进而说明 y 与 x 之间具有协整关系，表明知识网络模块化与半导体产业基础技术发明效用之间具有长期稳定的均衡关系。

表6.16　残差ADF检验

变量	ADF检验值	检验类型	临界值1%	临界值5%	临界值10%	结论
残差（e_t）	-2.147	（0，0，0）	-2.669	-1.956	-1.608	平稳

y 与 x 通过了平稳性检验和协整检验，具备了建立协整回归方程的条件。利用最小二乘法建立两者之间的协整回归方程：

$$y = -0.004\,7 + 0.024\,5x + u_t \qquad\qquad (6.16)$$

由上述回归结果可知，修正后的判定系数 R^2 的值为 0.681，说明模块化指数与半导体产业基础技术发明效用指数之间线性相关性较高，可以认定两者有比较可靠的影响关系。回归检验中估计值的 T 统计量的 p 检验值越小，自变量对因变量的影响关系越显著可靠。从回归方程检验结果中可以看出：T 统计量的 p 检验值为零，即 y 与 x 的线性关系显著。

协整回归方程（6.16）中 DW 值为 0.605，说明回归方程的扰动项序列存在着自相关，本节研究中使用 AR（1）模型对协整方程中残差序列的自相关性进行修正。

$$y = 0.009\,4x + 0.964\,2\mathrm{AR}(1) \qquad\qquad (6.17)$$

回归结果中 $R^2 = 0.903$，DW $= 1.220$，结果通过了 DW 检验，根据上述回归结果，可以得出这样的结论：知识网络模块化对半导体产业基础技术发明效用有积极的促进作用，模块化指数每增加 1 百分点，半导体产业基础技术发明效用指数增加 0.009 4 百分点，影响系数偏小主要是因为基础技术发明效用指数的数量级比较小。

3. 误差修正模型

协整检验考察的是变量之间在长期中是否存在稳定均衡关系，而很多变量往往只存在短期均衡而且偏离长期均衡点。为保证检验的准确性，需要加入误差修正项而建立误差修正模型，以此检验模型的短期特征和长期调整。

误差修正模型是一种反映变量的关系的单方程模型，特别能够反映短期不均衡的结构关系。模型基本形式由 Davidson 等在 20 世纪 70 年代提出[14]。

根据协整检验结果可知 y 和 x 之间存在长期稳定的均衡关系，可以建立关于两者的误差修正模型。由于序列 y 和 x 都是二阶单整，所以先要对两个序列进行二阶差分。根据 ECM 模型的原理，需要在回归模型方程中使用两个变量的二阶差分序列 DDY 和 DDX。将 DDY、DDX、ECM（–1）进行回归分析，得到的回归方程如下：

$$\mathrm{DDY} = 0.009\,5\mathrm{DDX} - 0.309\,7\mathrm{ECM}(-1) \qquad\qquad (6.18)$$

式中，ECM（–1）代表残差项的滞后一期序列为误差修正项，方程各系数都通过了检验，显著不为零。误差修正系数为 –0.309 7，并且通过 5% 的显著性检验。因此，从短期上看，知识网络模块化程度的提高对基础技术发明效用的提高有正向的推动作用。在回归方程中 ECM 为误差修正项，如果因变量小于其长期均衡，ECM 为负，ECM 系数为负，则会使因变量增加，ECM 对因变量长期均衡中的短期不均衡变得具有修正机制。ECM（–1）反映了上一期偏离长期均衡的程度，ECM

（–1）前的系数为误差修正项系数，反映当期对前一期偏离长期均衡所做调整的程度，即短期偏离长期的调整程度。回归方程中误差修正模型为–0.309 7，说明半导体产业基础技术发明效用在存在短期波动继而偏离长期均衡时，误差修正项以31%的比例进行修正，使其逐渐回归到长期均衡状态中。

4. 格兰杰因果关系检验

协整检验结果显示，知识网络模块化与基础技术发明效用之间存在着长期稳定的动态均衡关系，但这不能证明模块化与基础技术发明效用之间存在因果关系。在此基础上，采用格兰杰因果检验，对知识网络模块化与基础技术发明效用是否存在因果关系做进一步检验。滞后期的选择对格兰杰检验的结果有明显的影响，本节选择滞后期为1~5年，进行逐一检验，检验结果如表6.17所示。

表6.17　格兰杰因果检验结果

原假设	滞后期	F值	P值	结论
y不是x的原因	1	3.437	0.078	接受
x不是y的原因	1	0.041	0.841	接受
y不是x的原因	2	2.863	0.083	接受
x不是y的原因	2	1.827	0.189	接受
y不是x的原因	3	2.779	0.077	接受
x不是y的原因	3	3.570	0.039	接受
y不是x的原因	4	3.233	0.051	接受
x不是y的原因	4	3.316	0.048	接受
y不是x的原因	5	1.285	0.349	接受
x不是y的原因	5	7.219	0.005**	拒绝

**表示在1%的水平上显著

格兰杰因果检验表明，基础技术发明效用指数对知识网络模块化指数具有一定的影响，但是没有通过显著性检验。而知识网络模块化指数对基础技术发明效用指数具有显著的促进作用，在滞后期为5年时，通过了1%的显著性检验；这正符合通常专利发挥效用的过程，经过知识网络模块化一段时间变化的技术积累，才能推动基础技术发明效用的变化。这表明，知识网络模块化是基础技术发明效用变化的基础。

6.4.5　结果讨论

从本章前面的分析可以看出，知识网络模块化和基础技术发明效用均为二阶单整序列，并且通过协整检验和误差修正模型的检验。也就表明知识网络模块化和基础技术发明效用指数两者之间，无论在长期还是短期中都存在稳定的关系。在消除了自相关的影响之后，知识网络模块化每增加 1 百分点，半导体产业基础技术发明效用提高 0.009 4 百分点，回归系数较小主要是由于基础技术发明效用指数的数量级比较小，但不妨碍知识网络模块化长期对基础技术发明效用的正向影响关系。误差修正系数估计值为−0.309 7，反映了变量在短期具有反向修正机制，可以修正偶然事件对短期的波动影响。最后通过格兰杰因果检验的结果可以看出，知识网络模块化对基础技术发明效用具有显著的促进作用，在滞后期为 5 年时，通过了 1% 的显著性检验。

知识网络模块化指数与基础技术发明效用指数的关系日益紧密，由时间序列数据的半导体产业实证研究表明，知识网络模块化与基础技术发明效用之间存在长期稳定的动态均衡关系；知识网络模块化对基础技术发明效用有显著的促进作用，且存在滞后现象，表明知识网络模块化是基础技术发明效用提升的重要基础。近年来，技术发明效用的重要性日益凸显，提高基础技术发明效用已成为国家和企业界的共识，对致力于提升行业内技术地位的创新主体企业而言，发明的数量不再是追求的唯一目标，而是将更多精力放在提高发明效用上。积极开展模块化研发和自主创新，并通过与近似企业间合作，建立产业技术知识网络联盟，实现共赢的目标。另外，实证研究还表明，基础技术发明效用对知识网络模块化可能存在一定的逆向影响，但统计分析结果没有通过显著性检验，故暂不做进一步讨论。

6.5　本章小结

对于如何识别产业基础技术和测度知识网络模块化对基础技术发明效用的影响，现有的研究普遍关注较少。本章的研究表明，知识网络模块化对基础技术发明效用具有积极的促进作用。模块化作为一种应对复杂问题，将复杂系统有序分解为多个子系统的方法，可以大大加快技术创新的效率，同时具有比较优势的研发团队可以针对自身情况研发细分领域技术模块，将自身的研发优势发挥到最恰当的地方，充分提高发明效用。

1. 研究特色

本章的研究特色主要体现在以下方面：

第一，定义并识别产业基础技术。采用专利技术领域引用网络实证识别产业基础技术，并以半导体技术领域为例进行测算。以 USPTO 专利数据为基础构建产业技术领域引用网络，利用 Java 语言处理专利数据构建引用矩阵，识别半导体技术领域的基础技术。

第二，分析基础技术形成中的知识流动。通过半导体产业技术领域在整个引用网络中的分阶段演进，讨论知识流动对基础技术形成的影响。

第三，分析知识网络模块化对产业基础技术的影响。以半导体产业为例，根据专利引用关系矩阵得到的知识网络结构定义模块化指数，根据专利被引频次定义半导体产业基础技术的发明效用，并分别进行定量测度，弥补以往研究多为定性研究，缺少定量研究的不足。分析 1976~2000 年的半导体产业专利数据，进行协整检验、误差修正模型检验、格兰杰因果检验，研究发现知识网络模块化与半导体产业基础技术发明效用之间具有一种长期的均衡关系；回归方程中的误差修正项能够有效调整发明效用中由于偶然因素导致的偏离长期均衡的短期波动影响；同时，知识网络模块化对基础技术发明效用具有正向相关关系，并在滞后期为 5 年时，通过了 1% 的显著性检验，证明知识网络模块化是基础技术发明效用的格兰杰原因。

2. 主要结论

本章首先提出了基于专利引用网络的产业基础技术识别方法，利用专利数据构建技术领域引用网络，识别出技术领域引用网络中的基础技术，并以半导体产业为例进行实证分析，探讨在半导体产业技术的不同演化阶段中知识流动的影响。其次，对知识网络模块化与基础技术发明效用分别进行定量测度，利用 1976~2000 年的全球半导体产业专利数据，检验知识网络模块化与基础技术发明效用之间的协整关系，并建立两者的误差修正模型，之后利用格兰杰因果检验方法对知识网络模块化与基础技术发明效用之间的关系进行分析，得出如下主要结论：

（1）社会网络分析中的中心性指标和结构洞指标可以作为产业基础技术的识别指标。产业基础技术在来源上具有明显的异质性，经过跨领域吸收复合而成，对整个产业或多个产业的技术、组织及产业结构具有重要影响且应用广泛。中心性指标中的出度、入度、中介中心度和接近中心度可以说明网络中节点（本章中代表技术领域）的重要程度；结构洞指标中的有效规模和限制度则从节点对网络的影响角度分析节点的作用。进一步可以使用熵值法来给六个指标赋权重，从而得出技术领域的客观评价指标，分析得到引用网络中的产业基础技术。

（2）知识流动影响产业基础技术的形成。技术领域间的相互引用作为知识流动的一种方式，对半导体产业基础技术的形成有重要的影响。分析半导体产业中基础技术在引用网络中的分阶段演化过程，结合具体的技术应用，可以得出不同时期基础技术和知识流动方向的变化。

（3）格兰杰因果检验结果表明，知识网络模块化对基础技术发明效用存在显著正向影响。在滞后期为 5 年时，检验结果通过 1% 的显著性检验；符合通常专利发挥效用的过程，专利申请一段时间之后才能逐渐发挥效用，经过知识网络模块化一段时间变化的技术积累，才能推动基础技术发明效用的变化，即模块化指数与基础技术发明效用指数之间存在长期稳定的均衡关系。长期来看，两者存在正向相关的关系，即知识网络模块化程度的提高会促进基础技术发明效用的提高。

3. 政策建议

首先，重视产业基础技术的培育和发展。鼓励企业以产业基础技术为创新基础，在基础技术领域形成重点突破。半导体产业是基础性行业，它的良好发展对其上下游十几个产业都具有积极的推动作用。在我国集成电路制造业已经进入国际集成电路大生产主流技术领域的前提下，如何在以半导体产业为基础的光纤通信、无线通信等信息化网络技术领域取得重点突破，对进一步提升我国半导体产业的技术含量，掌握未来发展的制高点有重要意义。因此，可以在财政政策和货币政策上给予一定程度的支持，为产业技术的良性发展搭建好平台，着力培育半导体产业基础技术，刺激产业快速发展。

其次，组织建立半导体产业技术联盟。知识流动对产业基础技术形成具有重要影响，要想掌握国际产业的最新技术发展态势，必须增进国际交流，创造良好的半导体产业发展的外部环境。半导体技术的发展日新月异，国际间的技术交流非常重要，必须通过参加国际间的技术交流，开阔视野、增强思维，不断完善国内半导体产业的发展环境。我国许多半导体企业规模小、自主创新能力低、缺乏自身的核心技术，需要企业间加强合作，集合全力发展原有优势，积极进行企业合作，形成强强联合的局面。借鉴国外经验，政府在产业发展过程中也应该发挥更重要的作用。组织成立半导体产业技术联盟，促进联盟内成员合作并进行必要的监督；政府有关部门和地方政府为半导体产业联盟提供决策支撑和监督管理；通过联盟，可以组织联盟内成员之间的产学研合作，加强上下游合作主体之间风险、利益的分配管理，并不断探索新的模块化创新方式。联盟还可以申请国家示范性工程，加大联盟的影响力，加速产业化。利用联盟对市场和技术的控制力，建立完善的产业标准，全面提高我国半导体企业在国内外市场上的竞争地位。

然后，推进产业知识模块化和集成创新战略。本章研究发现，半导体产业的知识网络模块化能够推动产业基础技术发明效用的提高。所以，为了提高产业的基础技术发明效用，提升产业的技术创新水平，需要根据产业技术发展成熟度水平，采用知识模块化或集成创新的发展战略。根据企业擅长的不同技术领域，针对性引导企业的技术创新方向，促进产业的持续发展。

最后，重视国内人才培养机制，增强产学研一体化过程。半导体产业是知识和人才密集型产业。要积极选拔学术带头人，培养一支具备高水平专业水准的科研队伍，要采取措施鼓励并积极应用半导体产业基础技术的研究。要进一步完善并增强科技企业科技孵化器的功能，高校与企业合作，自主发展，积极推动半导体产业基础技术相关的产学研一体化过程。

4. 研究局限与展望

通过专利计量方法识别了产业基础技术，并对知识网络模块化和基础技术发明效用的关系进行了探索性研究。但受制于所选择数据库内数据的获得性、滞后性，本章存在以下不完善之处，今后需要进一步研究。一方面，本章仅采用半导体产业为例进行了实证分析，所以得到的结论能否在其他产业中使用尚有待于进一步的严格检验。另一方面，本章选取 USPTO 数据库中的半导体专利数据测度知识网络模块化和基础技术的发明效用，考虑到专利引用数据的滞后性，本章选取的实际时间跨度为 25 年，对于半导体产业来说，时间跨度相对较短。

尽管如此，本章基于专利引用网络利用结构指标和中心度指标从产业知识网络结构变化探测产业基础技术，并通过产业知识网络模块化的变化探讨产业不连续创新的结构变化，为相关研究提供了一个新的视角。期望未来的研究可以采用更丰富的实证数据并扩展到更广泛的产业之中，如结合专利数据及其他经济数据，提高结论的说服力，为产业创新实践提供更有力的管理支持。

参 考 文 献

[1] 陈超美. 转折点：创造性的本质. 陈悦，王贤文，胡志刚，等译. 北京：科学出版社，2015.
[2] 肖冬平. 知识网络研究综述. 重庆工商大学学报（自然科学版），2006，23（6）：617-623.
[3] Burt R S. Structural holes and good ideas. American Journal of Sociology, 2004, 110（2）: 349-399.
[4] 王海龙，刘佳. 我国省区高技术产业发展水平评价与模式分析. 科技进步与对策，2011，（22）：113-117.
[5] 梁瑞林. 半导体器件新工艺. 北京：科学出版社，2008.
[6] 国家自然科学基金委员会. 半导体科学与技术. 北京：科学出版社，1995.
[7] Yayavaram S, Ahuja G. Decomposability in knowledge structures and its impact on the usefulness of inventions and knowledge-base malleability. Administrative Science Quarterly, 2008, 53（2）: 333-362.

[8] Girvan M，Newman M E J. Community structure in social and biological networks. Proceedings of the National Academy of Sciences of the United States of America,2002,99(12):7821-7826.

[9] 何杰，夏建白. 半导体科学与技术. 北京：科学出版社，2007.

[10] 蒋恩尧，侯东. 基于 MIS 平台的企业知识网络的组建. 商业研究，2002，（17）：9-12.

[11] 宋昱雯. 高技术虚拟企业的知识联盟管理. 科技与管理，2006，（3）：66-68.

[12] Newman M E，Girvan M. Finding and evaluating community structure in networks. Physical Reviewe，2004，69（2）：26113.

[13] Phene A，Fladmoe-Lindquist K，Marsh L. Breakthrough innovations in the U.S. biotechnology industry：the effects of technological space and geographic origin. Strategic Management Journal，2006，27（4）：369-388.

[14] 高铁梅. 计量经济分析方法与建模：Eviews 应用及实例. 北京：清华大学出版社，2006.

第7章 跨产业创新中的知识流动效率：以电动汽车领域为例

本章首先构建电动汽车领域技术知识网络，分析核心技术领域及主要专利权人的合作关系，探究电动汽车领域跨产业创新中知识流动网络结构特点；其次，测度电动汽车领域技术知识流动网络中的知识流动效率，并识别知识流动效率的关键影响因素，探究知识流动效率提升的现实路径；最后，分析得到的结论并为未来的研究提供建议。

7.1 引言

全球变暖、温室效应、PM2.5 等一系列热点现象使人们对碳排放、化石燃料燃烧等造成的气候问题愈发重视，人们开始寻求节约能源的低碳生活方式。而随着石油短缺问题的日益严重，温室效应危害日益凸显，各国政府相继出台严格控制汽车燃油消耗以及削减汽车的二氧化碳排放量的控制法规。传统汽车的节能减排潜力已经难以满足现实的要求，汽车产业的可持续发展问题堪忧，各汽车厂家都在加大力度研发新能源汽车，汽车动力技术革命已经开始。电动汽车能从根本上减少对石油能源的依赖，大幅降低二氧化碳的排放，发展电动汽车已成为世界各主要国家和汽车企业的共同战略选择。

从我国电动汽车行业的发展来看，从 20 世纪 60 年代开始进入萌芽阶段，"八五"期间电动汽车被列入国家科技攻关计划，"九五"期间又继而被列入国家重

大科技产业工程项目。从"十五"开始，电动汽车行业进入了研发培育阶段，863
电动汽车重大专项计划的启动，推动电动汽车行业取得了重要的研发进展，为电
动汽车产业化打下了坚实的基础。"十一五"期间电动汽车的研发被国家列为重
大项目之一，电动汽车行业进入高速发展阶段，形成了电动汽车产业化的基本实
力。为了进一步贯彻和落实《国家"十二五"科学和技术发展规划》和《国家中
长期科学和技术发展规划纲要（2006—2020 年）》，加快电动汽车产业的发展，
国家科技部于 2012 年 3 月 27 日又发布了电动汽车行业发展的指导性文件《电动
汽车科技发展"十二五"专项规划》。电动汽车科技发展"十二五"专项规划指
出，我国电动汽车将坚持自主创新，为实现我国从汽车制造大国向汽车技术强国
转型奠定基础。从传统汽车技术来看，我国与国外有较大差距，我国要振兴民族
汽车品牌实现从汽车大国向汽车强国的转变，要找准切入点着力提高研发能力。
电动汽车是汽车产业的未来，抢占未来汽车产业竞争制高点必须紧抓电动汽车领
域的发展。电动汽车行业兴起较晚，各国均处在大力研发阶段，我国与发达国家
差距并不悬殊。我国汽车行业应抓住电动汽车领域带来的技术追赶的历史机遇，
以电动汽车为切入点大力进行自主研发，选择具有优势的技术领域重点攻关，以
期在某些关键技术领域取得突破性进展从而实现赶超。

近年来，汽车行业的快速发展使我国成为世界第四大汽车生产国和第三大汽
车消费国。国务院发展研究中心估计我国汽车保有量将在 2020 年达到 1.4 亿辆左
右，机动车燃油需求为 2.56 吨，占当年全国石油需求的 57%。但是我国的石油资
源短缺，大量依赖进口，目前我国石油进口量以每年两位数字的百分比增长。因
此，大力发展电动汽车以电力驱动代替燃油消耗，是保证我国能源安全的重要战
略举措。目前，我国在电动汽车领域的发展虽取得了一些进步，但依然处于从研
发向产业化迈进的过程当中，还存在技术不成熟、可靠性和耐久性低、成本高、
充电桩等社会配套设施不健全等诸多市场化的阻碍和困难。

电动汽车关键技术领域的突破需要长时间的技术知识积累。电动汽车领域主
要的核心技术有基于传统汽车产业的车身和底盘等通用技术，以及电动汽车所特
有的电池、电机和传控等技术。电池是电动汽车的储能装置，电池系统是电动汽
车的动力保证，是制约电动汽车产业化和市场化的关键因素。要在市场上与传统
汽车相竞争，电动汽车的电池技术一定要做到充电时间短、蓄电量大、单位质量
电荷量大且使用寿命长。电机系统是电动汽车的心脏，为满足对车辆性能和成本
的要求，电机系统面临高功率密度、高效率、宽调速范围、高响应速度和控制精
准等挑战。而目前我国在电动汽车关键技术领域的发展仍未实现突破性创新，培
育和完善能有效支撑核心能力的产业技术系统是我国电动汽车产业发展的现实
需求。

综合来看，现有研究多以专利分析为主，但缺乏对产业知识流动的关注。创新系统内知识流动渠道不畅，主体间缺乏互动，将无法形成结构优化的产业知识基础，即使具有某项外围技术的突破，也往往由于缺乏基础技术的支撑而无法取得产业层面的根本性创新。在生产全球化的背景下，我国产业升级的关键在于本土产业技术系统与发达国家先进技术系统的有效对接，有必要探究知识基础与知识流动在此过程中的作用，探索提高技术知识流动效率、支撑技术创新的现实路径。

为此，本章以专利为电动汽车领域技术知识的载体，从作为产业技术系统演化底层因子的技术知识角度来剖析产业技术知识网络的结构和属性特征。从技术知识流动的角度进行研究，有助于深化认识产业技术知识基础对产业创新的支撑功能，丰富和拓展产业动态的一般理论，对拓展产业技术管理的研究对象与视野具有重要的理论意义。本章运用专利引文分析、社会网络分析、数据包络分析和投入产出分析等多种研究方法，分析电动汽车产业知识网络结构特点及知识流动效率，有助于对贯彻实施"十二五"规划和发展电动汽车这一战略性新兴产业提供决策借鉴，对于发挥电动汽车等战略性新兴产业在提高自主创新能力和实施创新驱动发展战略中的引领和支撑作用，加快形成支撑经济社会可持续发展的支柱性和先导性产业，驱动国家创新体系建设具有重要的实践价值。

7.2　研究思路与方法

7.2.1　专利引文分析与知识流动

专利计量来源于文献计量学，在文献计量学研究中，主要以学术文献中所包含的计量信息为研究基础。与之类似，专利计量是以专利中所含有的计量信息为研究基础。分析专利中的计量信息就能够洞察某一行业技术的发展现状，发现竞争者及其经济生产技术活动的核心竞争力，以此来判断整个行业的竞争形势。Pavitt[1]探讨了创新活动与专利统计之间的相互关系，发现专利信息的统计能够用来评价创新活动的模式与绩效，会影响一个企业乃至国家的贸易和生产，进而会影响到公司的业绩与所处行业的结构，在科学与技术之间建立良好的联系。到20世纪90年代，Narin[2]将专利计量作为一个独立的新领域进行研究，"专利计量学"也逐渐发展成为一门独立的学科。近年来，随着国内外学者的不断努力，专利计量学及其相关领域的研究不断拓展，日益受到学术界和理论界的重视。

作为一门单独的学科，专利计量学必须要有定量测度方法。在指标的选取上，专利数是最基础也是最简单的专利计量指标。在此基础上，Narin[3]提出可以使用专利的影响因子系数（CII）和专利的技术强度（TS）两个指标来评价专利计量。台湾学者 Chen 等[4]在 Narin 的基础上进一步修正了专利的技术强度指标（TS），指出可以用必要专利指数（EPI）和必要技术强度（ETS）等新指标来评价专利计量。除了上述观点，理论界认为还需要考虑专利的引文次数，以及专利权人的重要程度和引文的年龄等因素。这些理论在实践创新中不断应用，发展了专利计量的理论研究，对专利计量的发展有重要的推进作用。

1990 年，哈佛大学教授 Griliches[5]通过描述专利与专利数据之间的关系，分析专利数据的主要特点，发现专利信息与研发费用之间存在着显著的关系，专利数据可以作为经济技术变革的一个衡量指标。该论文率先研究了专利与经济之间的关系，受到了学术界的重视，对专利和经济关系的研究也愈发深入。

在国际上，Meyer[6, 7]通过对纳米领域技术专利的研究发现，引用连接度极少能够代表被引用论文和引用专利间的直接联系，随后他分析了科学引文与专利引文之间的异同，认为对专利引文来讲，学术论文的引文仍然是研究的一个重要来源。Kostoff 和 Schaller[8]尝试使用专利统计数据绘制科学技术路线图，并定义基本概念，他们把一些联系不显著的路线制作成统一的图示，首次提炼出了技术路线图并提出了制作技术路线图的基本步骤。Verbeek 等[9]设计了一种使用专利引文数据来连接科学与技术系统的联系框架，该框架主要考虑两个过程，即创建科学与技术联系计划的过程和科学与技术具体运作的过程。随后 Verbeek 等使用USPTO 专利数据库中的专利验证了模型的有效性，发现引用文献中存在较高的线性贡献，这样就能准确地辨别出在哪些技术领域与科学论文有着密切的联系，以及哪些技术领域的发展是高度依赖科学论文的。

国内学者 Guan 和 Gao[10]通过分析 USPTO 专利数据库发现，在美国专利数据库中申请专利的中国企业在 11 个技术领域中的专利和相关科学引文之间有着不同的联系，从中国的科技关系角度验证了专利计量分析方法的有效性和具体应用，并揭示出 SCI 中所包含的科学引文不仅在分类而且在期刊中存在线性共现的关系。杨中楷和刘佳[11]利用专利及其引文网络对技术轨道的识别进行研究，结合太阳能光伏电池板数据，探讨了技术沿革的历史脉络与未来发展趋势。康宇航和苏敬勤[12]使用专利计量的实证方法从技术和市场两个维度构建了技术创新机会识别的基本框架，由此提出创新机会的一个可视化的识别方法，并以公路工程领域为例，通过可视化实验对识别方法进行实证分析，分析了该技术领域中的更高层次结构，最后挖掘出公路工程领域潜在的技术创新机会并为管理者提供了必要的政策支持和信息保障。邱均平等[13]分别从微观、中观和宏观三个层次构建专利计量的评价指标体系，实证分析全球有机电激光发光技术领域的相关专利，描述专利申请的时间分布、国际专利号（IPC）分布及高被引专利分布等，并使用共引分析和可视化分析的方法对拥有高被引专利的机构进行实证分析。

7.2.2　电动汽车产业专利计量分析

目前，关于电动汽车产业技术发展的相关研究主要有两个方面。一是产业发展路径分析，如 Rizzi 等[14]对汽车产业技术轨道变迁及氢能技术潜力的专利分析；Felix Eggers 和 Fabian Eggers[15]建立的电动汽车采用预测模型；Gilbert 和 Campbell[16]对发展燃料电池技术路径的研究；王健美等[17]关于纯电动汽车产业关键技术分布及其演进的研究；张立超和刘怡君[18]对汽车制造业能源动力系统演化的分析。二是电动汽车与其他新能源汽车的优势和劣势比较，如 Tran 等[19]发现电动汽车在新能源汽车中有比较优势；Yang[20]进行的电动汽车发展的比较研究；于晓勇等[21]利用中国知识产权局专利数据对我国电动汽车领域技术发展水平进行的比较分析；杨利锋和陈凯华[22]的国际比较研究等。

国内外相关领域的现有文献为产业创新中知识流动效率研究提供了坚实的理论基础。但是，现有研究尚存在以下不足：①从理论层面来看，产业演化领域的研究多集中于宏观层面产业创新系统的构成与政策，而模块化领域的研究多集中于微观企业层面的战略和能力，很少从中观产业层面入手深入研究产业知识网络尤其是知识流动的规律。②从方法层面来看，已有的研究大部分采用案例研究、调查量表等方法，使结果不可避免地受到样本数量和受试者主观认知的影响；对知识在产业演化中的作用研究也多以产业知识基础的静态分析方法为主，忽略了对知识流动在产业演化中作用的动态分析。③从应用层面来看，缺乏对产业知识网络自身演化规律的深入研究，未能把握技术知识及其动态变化这一产业技术系统演化的"底层因子"，对产业升级和技术追赶缺乏实践指导性。

为此，本节旨在依据客观专利数据，以技术知识流动网络为基础，定量测度电动汽车领域跨产业创新过程中的知识流动效率，识别影响产业知识流动效率的关键因素，提出提升产业知识流动效率的可行建议，为战略性新兴产业的技术管理实践提供理论依据。

7.2.3　研究方法与关键问题

本节选取电动汽车领域的产业知识网络为研究样本，以德温特专利数据库中电动汽车领域的专利文献为主要数据来源，综合运用专利引文分析、社会网络分析等方法探究电动汽车领域技术知识网络结构和特点，并采用 DEA（data envelope analyse，数据包络分析）方法客观评价跨产业创新过程中技术知识网络节点的知识流动效率，并结合相关影响因素对知识流动效率评价结果进行分析。

首先基于专利文献的共现关系构建电动汽车领域的技术知识系统网络，剖析电动汽车领域技术知识网络的核心技术领域及其关联性特点；其次基于专利引文关系构建电动汽车领域相关产业间的技术知识流动网络，分析电动汽车领域跨产业创新活动的特点；然后基于技术知识流动网络数据，客观评价电动汽车领域跨产业创新中各产业的知识流动效率，识别产业创新中知识流动效率的影响因素；最后提出提升产业知识流动效率的相关建议。

本节主要解决以下几个问题：

1）电动汽车领域知识网络结构属性分析

构建电动汽车领域技术共现网络和专利权人合作网络，分析核心技术领域及主要专利权人的合作关系特点；进一步构建基于专利引用关系的电动汽车领域技术知识流动网络，分析电动汽车领域跨产业创新中知识流动网络结构特点。

2）跨产业创新中知识流动效率评价

基于电动汽车领域各相关产业的专利数据及跨产业知识流动网络中的相关网络结构指标，采用 DEA 方法客观评价各产业知识流动效率，并得出其各自的相对知识流动效率值。

3）产业知识流动效率的影响因素分析

基于知识流动效率评价结果，从知识流动的条件因素和产业技术知识关联因素角度分析知识流动效率差异的原因，以探究促进电动汽车领域知识流动和技术创新的可行建议。

7.3　电动汽车领域技术知识网络特征分析

7.3.1　电动汽车领域技术知识网络分析

数据统计显示，专利文献中几乎记录了全世界 90%以上的发明创造，不管是理论界还是产业界，都把专利文献作为技术创新的一种重要载体。因此，学术界在研究分析技术发展态势的文献中，都把专利文献作为非常重要且可靠的数据源。而以专利文献中的计量信息为研究基础的专利计量分析方法，正是从文献计量学中衍生出来的。研究某产业的专利文件中所包含的各类计量信息数据，可以有效地分析该产业的技术系统结构，通过专利之间的引用关系识别并研究该产业的核心技术和产业领导者，从而判断整个产业的发展趋势和竞争形势。

1. 专利数据检索

本节所使用的专利数据均来源于德温特专利数据库（Derwent innovation index，DII），该数据库包含全世界 40 多个专利机构授权的基本发明数据，其中有 1 000 多万项发明专利和 2 000 多万项专利情报数据，因此能比较全面客观地显示全世界各个国家的专利发展状况。为了避免可能出现的专利数量重复计算问题，该数据库使用专利族来记录所有的专利信息。因此，德温特公司分配了四位数代码给拥有较多发明专利的公司作为专利权人，并称其为标准公司，代码的唯一性保证了专利检索过程中不会出现因公司拆分合并等造成的信息不准确问题。标准公司的确认也为专利权人分析技术的跨产业转移提供了便利。

电动汽车是指以蓄电池或燃料电池等车载电源为动力，用电机驱动车轮行驶的车辆。广义上的电动汽车根据动力源的不同分为纯电动汽车、混合动力汽车和燃料电池汽车三类。关于电动汽车领域专利数据的检索，已有学者进行了相关尝试。杨利锋和陈凯华[22]使用 IPC 分类号与专利申请关键词作为检索词来分析电动汽车产业，并从整车控制技术、电池技术、牵引电机技术、电池管理系统及电机控制系统等领域整理了电动车产业中电动技术相关的 IPC 分类号。张巍等[23]在传统的专利检索思路中加入比较分析方法和词频分析方法，并使用专家评审意见总结出适合中国电动汽车领域专利检索的策略；基于此，张巍等[24]又在专利信息中提取出高频技术核心词与高频 IPC 分类号，确定了该领域的"技术实体"列表，并据此分析绘制出全球电动汽车领域技术路线图。

由于电动汽车领域技术较为复杂且涉及多个相关技术领域，为尽量全面地检索出专利数据，本节借鉴现有关于电动汽车领域专利的检索策略与方法，以关键词和 IPC 相结合的方式确定包含混合动力汽车和燃料电池汽车的广义电动汽车领域专利检索式：TS=（（（electric vehicle OR electric vehicles OR EV OR EVS）NOT（bike OR bicycle））AND （applications electric vehicles OR lead-acid battery OR lead-acid batteries OR lead OR acid batteries OR lithium-ion battery OR lithium ion battery OR energy storage OR regenerative braking OR electric propulsion OR vehicle simulation OR motor drives OR polymer electrolytes OR hybrid electric vehicle OR hybrid electric vehicles OR HEV OR HEVS OR hybrid vehicle OR hybrid vehicles OR super capacitor OR super capacitors OR induction motor OR valve-regulated OR power electronics OR cycle life OR state-of-charge OR alternative fuels））AND IP=（B60W20* OR B60K* OR B60L* OR B60T* OR B60W* OR F02D* OR F16H* OR H01M* OR H02K* OR G06F* OR H02J* OR G01R* OR H02P*）。

根据上述检索式对德温特数据库中 1974~2012 年的专利数据进行检索，总计得到电动汽车领域专利文献 33 172 篇，检索及数据下载时间截至 2014 年 4 月 3

日。从统计结果来看，电动汽车领域专利数自 20 世纪 90 年代初至 2006 年期间稳步增长，自 2006 年开始呈现快速增长的发展势头，体现了全球电动汽车产业近年来的强劲发展趋势（图 7.1）。

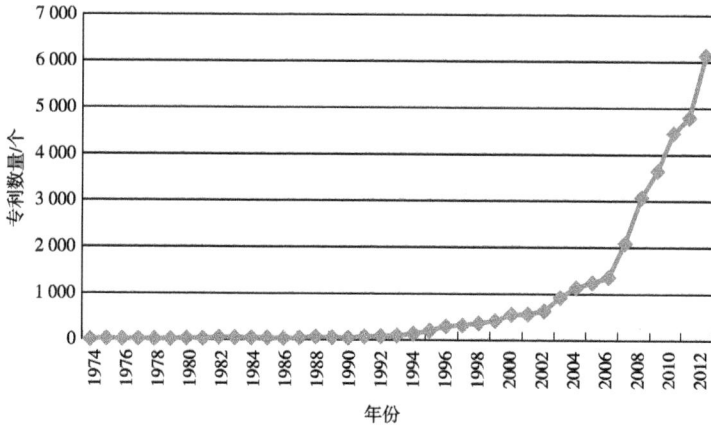

图 7.1　电动汽车领域专利数量

2. 电动汽车领域技术知识网络构建

为研究某一技术领域的技术进展，当前学术界广泛使用专利分析方法和专利聚类方法来分析专利数据。越来越多的学者开始在专利文献分析中加入社会网络分析方法，来更全面系统地分析产业技术系统或某领域，杨中楷和刘佳[11]通过专利引文网络识别出光伏太阳能电池板行业的技术发展轨道。作为一种定量化分析各种信息载体中共同出现信息的分析方法，共现分析可以识别出信息之间关联的紧密程度。如果某一专利具有多个分类号，就表明该专利涉及多个技术领域，因此对专利分类号进行共现分析，可以找到一些联系密切的技术领域。对于同时在多篇专利文献中出现的某一对分类号，其共同出现的次数就能显示出这两个分类号所代表的相关技术领域之间关系的紧密程度。沈君等[25]构建第三代移动通信技术专利分类代码的共现网络，并使用中心度指标测度出移动通信的重要技术领域；张杰等[26]分析了共现网络的结构特征，并实证研究了低压变频技术领域，使用社会网络分析，方法中的 m-核指标和技术领域的共现分析，识别出该领域内联系程度紧密的核心技术。使用类似的方法，构建专利权人的技术合作网络，可以客观地显示出不同专利所有者之间在技术上的合作关系。例如，某个专利属于多个专利权人，就表明该专利是由多个单位或者个人协作完成的，而完成该项发明创造的个人就是共同设计人或共同发明人。同理，两个企业在众多的发明创造或专利文献中共同出现的次数越多，表明这两个企业之间的技术合作紧密度越强。

本节借鉴已有相关研究，通过检索电动汽车领域的专利数据，以德温特分类代码、专利权人等字段构建共现网络，用以描绘电动汽车领域技术系统结构和电动汽车领域合作创新网络。

利用 Bibexcel 软件处理检索到的电动汽车领域的专利文献，通过 Old Tag 选择相应字段进行共现分析，进而获得共现矩阵，如表 7.1 所示。

表7.1　德温特分类代码共现矩阵

项目	A11	A12	A13	A14	⋯	X26	X27
A11	0	0	0	2	⋯	0	0
A12	0	0	2	8	⋯	0	0
A13	0	2	0	5	⋯	0	0
A14	2	8	5	0	⋯	0	0
A17	0	6	2	16	⋯	0	0
A18	0	0	0	0	⋯	0	0
A21	0	4	0	9	⋯	0	0
A23	0	1	2	13	⋯	0	0
A25	1	11	3	11	⋯	0	0
A26	0	3	3	20	⋯	1	0
⋮	⋮	⋮	⋮	⋮		⋮	⋮
X26	0	0	0	0	⋯	0	5
X27	0	0	0	0	⋯	5	0

以德温特分类代码共现为例，Old Tag 选择 DC 字段，得到对称的共现矩阵，矩阵中行列交点位置对应两项德温特分类代码共现的次数。矩阵中各元素所代表的两项德温特分类代码共现次数与各代码的总共现次数相关，因此数值的大小不能直接反映共现强度。为使共现矩阵中的数值直接反映对应德温特分类代码间的关联强度，需要对其进行标准化处理。借鉴文献计量学中的文献共被引强度计算方法[27]，通过计算共现矩阵的共现强度 Jaccard 系数对原始矩阵进行标准化处理，Jaccard 系数计算方法如式（7.1）所示。

$$S(i,j) = \frac{\text{coo}(i,j)}{\text{occ}(i) + \text{occ}(j) - \text{coo}(i,j)} \tag{7.1}$$

式中，i 与 j 代表两类德温特分类代码；$S(i,j)$ 即为二者的共现强度；$\text{coo}(i,j)$ 代表两者所有的共现次数；$\text{occ}(i)$ 和 $\text{occ}(j)$ 分别表示两者各自与其他代码共现的总次数。得到共现 Jaccard 系数矩阵如表 7.2 所示，其中矩阵对角线处的 Jaccard 系数为 1。

表7.2　德温特分类代码Jaccard共现系数矩阵

项目	A11	A12	A13	A14	⋯	X26	X27
A11	1	0	0	0.002 762	⋯	0	0
A12	0	1	0.008 439	0.009 78	⋯	0	0
A13	0	0.008 439	1	0.006 684	⋯	0	0
A14	0.002 762	0.009 78	0.006 684	1	⋯	0	0
A17	0	0.008 696	0.003 221	0.013 4	⋯	0	0
A18	0	0	0	0	⋯	0	0
A21	0	0.013 746	0	0.011 25	⋯	0	0
A23	0	0.002 451	0.005 988	0.014 286	⋯	0	0
A25	0.002 278	0.020 794	0.006 466	0.010 547	⋯	0	0
A26	0	0.004 8	0.005 435	0.017 825	⋯	0.001 059	0
⋮	⋮	⋮	⋮	⋮	⋯	⋮	⋮
X26	0	0	0	0	⋯	1	0.004 082
X27	0	0	0	0	⋯	0.004 082	1

将标准化后的共现矩阵输入 Ucinet 软件即可生成共现网络，进而可以用 Netdraw 软件对共现网络进行可视化处理。

3. 电动汽车核心技术领域研究

德温特分类代码反映专利所属的技术领域，从德温特分类代码来看，电动汽车领域专利文献中，共涉及 239 个技术领域，其中排名前 20 位热点领域如表 7.3 所示。

表7.3　电动汽车技术领域专利数量前20位

排名	DC	专利数	技术领域
1	X21	26 040	电动汽车
2	X16	16 007	电化学存储
3	X22	15 691	汽车电子
4	L03	7 076	有机/无机电化学、电气设备的化学特征
5	T01	6 027	数字计算机
6	X11	3 671	发电和大功率机器
7	X13	3 154	开关、保护、电力驱动
8	A85	2 721	电气应用
9	Q14	2 705	电力推进、座位
10	S01	2 582	电子设备，如仪表板

续表

排名	DC	专利数	技术领域
11	U24	2 255	放大器和低电源机
12	Q13	2 171	传输、控制
13	X12	2 116	配电/部件/转换器
14	V06	1 584	电换能器和小型机器
15	W01	1 489	电话和数据传输系统
16	Q52	1 169	内燃机、燃气轮机
17	Q64	916	皮带、链条、齿轮
18	W06	843	航空、航海和雷达系统
19	S02	788	工程仪表、记录设备、通用测试方法
20	X23	737	电气化铁路和信号

对电动汽车领域涉及的 239 个德温特分类代码进行共现分析，可生成 239×239 的共现矩阵，将标准化处理后的共现矩阵导入社会网络分析软件 Netdraw 进行网络可视化处理。在利用 Netdraw 软件生成共现网络图时，节点为各德温特分类代码，连线代表所连接的两代码发生了共现。然而只要共现次数大于 0，两节点间就会出现连线，虽然关系强弱可以通过连线的粗细来体现，但是仍然难以将整个网络的结构清晰地呈现出来。因此需要设定一个阈值，使矩阵中大于阈值的元素得以体现，而过滤掉共现强度过低的节点和连线，使网络的结构可以更加清晰地呈现。需要注意的是，阈值的选择应该能够保证网络中包含绝大部分的节点和连线，避免忽略过多的信息。

在保证网络有效性和节点可观察性的基础上，选取阈值为 0.006，共有 180 个节点和 1 074 条连线得以保留。其中的各个不同节点为以德温特分类代码为标签的技术领域，而节点的大小显示出其在网络中的度中心性大小，连线粗细代表其与其他技术领域有怎样的关联强度。从网络图中可以看出，电动汽车领域技术知识网络有明显的聚类现象，因此进一步通过 Netdraw 对网络进行聚类分析。基于 Girvan-Newman 聚类算法[28]，将整个技术网络划分为 16 个子群时聚类系数最大（Q=0.566），聚类效果如图 7.2 所示。从图中可以看出，整个电动汽车领域最核心的技术领域有三大聚类：A 类为电力驱动和传控技术相关技术领域，这类技术中中心度较高的代表性技术领域有电力推进技术、传输和控制系统技术及制动系统技术等；B 类为金属及其化合物相关技术领域，这一类技术领域主要支撑电动汽车的电极材料技术；C 类为聚合物相关技术领域，涉及电池隔膜材料和聚合物电解质等技术。

比较三大技术聚类，A 类中的节点普遍较 B 类和 C 类更大，说明该类技术在

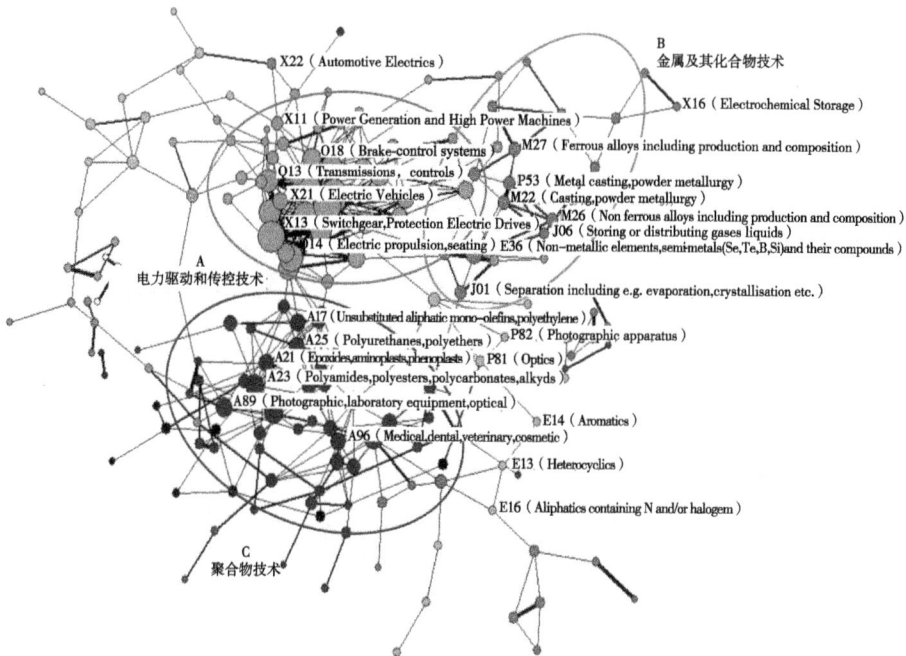

图 7.2　电动汽车核心技术领域共现网络

网络中的中心度更高，即与其他技术领域的联系更为广泛，在技术网络中处于更为核心的地位。共现网络图中的连线粗细可反映技术领域间的共现强度，因此可以进一步发现在三大核心技术领域聚类中，A 类和 B 类无论是在聚类内部还是两大聚类之间的连线更粗，即共现强度都较强，说明这两大类技术领域间的关联更为紧密。

4. 电动汽车领域专利权人合作网络研究

全球共有 11 188 个不同的机构和个人申请过电动汽车领域的专利，其中专利申请数超过专利总数 1% 的专利权人共有 20 位，如表 7.4 所示。

表7.4　电动汽车专利权人专利数量前20位

排名	专利权人		专利数	国家
1	TOYOTA JIDOSHA KK	丰田自动车株式会社	6 073	日本
2	NISSAN MOTOR CO LTD	日产汽车有限公司	1 758	日本
3	HONDA MOTOR CO LTD	本田汽车有限公司	1 147	日本
4	TOYOTA MOTOR CO LTD	丰田汽车有限公司	1 115	日本
5	MATSUSHITA DENKI SANGYO KK	松下电器产业株式会社	908	日本
6	NIPPONDENSO CO LTD	日本电装有限公司	866	日本
7	GM GLOBAL TECHNOLOGY OPERATIONS INC	通用汽车的全球科技运营公司	815	美国

续表

排名	专利权人		专利数	国家
8	BOSCH GMBH ROBERT	罗伯特博世有限公司	763	德国
9	SANYO ELECTRIC CO LTD	三洋电机股份有限公司	696	日本
10	HYUNDAI MOTOR CO LTD	现代汽车有限公司	652	韩国
11	AISIN AW CO LTD	爱信AW有限公司	608	日本
12	HITACHI LTD	日立公司	562	日本
13	FORD GLOBAL TECHNOLOGIES LLC	福特全球科技有限公司	541	美国
14	GM GLOBAL TECHNOLOGIES OPERATIO NS INC	通用汽车全球科技运营公司	350	美国
15	MATSUSHITA ELECTRIC IND CO LTD	松下电器股份有限公司	350	日本
16	PEUGEOT CITROEN AUTOMOBILES SA	标致雪铁龙汽车公司	350	法国
17	LG CHEM LTD	LG化学公司	346	韩国
18	DAIMLER AG	戴姆勒公司	342	德国
19	PANASONIC CORP	松下公司	340	日本
20	TOSHIBA KK	东芝公司	334	日本

　　拥有电动汽车专利最多的是丰田自动车株式会社，其专利申请量高达 6 073 个，占整个电动汽车领域专利总数的 18.28%。从国别来看，电动汽车领域专利高产企业中，日本企业最多，占 12 席，其次是美国 3 席，德国和韩国各 2 席，法国 1 席，这也体现了日本电动汽车相关企业的较高创新能力。

　　由于电动汽车领域内申请专利的机构和个人过多，为方便研究，选取电动汽车领域拥有超过 10 项专利的共 600 位专利权人为样本进行研究。与本节前述的方法类似，将 600×600 的专利权人共现矩阵进行标准化处理后用 Netdraw 进行可视化处理。去除网络中与其他专利权人不存在共现关系的孤点，得到共有 478 个节点和 2 810 条连线的专利权人合作网络，如图 7.3 所示。其中，每一个节点代表一个专利权人，节点的大小反映了其在网络中的度中心性。

　　可以看出，电动汽车领域专利权人合作网络呈明显的聚类现象，整个电动汽车领域分为三大子群：子群 A 为日本电动汽车研发合作群，以丰田公司为核心，其他主要企业还有日产、松下、日立、日本电装、桥本等；子群 B 为美国电动汽车研发合作群，以通用汽车公司为核心，其他企业还包括福特和克莱斯勒等；子群 C 为韩国电动汽车研发合作群，主要包括现代和起亚两家汽车公司，以及三星和罗伯特博世及其合资公司 SB LiMotive 等电池和汽车配件企业。比较三个电动汽车相关企业子群不难发现，日本电动汽车领域网络子群规模最大，子群内部企业类型多样且联系紧密，体现了日本电动汽车领域创新合作范围广且合作关系紧

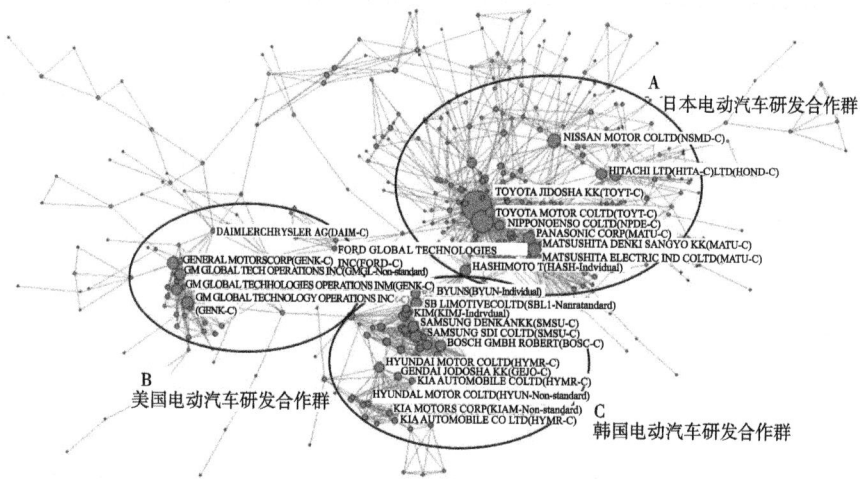

图 7.3　电动汽车领域专利权利人合作关系网络

密的特点。由于此专利权人合作网络是基于电动汽车领域专利数据中各专利权人的共现关系构建的，只有两个企业存在创新合作并且有合作的专利产出时才会在网络中有所体现，而德国及其他国家电动汽车企业与日本、美国和韩国电动汽车企业相比，研发合作的强度和广泛性较差，因而没有在图中形成明显聚类。

　　中介中心度衡量网络中一个节点位于其他节点间信息交流最短路径上的程度，体现该节点在多大的程度上对其他节点间的交流起到桥梁和纽带的作用。网络中介中心度较高的节点占据较多的网络资源，处在整个网络中信息流通的关键位置，对整个网络资源控制的程度也较高。通过计算各专利权人的中介中心度发现，丰田、日产、本田、日立、东芝和松下等公司中介中心度较高，共同串联起日本电动汽车研发合作群，其中丰田公司在整体网络中的中介中心度也最高，显示出丰田公司在全球电动汽车研发合作网络中的关键地位；通用汽车、福特和戴姆勒克莱斯勒公司在美国电动汽车研发合作群中中介中心度较高，其中戴姆勒克莱斯勒公司将缺乏直接合作关系的通用汽车公司和福特公司连接起来，在美国电动汽车研发合作群中起到重要的桥梁作用；现代公司在韩国电动汽车研发合作群中显示了较强的纽带作用，将三星、SB LiMotive 和博世等电池及其他汽车配件企业与起亚等汽车企业连接到了一起。

7.3.2　电动汽车领域跨产业技术知识流动网络分析

　　从对电动汽车领域技术知识网络的分析结果来看，电动汽车领域技术具有复杂性，除传统汽车领域技术外还融入了电子、化学等其他领域技术。本节具体分析电动汽车领域跨产业技术知识流动网络特点，探究电动汽车领域的技术知识来源。

1. 电动汽车领域跨产业技术知识流动网络构建

专利之间的引用关系能够体现不同国家、地区及技术领域之间的知识流动，专利间复杂的引文关系构成了知识流动的网络。专利之间的引用关系体现在专利的说明书上，被引专利一般是施引专利在发明阶段所参考的现有技术知识，专利之间的引用与被引用关系可被视为是知识流动的一种轨迹，因此本节究以电动汽车领域内的专利引用关系体现技术知识的流动。

目前，基于专利引文网络的研究，其数据源主要为 USPTO 的专利数据库，这是因为美国专利商标局的专利数据库提供了较为完整的专利引文信息，可在网站中直接查询获得。但是该数据库仅收录在美国申请的专利信息，对于其他国家的专利情况和技术发展水平无法全面反映，仅以此数据库为专利数据源进行的研究具有一定的局限性。而德温特专利数据库则可提供全球多个专利授权机构的专利信息，在数据的全面性方面较 USPTO 更具优势。德温特专利数据库中的专利信息由专家将多个国家和地区的专利文献统一翻译整理而成，对标题和文摘进行重新标引，以专利族整合在多个国家或地区的专利授权机构中重复申请的相同专利，并添加德温特手工代码对专利进行分类，使用户能够在一个数据库中全面掌握全球创新科技的动态。

尽管德温特数据库在施引专利（CP）字段中提供了专利的引文信息，但引文信息中包含同族专利，并且字段格式并不统一，目前还没有对德温特专利文献的引文信息直接进行提取的软件，因而基于德温特专利数据的专利引文分析很少。黄鲁成等[29]利用JAVA程序提取了德温特专利的引文关系，但没有对同族专利进行归一整理；范维熙和费钟琳[30]采用编程方法对德温特专利数据进行提取和处理，并实现以基础专利替换具有相同技术信息的同族专利，将结果用于专利引文网络的构建进而绘制了技术演进路径。

本节借鉴范维熙和费钟琳[30]提取德温特专利数据引文关系的思路，对检索所得的电动汽车领域专利数据进行处理。

1）提取德温特专利数据引文关系

德温特专利数据库中的每条专利其专利号（PN）字段中列出的是一族专利号，CP字段中包含了这一族专利与其所引用的其他专利的专利号，有些专利的CP字段还包含所引用专利的专利权人和发明人等信息，需要剔除CP字段的多余信息，才能提取出引文关系。基础专利是每个德温特专利族中最早申请的专利，本节以PN项中的基础专利号代表各专利家族，进而在CP字段中标引被引专利，最终获取数据样本内各基础专利号间的引用关系。

2）基于专利号引用关系提取 IPC 引用关系

在德温特专利数据库中各专利的 IP 字段中包含了该族专利所属的 IPC 分类号，由于一条专利可能涉及不同的技术领域，大多数情况下一族专利对应多个 IPC 分类号。德温特专利原始信息中 IPC 分类号显示至小组级别，而为下文分析方便，原始数据中 IPC 分类号合并至小类，保留前 4 位，如将 B60L-009/18、B60L-007/04、B60L-007/10 统一合并为 B60L。本节在第一步合并同族专利号用基础专利号代替的基础上，提取基础专利号与 4 位 IPC 分类号的对应关系，并基于专利引用关系提取 4 位 IPC 引用关系。

3）基于 IPC 引用关系构建产业间专利引用关系矩阵

参照美国的 ISIC 国际标准工业分类与 IPC 国际专利分类号对应表[31]，将 4 位 IPC 分类号与 ISIC 工业分类相匹配（表 7.5）。

表7.5　电动汽车领域相关产业ISIC-IPC对应表

ISIC	产业名称	IPC分类代码
3830 （除3832外）	电机机械 （electric machinery, except electronics）	H01M, H02J, H02K, H02P, H02M, H01G, H02H, H01R, H01F, H01B, H01H, G08G, H02N, F02P, B60Q, H02G, G08B, H02B, H05B, F21V, H01J, H03M, F21S, H05H, B03C, F21W, A47L, B23Q, F21L, F21Y, F27B, H05F, A45D, B64F, H01K, H01S, F21M, H01T, H02D, H02X
3843	汽车 （motor vehicles）	B60K, B60W, F16H, B60T, F02N, F16D, B62D, B60H, F02M, B60S, F16F, B62M, B60J, B82Y, B60G, B60P, B60B, B82B, B60F, B60D, B65F, B81B, B81C
3840 （除 3841, 3843, 3845外）	其他交通工具 （other transport）	B60L, B60R, B60M, B61C, B60N, B62J, B62K, B61H, B61B, B61L, B61D, B62B, B62L, B61F, B61G, B61K, B62G, B62H
3820 （除3825外）	其他机械 （other machinery）	F02D, F02B, F01N, F04B, F01P, B05D, F03G, B01D, F25B, F04D, F25D, F01L, F03D, B01J, F04C, F15B, F16C, F16K, F28D, F01M, F28F, F02C, F02G, B66F, F01B, F01D, B60C, F01K, B65H, F03B, D04H, B05C, B65B, F02F, D01F, F01C, F16N, B66C, E01C, F02K, A01B, B01F, B02C, A01D, B25J, B30B, B67D, E01B, F03H, F23C, F03C, F26B, B06B, B66B, D01D, E21C, F23R, F27D, G01G, B08B, B28B, D02G, D04C, E02D, E03B, F15C, F23K, F25J, F41A, A01C, B01B, B03D, B07C, B28D, B66D, D01G, D03D, D21F, E21D, F04F, F23D, F23L, F28B, F28C, F28G, F42D
3850	仪器 （instruments）	G01R, G01N, G05D, G05B, G01C, G01M, G05F, G01D, G01K, G01P, G05G, G07C, G01B, G01L, G07F, F24F, G01F, G01S, G07B, A61G, G09G, A61B, G01J, G02B, G01V, G02F, G01H, A61F, A61N, G04C, F23N, F23Q, G04G, G12B, G21H, G21K, C12Q, F41G, G01T, G01W, G02P, G03B, G04B, G04F, G05K, G07D, G07G

续表

ISIC	产业名称	IPC分类代码
3825	计算机和办公设备 （computers & office machines）	G06F，G06Q，G06G，G06K，G06T，G11C，G06N，G11B，B41J
3510+3520 （除3522外）	化学 （chemistry，except pharmacy）	C01B，C01G，C08J，C08L，B29C，C08F，C08G，C01D，C08K，C07D，C07C，C09K，C09J，B09B，C01F，C07F，C09D，C02F，C09C，B29K，B29L，C10N，B29D，A61K，A62D，C10J，C08H，E04D，F41H，A01M，A61L，B29B，B41M，C01R，C06D，C07G，C08B
3832	电子设备 （electronics）	H05K，H01L，H04L，H04B，G08C，H03K，G09B，H04Q，H04M，H01Q，H01C，H03H，H04N，H04W，H03L，H01P，H04J，H03B，H03D，H03F，H04R，H03G，H04H，H04K，H03J
3810	金属制品 （metal products，except machines）	E05F，C23C，B23K，B23P，C25B，E05B，F17C，B65D，C25D，B21D，E04H，F16J，B65G，F16B，F24H，B25F，C23F，F16L，F16M，A47C，F17D，B21F，B26D，A62C，B05B，C25C，F24J，E01H，E21B，B21J，B21K，B23D，E04F，E05D，F16P，G21C，G21D，A47B，B25B，B26F，E05C，E06B，F24D，A47F，A47G，A47H，B21H，B23B，B24B，B25G，B26B，E03D，E05R，F22B，F24B，F24C，G21B"
3900	其他工业产品 （other industrial products）	G09F，A63H，A63B，G10L，A63F，G09C，A44B，A63C，B44C，G10H
3600	石头、黏土和玻璃制品 （stone，clay and glass products）	C03C，C03B，C04B，E04B，E04C
3710	铁基金属 （ferrous basic metals）	B22F，C22B，B21B，C21D，B22D，B21C，C21B，B22C，C21C
3720	非铁金属 （non ferrous basic metals）	C22C，C22F，C30B
3841	造船 （shipbuilding）	B63H，B63B，B63J，B60V，B63G
3845	航天航空 （aerospace）	B64D，B64C，B64G，B64B
5000	建筑 （building and construction）	E02F，E01F，E21F，E02B"
3530+3540	炼油 （oil refining）	C10L，C10M，C10G，C10B，C10C
3400	纸张、印刷和出版 （paper，printing and publishing）	D21H，G03F，B27N，D06N，G09K
3200	纺织 （textiles，clothes，etc.）	D06M，A45C，A42B

根据 4 位 IPC 分类代码的引用关系提取产业间专利引用关系，将施引产业和被引产业分别记录在矩阵的行和列，构建产业间技术知识流动矩阵，如表 7.6 所示。其中，数字部分第三行第四列的数字"11"表示炼油产业引用了 11 条化学产业专利，技术知识流动方向为从化学产业流向炼油产业。

表7.6　产业间技术知识流动矩阵

产业	纺织	纸张、印刷和出版	化学	炼油	…	其他工业产品	建筑
纺织	0	0	0	0	…	0	0
纸张、印刷和出版	0	0	0	0	…	0	0
化学	0	0	231	11	…	25	0
炼油	0	0	11	14	…	0	0
石头、黏土和玻璃制品	0	0	12	1	…	0	0
铁基金属	0	0	1	0	…	1	0
非铁金属	0	0	12	0	…	1	0
金属制品	0	0	10	0	…	8	0
其他机械	0	5	43	1	…	4	8
⋮	⋮	⋮	⋮	⋮		⋮	⋮
其他工业产品	0	0	25	0	…	11	0
纺织	0	0	0	0	…	0	0

4）基于 ISIC 引用关系的跨产业知识流动网络可视化

将产业间技术知识流动矩阵导入 Ucinet 软件即可生成引用网络，进而可以由 Netdraw 软件将引用网络进行可视化处理。

2. 电动汽车领域跨产业技术知识流动网络特点

根据跨产业知识流动矩阵生成的电动汽车领域跨产业技术知识流动网络图，如图 7.4 所示。网络中共有 19 个节点，212 条连线，其中网络节点为对应 ISIC 分类的各个产业，节点大小表示度中心性大小；节点间的连线代表相连节点间发生的专利引用关系，即技术知识流动关系，连线粗细表示知识流动强度，专利引用量越大知识流动强度越大，连线也越粗；箭头由被引产业指向施引产业，箭头的方向表示知识流动方向。

从图 7.4 可以看出，在产业间技术知识流动网络中处于核心的是汽车、电机机械、其他交通工具、其他机械、计算机和办公设备及仪器产业，这些节点的节点较大，与其他产业技术交流广泛，且节点间的连线较粗，显示了较高的知识流动强度。

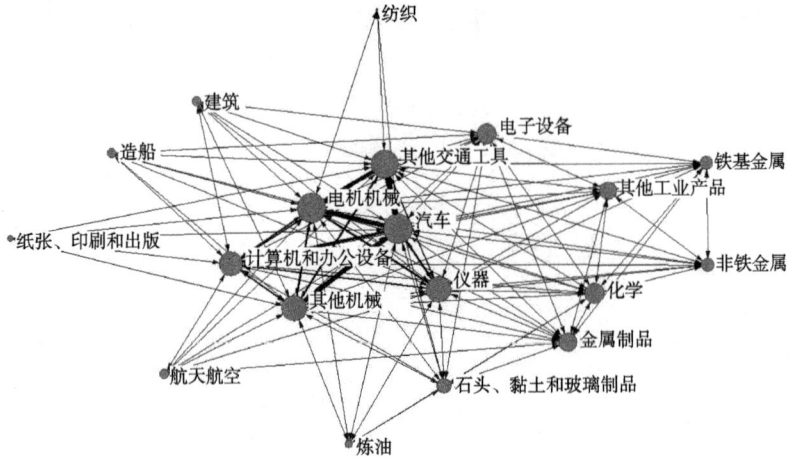

图 7.4　产业间技术知识流动网络

进一步计算网络中心性指标，结果如表 7.7 所示。从节点度来看，对于引文网络这种有向的关系网络，网络中的每个节点都有两种局部中心度，一种是该节点的入度，另一种是该节点的出度。电动汽车领域跨产业技术知识流动网络中电机机械和汽车产业的点入度和点出度均为 18，与网络中其他各个节点均有双向专利引用关系，在网络中处于最核心地位。

表7.7　跨产业知识流动网络中心性指标

产业	点入度	点出度	中介中心度	入接近中心度	出接近中心度
电机机械	18	18	28.06	38	37
汽车	18	18	28.06	38	37
其他交通工具	17	17	22.26	39	38
其他机械	16	16	14.63	40	39
仪器	16	16	12.40	40	39
计算机和办公设备	15	15	10.33	41	40
化学	13	13	4.32	44	42
电子设备	13	13	4.32	43	42
金属制品	12	12	2.50	45	43
其他工业产品	11	11	0.89	46	44
石头、黏土和玻璃制品	10	10	1.33	47	45
铁基金属	9	9	0.44	48	46
非铁金属	9	9	0.44	48	46
造船	7	7	0.00	50	48

续表

产业	点入度	点出度	中介中心度	入接近中心度	出接近中心度
航天航空	7	7	0.00	50	48
建筑	7	7	0.00	67	48
炼油	6	6	0.00	51	49
纸张、印刷和出版	5	5	0.00	52	50
纺织	3	3	0.00	54	52

从中介中心度来看，电机机械和汽车产业中介中心度最高，说明其在整个网络中处于大多数其他节点对的最短路径上，属于网络的核心，对于其他产业间的技术知识流动起到很强的中介作用；其他交通工具、其他机械、仪器及计算机和办公设备产业的中介中心度也较高，处于网络的中心位置；而造船，航天航空，建筑，炼油，纺织及纸张、印刷和出版产业的中介中心度为 0，说明其处于网络的边缘位置。

接近中心度的思想是网络中的某节点与其他节点之间越是接近，那么在网络信息传递的过程中该节点在传递信息时就更加容易，因此可能处于网络的相对中心位置。接近中心度的数值体现节点与其他节点间的最短距离之和，电机机械、汽车产业接近中心度均最小，说明其与网络中其他产业的距离非常接近，技术知识流动便捷，处于网络核心。

总体来看，虽然电动汽车领域具有多产业间技术知识流动的跨产业创新的特点，但其创新活动中所涉及的 19 个产业在网络中所处地位不同。汽车、电机机械、其他交通工具、其他机械、计算机和办公设备及仪器产业技术联系紧密，知识流动强度大，处于网络的中心。而造船，航天航空，建筑，炼油，纺织及纸张、印刷和出版产业等虽然也与其他产业有技术知识交流，但在网络中处于边缘位置。可见，在电动汽车领域跨产业创新过程中，主要依赖汽车、电机机械、其他交通工具、其他机械、计算机和办公设备及仪器产业间的技术知识流动。

7.3.3　电动汽车领域跨产业创新活动网络分析

在社会网络分析理论中，人们之间的联系往往是通过他们所在的组织与群体的联系而发生的，个人与不同的组织之间就构成异质节点的 2-模网络。因此，所有这些由行动者和参与者共同参与所构成的 2-模网络就是隶属网络，该网络可以研究分析参与者与事件的二重性问题，用来描述不同的行动者与诸多事件之间存在的关系[32]。上文对电动汽车领域的分析是基于同质节点所构成的网络，本节将以专利权人和产业两类异质节点间的关联对同质网络进行补充，以更好地对电动汽车领域跨产业创新活动过程进行刻画。

1. 电动汽车领域"专利权人——产业"2-模共现网络构建

1）选取专利权人

本节的电动汽车领域专利数据库中，共包括 11 188 个不同的专利权人。为规范公司名称，德温特专利数据库为各个专利权人公司分别指定了一个 4 字符的专利权人代码。本节将电动汽车领域专利数据中的专利权人按代码合并后，共计得到 6 070 个不同的专利权人代码。为方便研究，选取电动汽车领域专利持有量最高的前 38 位专利权人代码进行分析，从统计结果来看，这些专利权人代码所拥有的专利共 21 183 件，占总体专利的 63.88%。

2）提取专利数据中专利权人代码和 IPC 分类的共现关系

在德温特专利数据中各专利的 AE 字段中写明了该专利的专利权人名称及代码。提取每条专利 AE 字段中的专利权人代码及 IP 项中的 IPC 分类号的前 4 位，若某专利权人代码与某 4 位 IPC 分类号在同一条专利中出现，则称该专利权人代码与该 4 位 IPC 分类号共现一次。提取所有专利权人代码与 4 位 IPC 分类号的共现关系后，筛选专利持有量最高的前 38 个专利权人代码及相应 4 位 IPC 分类号共现关系。

3）构建"专利权人——产业"共现矩阵

参照美国的 ISIC 国际标准工业分类与 IPC 国际专利分类号对应表，将 4 位 IPC 分类号与 ISIC 工业分类相匹配，将专利权人代码与 4 位 IPC 分类号的共现关系转化为专利权人代码和 ISIC 的共现关系。基于该共现关系构建"专利权人——产业"共现矩阵，如表 7.8 所示。

表7.8　"专利权人——产业"共现矩阵

项目	汽车	电机机械	其他交通工具	其他机械	仪器	…	航天航空
丰田	3 140	3 778	3 310	1 432	446	…	0
日产	865	1 151	928	396	149	…	0
本田	579	759	606	250	121	…	0
通用	563	501	283	150	209	…	0
日本电装	314	691	396	173	162	…	0
松下	67	1 128	200	49	177	…	0
博世	343	470	252	130	115	…	1
爱信	441	286	367	151	51	…	0
⋮	⋮	⋮	⋮	⋮	⋮	⋮	⋮
三菱重工	21	114	32	32	15	…	0
日本电气	4	163	15	1	20	…	0

4）"专利权人——产业"共现矩阵标准化

为使共现矩阵中的数值直接反映专利权人与产业的关联强度，按照上述计算 Jaccard 系数的方法对"专利权人——产业"共现矩阵进行标准化处理，生成"专利权人——产业"Jaccard 共现系数矩阵，如表 7.9 所示。

表7.9 "专利权人——产业"Jaccard共现系数矩阵

项目	汽车	电机机械	其他交通工具	其他机械	仪器	…	航天航空
丰田	0.168 292	0.156 342	0.179 979	0.096 796	0.030 640	…	0
日产	0.072 318	0.064 590	0.078 637	0.057 743	0.025 336	…	0
本田	0.052 304	0.044 555	0.055 363	0.042 904	0.025 571	…	0
通用	0.052 701	0.029 663	0.026 045	0.027 154	0.049 281	…	0
日本电装	0.029 152	0.041 780	0.037 387	0.032 397	0.039 254	…	0
松下	0.006 129	0.070 434	0.018 690	0.009 113	0.043 975	…	0
博世	0.033 295	0.028 799	0.024 476	0.026 300	0.030 798	…	0.000 715
爱信	0.043 333	0.017 358	0.036 143	0.030 848	0.013 524	…	0
⋮	⋮	⋮	⋮	⋮	⋮	⋮	⋮
三菱重工	0.002 221	0.007 351	0.003 423	0.008 260	0.005 624	…	0
日本电气	0.000 423	0.010 552	0.001 604	0.000 257	0.007 550	…	0

5）"专利权人——产业"2-模共现网络可视化

将"专利权人——产业"Jaccard 共现系数矩阵导入 Ucinet 软件即可生成 2-模网络数据，进而可以由 Netdraw 软件将网络进行可视化处理。

2. 电动汽车领域跨产业创新活动网络分析

反映电动汽车领域跨产业创新活动的"专利权人——产业"2-模共现网络，如图 7.5 所示。网络中的方形节点为对应 ISIC 分类的各个产业，圆形节点表示专利权人；节点间的连线代表专利权人与产业的共现关系，即专利权人与产业的隶属关系；连线粗细表示共现强度，专利权人与产业的关联强度越大连线越粗。

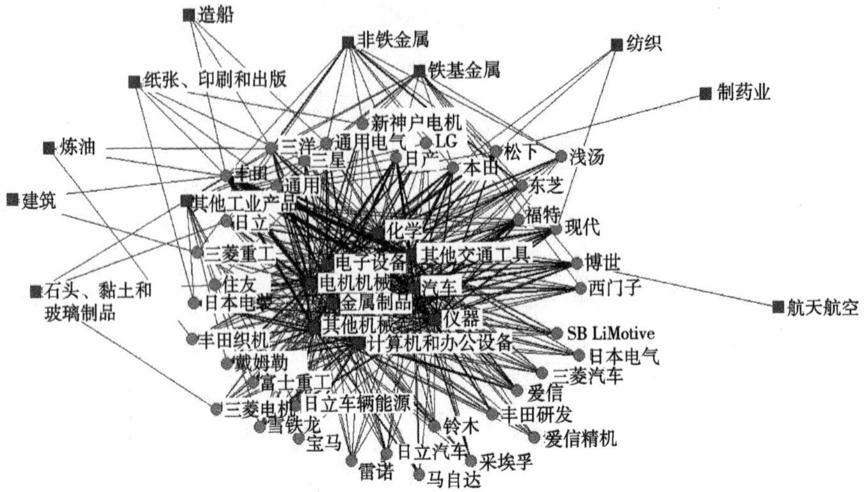

图 7.5 "专利权人——产业" 2-模共现网络

从图 7.5 可以看出，代表各个产业的方形节点被代表专利权人企业的圆形节点分成了中心和外围两大部分。处于专利权人包围中的汽车、电机机械、其他交通工具、其他机械、仪器、电子设备、计算机和办公设备、化学和金属制品产业与各样本企业的联系广泛且关联紧密，外围各产业的节点与部分企业有所关联，且关联强度较低。

以异质节点构成的 2-模网络其中心性指标含义不同于以同质节点构成的 1-模网络。对于 2-模网络中各个表示行动者的节点，其度数中心性反映行动者所属事件的个数；对于网络中表示事件的节点，其度数中心性则代表参与该事件的参与者数。各行动者节点的接近中心度指该点与网络中所有其他行动者节点的距离之和加上该点到网络中所有事件节点的距离之和，因此网络中各节点的接近中心度表示该节点到其他行动者节点和事件节点的距离和。中介中心度则表征网络中各节点间的最短路径中通过该节点的程度。

计算"专利权人——产业" 2-模共现网络中各专利权人的中心性指标，结果如表 7.10 所示。丰田公司在所有专利权人中，点度、中介中心度最高，接近中心度最低，是电动汽车领域跨产业技术创新中最活跃的主体。丰田公司点度高达 17，说明其与 19 个产业中的 17 个产业直接相关，显示了丰田公司技术领域之广；从中介中心度来看，丰田公司也远高于其他公司，显示了其在电动汽车领域跨产业技术知识流动过程中的显著桥梁作用；丰田公司较低的接近中心度显示了其在各产业技术领域中进行创新合作的高便捷性。除丰田公司外，松下、三洋、本田、通用电气、日产、通用汽车、日立、三星和新神户电机等企业的三个中心性指标也均表现较好，是电动汽车领域跨产业技术创新中处于核心地位的主体。

表7.10　专利权人中心性指标

专利权人	点度	中介中心度	接近中心度	专利权人	点度	中介中心度	接近中心度
丰田	17	105.726	158	戴姆勒	10	3.406	172
松下	14	83.372	164	富士重工	10	3.406	172
三洋	14	43.704	164	日立车辆能源	10	3.406	172
本田	13	27.372	166	三菱电机	9	11.025	174
通用电气	13	25.566	166	西门子	9	2.78	174
日立	12	19.438	168	雪铁龙	9	2.62	174
新神户电机	12	16.429	168	宝马	9	2.62	174
通用	12	15.091	168	爱信	9	1.6	174
三星	12	15.091	168	三菱汽车	9	1.6	174
日产	12	9.007	168	铃木	9	1.6	174
博世	11	59.561	170	SB LiMotive	9	1.6	174
三菱重工	11	27.947	170	浅汤	8	4.083	176
现代	11	19.706	170	丰田研发	8	1.162	176
住友	11	15.462	170	日本电气	8	1.162	176
日本电装	11	12.366	170	雷诺	8	0.987	176
东芝	11	6.718	170	日立汽车	8	0.987	176
LG	11	6.655	170	爱信精机	7	0.723	178
福特	11	5.585	170	马自达	7	0.631	178
丰田织机	10	16.172	172	采埃孚	7	0.631	178

　　而从表 7.11 中各产业节点的中心性指标来看，电机机械、汽车、仪器、金属制品和其他交通工具产业的点度、中介中心度最高，接近中心度最低，表明在整个网络中，这些产业的技术被众多专利权人广泛关注，这些产业间的技术知识流动活动有较多的创新主体参与进来，并且媒介作用较强，是各创新主体技术合作的纽带。计算机和办公设备、电子设备、化学、其他工业产品、铁基金属和非铁金属等产业的三个中心性指标也均表现较好，这些产业的技术知识流动较活跃，有较多创新主体参与。

表7.11　产业中心性指标

产业	点度	中介中心度	接近中心度
电机机械	38	126.534	134
汽车	38	126.534	134
仪器	38	126.534	134
金属制品	38	126.534	134
其他交通工具	38	126.534	134

续表

产业	点度	中介中心度	接近中心度
其他机械	37	118.489	136
计算机和办公设备	36	111.392	138
电子设备	33	92.877	144
化学	29	72.205	152
其他工业产品	17	22.561	178
铁基金属	16	23.073	178
非铁金属	12	12.394	188
纸张、印刷和出版	5	1.527	206
石头、黏土和玻璃制品	4	1.117	208
炼油	3	0.571	210
纺织	3	0.457	216
造船	3	0.45	210
建筑	2	0.217	212
制药业	1	0	220
航天航空	1	0	226

　　为更加清晰地展现核心产业和主要专利权人之间的关系，将阈值设置为0.015，过滤掉网络中较弱的共现关系，结果如图7.6所示。从图中可以看出，电机机械、仪器、汽车、计算机和办公设备、其他交通工具、其他机械六个产业的节点较大，度中心性较高，说明在保留较高共现强度关系的情况下仍有较多企业参与到这些产业的技术创新活动之中。尤其是电机机械产业与网络中的大部分企业均有连线，说明在整个电动汽车领域，大部分企业都在进行电机机械产业技术领域相关的研发活动。而化学、电子设备、非铁金属和金属制品产业节点较小，在强共现关系下与其相连的专利权人节点较少。

　　从专利权人节点来看，丰田、本田、日产、通用、福特、现代等汽车企业以及博世、爱信和日本电装等汽车配件企业中心度较大，与电机机械等六个核心产业有直接连线相连，说明这些企业技术基础广泛，融合了各核心产业的技术知识，是跨产业创新活动中的活跃企业。其中，丰田公司与电机机械、汽车、其他机械及其他交通工具等产业间的连线最粗，说明丰田公司不仅广泛融合了各核心产业技术知识，且与各产业技术领域间的知识均有较深入的互动交流。

　　此外，LG与松下连接起电机机械和化学产业；三洋和东芝与电机机械和非铁金属产业直接相连；通用电气串联起仪器、计算机和办公设备及电子设备三个产业；浅汤和西门子分别是化学与非铁金属产业、电子设备和金属制品产业之间强共现关系下的唯一联系，这些企业对相对缺乏联系的产业技术之间的交叉融合起

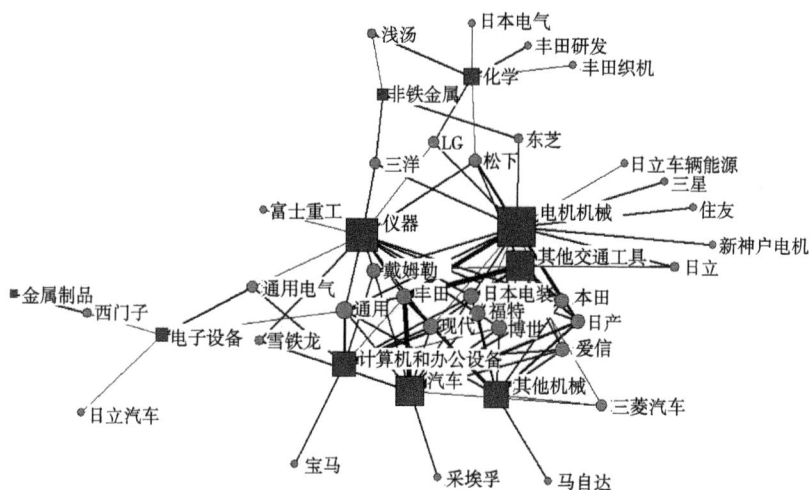

图 7.6　"专利权人—产业" 2-模共现网络（阈值=0.015）

到了重要的纽带作用。

7.4　电动汽车领域知识流动效率评价及影响因素研究

知识网络可看做由个人、团体、组织等知识主体节点和表示各主体间的知识关联的连线构成的复杂关系网络，知识网络中各知识主体通过一定的关联渠道实现相互间知识的共享、交流和创造，知识网络依靠网络内部知识的有效流动得以发展演化。对电动汽车领域技术知识网络的知识流动效率进行评价，识别其影响因素并据此分析如何促进其知识流动，对促进电动汽车领域技术创新具有重要意义。

7.4.1　知识流动效率评价方法选择

在知识转移和知识流动效率及其影响因素的现有相关研究中，数据获取主要依赖调查问卷和专家评分，方法上大多采用模糊评价法、平衡记分卡法、层次分析法、BP 神经网络法等，然而在应用上述这些方法时，不可避免地要进行各评价指标对评价标准隶属函数的经验设计及各项相关指标的人为权重确定。在评价知识流动效率时，加入这些由研究者或被调研者主观因素的方法会在不同程度上影响最终对于知识转移效率评价结果的真实性和准确性。

DEA 方法的基本思想是相对效率评价，是由著名的运筹学家 Charnes 等[33]于

1978 年提出的一种系统分析方法。DEA 方法是一种可用于评价投入产出类型相同的各个决策单元（decision making unit，DMU）在生产过程中各种投入对其产出结果是否有效率的非参数统计方法。由于不需要对各个评价指标进行主观的权重确定，DEA 方法最大限度地降低了效率评价过程中主观因素的影响，并且由于不需要进行参数估计规避了参数方法的多种限制，在简化运算的同时尽可能地使评价结果更加客观，也因此被越来越多的应用于效率评价类研究之中[34]。本节研究采用 DEA 方法中经典的 CCR 模型和 BCC 模型对电动汽车领域跨产业创新中知识流动的效率进行综合评价，CCR 模型[35]为

$$
\begin{cases}
\min\left[\theta - \varepsilon \boldsymbol{E}^{\mathrm{T}}\left(s^- + s^+\right)\right] \\
\sum_{j=1}^{n} \lambda_j x_j + s^- = \theta x_{j_0} \\
\sum_{j=1}^{n} \lambda_j y_j - s^+ = y_{j_0} \\
\lambda_j, s^-, s^+ \geqslant 0, \quad j = 1, \cdots, n
\end{cases}
\tag{7.2}
$$

基于投入导向的 BCC 模型可以表示为

$$
\min \theta_0 - \varepsilon\left[\sum_{j=1}^{J} s_j^- + \sum_{r=1}^{R} s_j^+\right]
$$

$$
\text{s.t.}\begin{cases}
\sum_{i=1}^{I} \lambda_i x_{ij} + s_j^- = \theta_0 x_{j_0}, \quad \forall j \in \Theta \\
\sum_{i=1}^{I} \lambda_i y_{ir} - s_r^+ = y_{r_0}, \quad \forall r \in \Xi \\
s_j^-, s_r^+, \lambda_i \geqslant 0, \quad \sum_{i=1}^{I} \lambda_i = 1
\end{cases}
\tag{7.3}
$$

式中，n 为待评价决策单元 DMU 的个数，每个决策单元有 m 种投入 x_j（x_{1j}, x_{2j}, …, x_{mj}）和 s 种产出 y_j（y_{1j}, y_{2j}, …, y_{sj}）；λ_j 表示各投入及产出的权重；s^- 和 s^+ 分别表示剩余变量和松弛变量；θ 表示效率值；ε 为非阿基米德无穷小量。当某决策单元取得最优解 $\theta^*=1$，$s^{-*}=0$，$s^{+*}=0$ 时，则称该决策单元 j_0 为 DEA 有效；而 $\theta^*<1$ 或 $s^{-*}\neq0$，$s^{+*}\neq0$ 时，称该决策单元 j_0 为 DEA 非有效；若 $\theta^*=1$ 且 $s^{-*}\neq0$ 或 $s^{+*}\neq0$ 时，则该决策单元 j_0 为 DEA 弱有效。

选取电动汽车领域各产业的知识流动条件指标为投入变量，知识流动效果指标为产出变量。具体来说，将知识流动的效果指标分为各产业前向知识流动速度和后向知识流动速度；将知识流动的条件指标分为主体条件指标（以各产业的专利总数和技术领域总数表示）、渠道条件指标（以各产业在知识流动网络中平均

最短路径的倒数表示）和关系条件指标（以各产业在整个电动汽车跨产业创新知识网络中的平均共现强度和聚类系数表示）。

在具体运用 DEA 模型进行效率评价时，需要注意决策单元数与指标数量的关系，一般认为决策单元个数应至少为输入和产出指标之和的 2 倍以上。本节待评价决策单元为 19 个产业，设置 5 个投入指标和 2 个输出指标是满足 DEA 方法使用的经验法则的。

7.4.2　知识流动评价相关指标测算

1. 知识流动效果指标

跨产业创新实质上是一种对来源于各个产业创新资源进行整合利用的过程，而其中技术知识是非常最重要的一种创新资源。专利作为技术知识的有效载体和技术创新的重要产出形式，其引用关系体现了发明者对所引用对象技术知识的获取、吸收整合和再利用的过程。因此，可以利用产业间专利的引用关系揭示跨产业创新中的知识流动过程。

专利施引量与被引量可衡量创新主体间的技术知识流量。具体来说，某专利的施引量统计的是其引用的现有其他专利的数量，而某专利的被引量统计的是其被后来其他专利所引用的数量。施引专利量高的专利在其发明过程中发明人大量参考了现有专利，该专利所包含的技术知识是对现有技术知识的继承和发展，与其他技术的发展有着内在的联系。而被引量高的专利所包含的技术属于某领域的基础性技术，或位于技术融合的交点，对后续其他技术发展演化具有较大的影响，具有较强的技术知识扩散潜力。分析电动汽车产业跨产业创新过程的知识流动，以所涉及的各个产业为对象统计施引量和被引量，可体现产业间的技术知识流量，专利被引量高的产业其技术扩散强度高，技术知识大量流入其他相关产业，而专利施引量高的产业接受了大量来自其他产业的技术知识，对其他技术领域的知识进行了大量吸收整合。

专利引用时滞（citation lag）根据专利引用关系的方向不同而分为前向引用时滞和后向引用时滞。其中，前向引用时滞为专利的被引时滞，表示被引专利被其他专利所引用的时间与该专利公开时间之间的间隔。相对的，后向引用时滞为专利的施引时滞，表示该专利所引用的其他专利的公开时间与因果关系发生时间之间的间隔。专利的前向引用时滞所反映的是该专利被其他专利引用的快慢，而专利的后向引用时滞则能够反映该专利对现有其他专利的引用和参考速度。引用时滞还可以被扩展为平均引用迟滞，以衡量特定主体的专利被引速度和施引速度[36]。针对电动汽车领域内的各相关产业，分别计算各产业内每条专利的前向引用时滞和后向引用时滞的均值，从而得到各产业专利的平均前向、后向引用时滞。各产业平均前向引用时滞反映该产业专利被其他产业专利引用的整体水平的快慢；各产业平均后向引用时滞反映该产业专利在整体上对先前专利技术整合和继承的整体水平快慢。

本节以专利施引量和被引量衡量技术知识流量，以后向和前向专利引用时滞衡量技术知识流动间隔，定义后（前）向知识流动速度为专利施（被）引量与平均后（前）向引用时滞之比。

根据电动汽车领域跨产业知识流动矩阵计算知识流动效果指标，结果如表7.12所示。

表7.12　知识流动效果指标

产业	施引专利数/件	被引专利数/件	平均后向引用时滞/年	平均前向引用时滞/年	后向知识流动速度/（件/年）	前向知识流动速度/（件/年）
汽车	147 944	133 655	4.13	3.82	35 802.38	35 003.10
电机机械	77 600	84 930	4.58	4.70	16 940.75	18 089.11
其他交通工具	62 603	67 872	4.41	4.53	14 197.55	14 969.79
其他机械	32 277	41 111	4.27	4.90	7 564.93	8 392.95
计算机和办公设备	21 946	15 780	3.52	2.66	6 237.88	5 925.39
仪器	19 216	19 499	4.19	4.36	4 583.14	4 473.49
电子设备	2 797	1 954	4.29	4.15	651.55	471.26
金属制品	1 196	908	5.34	4.15	224.06	218.69
化学	966	1 081	3.50	3.89	275.92	277.57
造船	278	57	5.26	7.63	52.86	7.47
非铁金属	181	174	3.30	3.74	54.88	46.58
其他工业产品	128	137	4.15	3.21	30.86	42.66
石头、黏土和玻璃制品	127	39	3.70	2.31	34.32	16.90
建筑	67	51	4.66	2.90	14.39	17.57
铁基金属	62	75	2.58	2.83	24.03	26.53
炼油	43	57	1.84	2.81	23.41	20.31
航天航空	20	58	4.00	5.22	5.00	11.10
纸张、印刷和出版	12	28	4.92	4.96	2.44	5.64
纺织	5	2	5.00	5.00	1.00	0.40

从计算结果来看，电动汽车领域各产业平均施引专利数和平均被引专利数的均值均为19 340.42件，汽车、电机机械、其他交通工具、其他机械、计算机和办公设备及仪器产业的知识流量水平较高。整体平均后向引用时滞和平均前向引用时滞相当，均值约为4.09年，计算机和办公设备、化学、非铁金属、铁基金属和炼油等产业专利引用时滞较短，技术知识流速较快。整体后向知识流动速度均值为4 564.28，前向知识流动速度均值为4 632.45，表明大多数产业知识流出速度高

于知识流入速度。其中，汽车、电机机械、其他交通工具、其他机械、计算机和办公设备及仪器产业的整体知识流动速度大大高于其他产业。

2. 知识流动条件指标

本节将知识流动的条件指标分为主体条件、渠道条件和关系条件三个分指标。

1）主体条件

知识流动网络中各知识主体的知识流动能力是知识流动活动顺利完成的必要条件之一。知识主体是知识流动活动的直接参与者，其知识流动能力表现在知识交流行为过程中。Hamel[37]认为知识流动主体的动机和目的、知识流出方知识传递能力和知识接收方的知识吸收能力是知识流动活动成功的最重要因素。

对于知识主体的知识吸收能力，可理解为知识的接收方利用现有的相关知识识别和判断外部来源知识的价值，并对外源知识进行消化吸收和进一步改进加以利用的能力。知识流动起始于知识主体有意识地去搜寻、识别和获取有利的外部来源知识，而知识吸收过程的最终实现需要知识主体依赖自有知识对目标知识进行分析、理解和内化，并最终将新知识转化成创新的优势为自己所用。知识主体搜寻获取外部知识的能力是保证知识有效流动的前提和基础，而吸收和整合能力则是提升知识流动效率的关键[38~40]。知识主体的知识释放能力是知识流动网络成员通过一定的影响力、沟通或表达等方式，将自身的新旧知识进行解释、编译和表达传递的能力[41]。Davenport 和 Prusak[42]比较了知识流动中的传递和吸收两个过程，认为知识主体的知识释放与知识吸收能力都影响最终的知识流动效率。有效的知识流动需要知识主体明确现有知识的性质和结构，在此基础上进行准确的表达并使用恰当的编码方式和知识载体通过一定的渠道将知识传递给接受者。

主体知识流动能力是知识流动的动力来源和实现基础。主体知识流动能力的高低直接决定了知识流动的层次和水平。在电动汽车领域跨产业知识流动网络中，各知识流动主体的知识流动能力由其知识搜寻能力、吸收能力和传递能力反映，而这些能力依赖于知识主体的知识存量水平和知识领域的宽度。本节将从知识存量水平和知识基础广泛性两方面衡量电动汽车领域跨产业创新中各产业的主体知识流动能力条件，其中各产业的专利总量为知识存量的衡量指标，各产业专利中所涉及的 IPC 分类数为知识基础广泛性指标。

2）渠道条件

知识流动除知识交流双方具备相应的主体能力条件外，还需具备一定的渠道条件。知识交流双方的组织边界描述了知识流动主体的空间地理位置分散情况及组织制度和知识结构差异等情况。知识主体间的这种物理距离上的分散和组织距离上的区别特点都会影响和限制知识流动的水平。Galbraith[43]认为在地理位置上分散的知识流动主体，相对于在地理位置上集中的知识流动主体，其彼此间的知识转移速度更慢；而各知识流动主体的国别与组织不同，其思维和行为方式也因文化差别而不同，最终会影响知识流动的效率。知识流动网络中各节点间的知识流动需要依靠彼此相通的路径，即知识流动的渠道。网络中两节点间的距离为经过不重复的节点和连线的最短路径长度，某节点与网络中其他各节点的平均最短路径反映该节点与网络中其他节点的平均距离，体现了该节点与网络中其他节点间进行知识流动所需跨越的其他节点个数。知识流动倾向于在顺畅的渠道下进行，节点间知识流动所需跨越的距离越近，所需克服的阻力越小，知识流动效果也越好。

在电动汽车领域跨产业创新过程中，技术知识的流动需要跨越时空和组织边界。在跨产业知识流动网络中，节点间路径越长，节点间发生知识流动所要经过的中间节点越多，知识流动的损失、消耗越大，知识流动的水平也会受到影响。本节以跨产业知识流动网络中各产业与其他产业连接的平均最短路径为节点距离指标，衡量知识流动的渠道条件。

3）关系条件

知识网络是知识主体之间相互作用、相互联系的结果，知识流动主体间的知识流动活动除受各自能力条件及二者之间的渠道制约外，主体间的关系、网络结构以及与其他相关节点的关系也会对知识流动的效率产生影响。知识流动网络中节点之间的长期稳定关系的建立，有助于相关主体之间完成知识的流动与整合，从而提高知识流量，促进知识流动顺利进行。

1973 年，Granovetter[44]提出了关系强度的概念，从互动频率、感情深厚程度、亲密程度和交换互惠四个方面界定了强关系与弱关系。知识流动网络中，强关系节点间知识结构更为接近，经验背景更为相似，互信程度更高，知识流动障碍更少，因此能够获得较好的知识流动效果。尤其对隐性知识，关系网络能通过多渠道的传播途径、共享环境和信任关系来弥补知识编码水平低下的缺陷[45]。知识流动主体间的强关系条件能够为嵌入度较高的知识的转移和吸收提供保证。电动汽车领域跨产业创新过程中，各产业技术领域在专利中的共现强度反映了产业间的关系强度，可作为表征知识流动关系条件的一个指标。

聚类系数反映知识流动网络中知识交流双方被来自第三方关系节点包围的程度，能够体现知识主体的直接合作对象所构成的子网络的紧密程度，能够对知识流动主体节点的知识流动意愿产生影响。具有较高聚类系数的关系网络能够通过声誉和合作规范制约各节点，使各节点更加重视知识流动合作规范以保证长期稳定的利益。高聚类系数能够增强各知识流动主体的知识流动意愿，提高知识流动效应，保证网络内知识流动的长期性[46]。在电动汽车领域跨产业知识流动网络中，假设代表某产业的节点 i 通过 k_i 条边与其他 k_i 个产业节点相连接。这 k_i 个节点间

实际存在的连接边数 E_i 与最大可能存在的连接边数之比即为产业 i 的聚类系数 C_i，具体公式为

$$C_i = \frac{E_i}{\frac{1}{2}k_i(k_i-1)} \tag{7.4}$$

本节研究以电动汽车领域专利数据中各产业与其他产业的 Jaccard 共现系数均值为节点关系强度指标，结合各产业在网络中的聚类系数，衡量各产业知识流动关系条件。

根据电动汽车领域跨产业知识流动网络测算的 5 个知识流动条件因素指标结果，如表 7.13 所示。

表7.13　知识流动的条件因素指标

产业	专利总数 /个	技术领域数 /个	平均共现强度	平均最短路径	聚类系数
汽车	22 097	23	0.023 7	1.000 0	0.575 2
电机机械	31 498	40	0.029 5	1.000 0	0.575 2
其他交通工具	12 422	18	0.026 3	1.055 6	0.576 4
其他机械	6 010	86	0.016 8	1.111 1	0.577 8
计算机和办公设备	1 855	9	0.010 1	1.166 7	0.579 4
仪器	4 261	47	0.014 4	1.111 1	0.607 4
电子设备	872	25	0.006 3	1.277 8	0.583 3
金属制品	776	57	0.006 0	1.333 3	0.592 6
化学	1 272	37	0.006 8	1.277 8	0.575 8
造船	50	5	0.000 5	1.611 1	0.472 2
非铁金属	225	3	0.007 8	1.500 0	0.566 7
其他工业产品	211	12	0.003 5	1.388 9	0.388 9
石头、黏土和玻璃制品	44	5	0.000 9	1.444 4	0.506 2
建筑	41	4	0.000 4	1.611 1	0.472 2
铁基金属	125	9	0.007 9	1.500 0	0.333 3
炼油	31	5	0.000 8	1.666 7	0.388 9
航天航空	35	4	0.000 5	1.611 1	0.388 9
纸张、印刷和出版	15	5	0.001 9	1.722 2	0.277 8
纺织	8	3	0.001 9	1.833 3	0.166 7

各产业专利总数的均值为 4 307.79 件，技术领域数均值为 20.89 个，从这两个指标综合来看，主体知识流动条件较强的产业有汽车、电机机械、其他交通工具、其他机械和仪器产业。网络总体的平均共现强度为 0.008 7，汽车、电机机械、其他交通工具、其他机械、计算机和办公设备、仪器及其他产业的平均共现强度较高，即与其他产业的关系强度较高。跨产业知识流动网络中各节点平均最短路

径为 1.380 1，汽车、电机机械、其他交通工具、其他机械、计算机和办公设备及仪器产业的平均最短路径较短，说明这些产业在知识流动网络中与其他节点的距离较近。跨产业知识流动网络中各节点的平均聚类系数为 0.484 5，仪器、电子设备、计算机和办公设备、其他机械及其他交通工具等产业的聚类系数较高，显示这些产业与其直接关联产业的关系更加紧密。

7.4.3　知识流动效率评价结果分析

采用基于投入的 CCR 和基于投入的 BCC 模型，对电动汽车领域 19 个产业知识流动相对效率进行评价，结果见表 7.14。CCR 模型测量的是技术效率，BBC 模型测量的是纯技术效率，由于技术效率是纯技术效率和规模效率的乘积，因此两者相结合即可得到各产业知识流动的规模效率。从表 7.14 的评价结果来看，CCR 和 BCC 模型测度结果差异明显，CCR 模型中各产业技术效率值差异明显，而 BCC 模型各产业纯技术效率值差异不大。这表明各产业虽然知识流动的技术效率有显著差别，但是其差异主要体现在规模效率的差异上。

表7.14　知识流动效率评价结果

产业	CCR	排名	BCC	排名	规模效率	排名
汽车	1.00	1	1.00	1	1.00	1
电机机械	0.52	3	1.00	1	0.52	3
其他交通工具	0.71	2	1.00	1	0.71	2
其他机械	0.71	2	1.00	1	0.71	2
计算机和办公设备	1.00	1	1.00	1	1.00	1
仪器	0.48	4	1.00	1	0.48	4
电子设备	0.22	7	1.00	1	0.22	7
金属制品	0.09	11	1.00	1	0.09	11
化学	0.07	12	0.99	2	0.07	12
造船	0.31	5	1.00	1	0.31	5
非铁金属	0.07	12	1.00	1	0.07	12
其他工业产品	0.06	13	1.00	1	0.06	13
石头、黏土和玻璃制品	0.23	6	1.00	1	0.23	6
建筑	0.13	8	1.00	1	0.13	8
铁基金属	0.07	12	1.00	1	0.07	12
炼油	0.22	7	1.00	1	0.22	7
航天航空	0.10	10	1.00	1	0.10	10
纸张、印刷和出版	0.12	9	1.00	1	0.12	9
纺织	0.04	14	1.00	1	0.04	14

CCR 模型中有两个产业的知识流动为 DEA 有效，相对知识流动效率为 1，分别是汽车产业、计算机和办公设备产业，表明这两个产业的知识流动技术效率较高。在各个产业中，汽车产业、计算机和办公设备产业具有较高的专利数量，知识存量较高，技术领域较为广泛，具有较好的主体知识流动能力，可以对来自其他产业的知识充分进行吸收转化，且能很好地将本产业的知识传播到其他产业，即规模效率对其技术效率的贡献非常关键。从渠道条件来看，两个产业在知识流动网络中与其他节点的平均最短路径较短，降低了知识流动的中间损耗，而这也得益于这两个产业庞大的知识规模。传统汽车产业的车身和底盘技术是电动汽车领域必不可少的基础技术，而智能电子控制技术是电动汽车领域的核心技术，因而在电动汽车领域跨产业创新过程中，来自汽车产业和计算机产业的知识会充分与其他产业的知识进行整合，表现出与其他产业的较高共现强度，并且直接知识交流对象间的聚类系数较高。总体来看，汽车、计算机和办公设备两个产业的知识流动综合效率较高与电动汽车产业的实际状况相符合。

此外，其他交通工具、其他机械、电机机械、仪器几个产业涉及电动汽车的电池组、电机和发动机控制等关键技术，其在整个知识流动网络中也处于中心位置，各项知识流动条件基本平衡，在 CCR 模型中，知识流动的技术效率也全部高于 19 个产业的平均水平。在知识流动效率较低的产业中，大部分产业知识流动条件较差，尤其是知识存量和共现强度方面与知识流动高效率的产业差距巨大，体现了其主体知识流动能力和与网络其他产业的关系强度方面的欠缺，而这方面正是规模效率的差异所导致的。另外，知识流动效率较低也反映了这些产业在整个电动汽车领域中的边缘地位。然而化学和金属相关技术是整个电动汽车技术领域的重要组成部分，在跨产业技术知识流动网络中，化学和金属制品产业也处于偏中心的位置，知识流动条件与高效率产业差距不大，可见对其知识流动效率较低的解释还应结合整个电动汽车领域内各产业间知识关联等其他影响因素。

7.4.4 产业技术知识关联与知识流动效率

投入产出技术是由美国经济学家列昂惕夫（Leontief）在 1936 年前后提出的一种被广泛应用的数量经济分析工具[47]，其特点是能够清晰地反映系统内部各个部门间错综复杂的关联。目前，投入产出技术已涉及国民经济管理、行业分析和企业管理等众多社会经济领域。产业关联分析是投入产出技术的一个非常重要的应用角度。投入产出方法认为在社会经济运行中，各部门之间存在着错综复杂的关联关系，这些关系可以按照其特点分为后向和前向联系。后向联系又称后向关联和后向效应，是指生产部门与供给其原材料、动力、劳务和设备的生产部门之间的联系和依存关系；前向联系又称前向关联和前向效应，是指生产部门与使用或消耗其产品的生产部门之间的联系和依存关系。投入产出技术通过计算影响力系数和感应度系数来分别刻画各部门的后向和前向联系。

本节尝试将投入产出技术的产业关联分析方法拓展应用于分析电动汽车领域内各产业技术知识的关联方面。具体来说，基于前述所提取的电动汽车领域专利引用关系，将各个产业的专利数量视为技术知识的产出，将被其所引用的其他产业专利视为技术知识的投入，据此构建电动汽车领域各产业间的技术知识投入产出表，进而计算各产业的影响力系数和感应度系数。

产业的影响力系数为该产业在列昂惕夫逆矩阵中的列系数均值与所有产业在列昂惕夫逆矩阵中的列系数总均值的比值，具体公式[48]为

$$\delta_j = \frac{\frac{1}{n}\sum_{i=1}^{n}\widetilde{b_{ij}}}{\frac{1}{n^2}\sum_{j=1}^{n}\sum_{i=1}^{n}\widetilde{b_{ij}}}, \quad j = 1, 2, \cdots, n \qquad (7.5)$$

式中，δ_j 为 j 产业的影响力系数；n 为全部产业数，在本节中 n 为 19；$\widetilde{b_{ij}}$ 为列昂惕夫逆矩阵 $(I - A)^{-1}$ 中的元素，而列昂惕夫逆矩阵中的 A 为直接消耗系数矩阵（直接消耗系数 a_{ij} 为 j 产业总投入中 i 产业投入所占比例）。影响力系数反映了 j 产业增加一单位知识产出对整个电动汽车领域中各个产业的知识需求波及程度。当影响力系数等于 1 时，表示 j 产业对整个电动汽车领域的知识需求波及程度达到了各个产业的平均水平；当影响力系数大于（小于）1 时，表示 j 产业对整个电动汽车领域的知识需求波及程度高于（低于）各个产业的平均水平。

类似地，某产业的感应度系数为该产业在列昂惕夫逆矩阵中的行系数均值与所有产业在列昂惕夫逆矩阵中的行系数总均值的比值，具体公式[48]为

$$\theta_i = \frac{\frac{1}{n}\sum_{j=1}^{n}\widetilde{b_{ij}}}{\frac{1}{n^2}\sum_{j=1}^{n}\sum_{i=1}^{n}\widetilde{b_{ij}}}, \quad i = 1, 2, \cdots, n \qquad (7.6)$$

根据上述方法，对电动汽车领域各产业的影响力系数和感应度系数进行测算，所得结果如图 7.7 和图 7.8 所示。总的来看，各产业的影响力系数差别较大，而感应度系数相对平均。

从影响力系数角度来看，汽车产业、电机机械产业、其他交通工具产业、其他机械产业、计算机和办公设备产业这五个产业的影响力系数均大于 1，对整个电动汽车领域来说，这五个产业与其他各个产业的后向关联明显高于整体的平均水平，其技术知识的产出广泛依赖其他各相关产业的技术知识流入，对其他产业

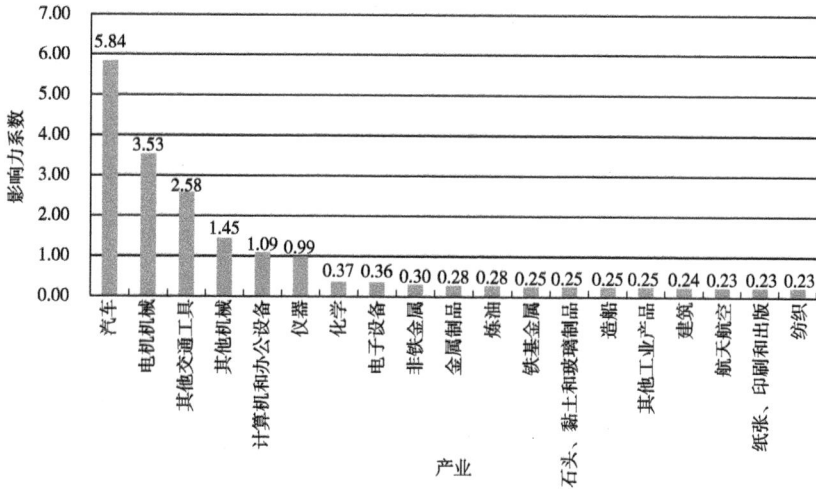

图 7.7　电动汽车领域相关产业影响力系数

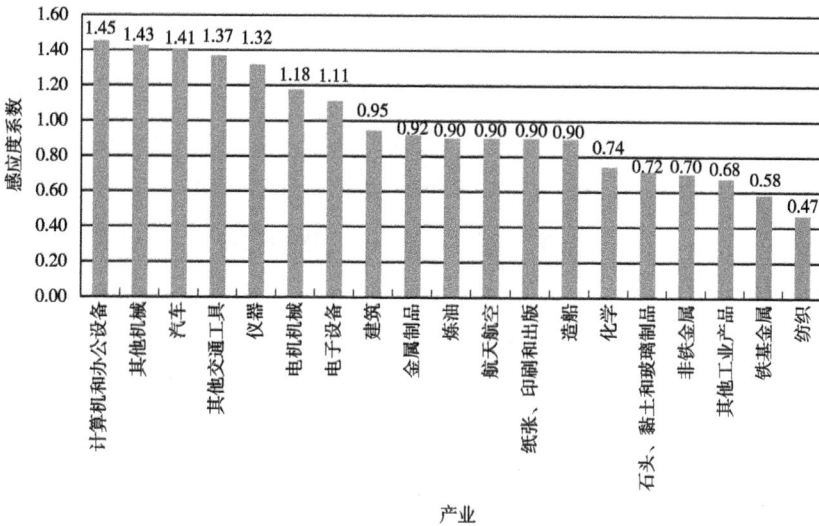

图 7.8　电动汽车领域相关产业感应度系数

有明显的带动作用。尤其是汽车产业，影响力系数高达 5.84，远高于其他产业，说明电动汽车领域跨产业技术创新过程以汽车产业为核心展开，在传统汽车产业技术知识基础上，吸收和整合来自其他产业的技术知识，串联成整个电动汽车领域的知识系统，对整个知识系统演进具有推动作用。而其余各产业除仪器产业外影响力系数均明显小于 1，说明其对其他产业的影响带动作用十分有限。化学和金属制品产业影响力系数仅为 0.3 左右，对电动汽车领域内其他产业的技术知识依赖较低，除各自产业自身固有的知识基础外，其大部分知识来源于电动汽车领域之外的其他领域。

从感应度系数角度来看，各产业差距较影响力系数的产业间差距要小，感应度系数达 0.9 以上的产业有 13 个，其中计算机和办公设备、其他机械、汽车、其他交通工具、仪器、电机机械和电子设备产业感应度系数大于 1，说明对整个电动汽车领域来说，这 7 个产业与其他各个产业的前向关联高于整体的平均水平，其技术知识广泛流入其他各相关产业，受其他产业知识产出的拉动作用明显，对电动汽车领域技术知识网络变化的反应较为敏感。计算机和办公设备的感应度系数在 19 个产业中排名首位，达到了 1.45，说明计算机和办公设备产业的技术知识在电动汽车领域应用广泛，渗透于各个产业的技术创新过程之中。计算机和办公设备产业技术知识的快速更新和发展满足了其他产业技术知识的产出需要，在整个电动汽车领域内具有重要的支撑作用。而化学产业的感应度系数仅为 0.74，说明其他产业的技术知识较少依赖于化学产业。从电动汽车领域的实际情况来看，化学产业的技术知识大部分与电动汽车的电池技术有关，而这部分知识除与电机机械产业的电池组技术高度相关外，与其他技术关联性较低，因而导致其感应度系数低于整体平均水平。

为检验产业技术知识关联对各产业知识流动效率的影响，对上文所得的各产业知识流动相对效率、各产业影响力系数和感应度系数进行 Pearson 相关性分析，结果如表 7.15 所示。

表7.15　产业知识关联与知识流动效率相关性分析

产业知识关联因素	Pearson相关系数	概率值	样本量
影响力系数	0.755**	0.000	19
感应度系数	0.781**	0.000	19

＊＊ 表示在 0.01 水平上显著相关

结果显示，各产业影响力系数和感应度系数与知识流动效率显著正相关，产业知识关联因素是各产业知识流动效率的影响因素。汽车、计算机和办公设备分别是各产业中影响力和感应度系数最高的产业，在整个电动汽车领域内与其他产业的知识关联度最高，从而形成了有效的知识流动。电机机械、其他交通工具、其他机械、仪器等产业仅次于汽车、计算机和办公设备产业，与电动汽车领域其他产业的知识关联均高于平均水平，其知识流动效率也在整个领域的均值之上。化学和金属制品产业与其他电动汽车领域技术知识网络中的核心产业在知识流动条件上相当而在知识关联度上有一定差距，对电动汽车领域内其他产业的技术知识依赖度低，大部分知识来源于电动汽车领域外，而知识的流出对象主要集中于电池技术相关产业，影响了其在电动汽车领域整体的知识流动相对效率。可见，促进电动汽车领域各产业创新交流，提高产业技术知识的关联度，能够促进知识流动效率的提升。

7.5　本章小结

本章通过全面检索德温特专利数据库中电动汽车领域的专利文献，整理和提取专利文献中各项字段信息的共现关系及专利之间的引用和被引用关系，构建了电动汽车领域的产业知识网络，综合运用专利引文分析、社会网络分析等方法分析了电动汽车领域技术知识网络的结构和特点。基于专利数据和知识网络结构指标，采用 DEA 方法客观评价了跨产业创新过程技术知识网络中的知识流动效率，并结合相关影响因素对知识流动效率评价结果进行了分析。

1. 研究特色

本章的研究特色主要体现在以下方面：

第一，通过编程实现对德温特专利数据引文关系的提取。目前，由于缺少引文数据库尚无法对德温特专利数据进行引文分析，本章通过自编程序将同族专利以基础专利进行标引，实现了对德温特专利数据中的引文关系的提取和整理，并结合 ISIC 国际标准工业分类与 IPC 国际专利分类号对应关系构建了基于德温特专利引文关系的电动汽车领域跨产业知识流动网络。

第二，采用 DEA 方法客观评价了电动汽车领域跨产业知识流动效率。基于专利引文数据，采用 DEA 方法客观评价了电动汽车领域跨产业知识流动网络中各产业的知识流动效率，得出了各产业的相对知识流动效率及排名，避免了以往相关研究中采用调查量表和专家咨询等方法所导致的主观倾向性影响。

第三，应用投入产出法揭示了电动汽车领域各产业技术知识的关联性及其对知识流动效率的影响。将投入产出分析技术的产业关联分析拓展到知识流动分析中，构建了电动汽车领域相关产业技术知识投入产出表，通过计算各产业的影响力系数和感应度系数，揭示了电动汽车领域各产业技术知识的前后向关联程度，并分析了产业知识关联对知识流动效率的影响。

2. 主要结论

1）电动汽车领域有明显的跨产业创新特点

参照美国的 ISIC 国际标准工业分类与 IPC 国际专利分类号对应表，基于电动汽车领域专利中的 IPC 分类号间的引用关系提取产业间专利引用关系，构建产业间技术知识流动网络。电动汽车领域共涉及 19 个不同的产业，有明显的跨产业技术知识流动特点，其中汽车、电机机械、其他交通工具、其他机械、计算机和办公设备及仪器产业技术联系紧密，知识流动强度大，处于网络的中心。而造船，航天航空，建筑，炼油，纺织及纸张、印刷和出版产业等虽然也与其他产业有技术知识交流，但在网络中处于边缘位置。电动汽车领域跨产业创新过程中，主要依赖汽车、电机机械、其他交通工具、其他机械、计算机和办公设备及仪器产业间的技术知识流动。

进一步分析专利权人和产业两类异质节点间的关联，构建"专利权人——产业"2-模共现网络对电动汽车领域跨产业创新活动过程进行刻画，发现在网络中代表各个产业的方形节点被代表专利权人企业的圆形节点分成了中心和外围两大部分。处于专利权人包围中的汽车、电机机械、其他交通工具、其他机械、仪器、电子设备、计算机和办公设备、化学和金属制品产业与各样本企业的联系广泛且关联紧密，外围各产业仅与部分企业有所关联，且关联强度较低。丰田公司是电动汽车领域跨产业技术创新中最活跃的主体，与19个产业中的17个产业直接相关，并且在整个电动汽车领域跨产业技术知识流动过程中有显著的桥梁作用，松下、三洋、本田、通用电气、日产、通用汽车、日立、三星和新神户电机等企业也是电动汽车领域跨产业技术创新中处于核心地位的主体。

2）电动汽车领域技术知识网络与专利权人合作网络有明显聚类现象

通过对电动汽车领域涉及德温特分类代码进行共现分析构建电动汽车领域技术知识网络，可以发现电动汽车领域技术知识网络有明显的聚类现象，核心的技术领域分为三大聚类：A类为电力驱动和传控技术相关技术领域，这类技术中中心度较高的代表性技术领域有电力推进技术、传输和控制系统技术、制动系统技术等；B类为金属及其化合物相关技术领域，这一类技术领域主要支撑电动汽车的电极材料技术；C类为聚合物相关技术领域，涉及电池隔膜材料和聚合物电解质等技术。

基于电动汽车领域专利权人的共现信息构建包含600位高产专利权人的共现网络，发现电动汽车领域专利权人共现网络也呈明显的聚类现象。整个电动汽车领域分为三大子群：子群A为日本电动汽车研发合作群，以丰田公司为核心，其他主要企业还有日产、松下、日立、日本电装、桥本等；子群B为美国电动汽车研发合作群，以通用汽车公司为核心，其他企业还包括福特和克莱斯勒等；子群C为韩国电动汽车研发合作群，主要包括现代和起亚两家汽车公司，以及三星和罗伯特博世及其合资公司SB LiMotive等电池和汽车配件企业。其中，日本电动汽车研发合作群规模最大，子群内部企业类型多样且联系紧密。

3）电动汽车领域各产业知识流动效率水平有较大差异

基于电动汽车领域各相关产业的专利数据及跨产业知识流动网络中的相关网

络结构指标，选取电动汽车领域各产业前向知识流动速度和后向知识流动速度表示知识流动效果指标，作为 DEA 分析的输出变量，以主体条件指标、渠道条件指标和关系条件指标作为输入变量，采用 DEA 方法评价各产业知识流动效率。评价结果显示，计算机和办公设备产业及汽车产业两个产业的知识流动效率最高，表明这两个产业的知识流动条件因素配置最优，并转化成较好的知识流动效果。其他交通工具、其他机械、电机机械和仪器几个产业，各项知识流动条件基本平衡，知识流动相对效率均高于 19 个产业的平均知识流动效率，其余 13 个产业除化学和金属制品产业大部分产业知识流动条件普遍较差，尤其是知识存量和共现强度方面与高知识流动效率产业差距巨大，知识流动效率表现不佳。

采用 BCC 模型得到的计算结果差异不大，基本上都接近于 1，表明各产业知识流动的纯技术效率没有太大的差距，而主要的差别原因就体现在知识主体的规模大小，即规模效率的大小。庞大的产业知识基础和较高的规模效率正是汽车产业综合技术效率较高的最重要原因。

4）产业技术知识关联对知识流动效率具有显著影响

将投入产出技术的产业关联分析方法拓展应用于分析电动汽车领域各产业技术知识的关联方面，构建电动汽车领域各产业间的技术知识投入产出表，计算各产业的影响力系数和感应度系数，相关性分析显示各产业影响力系数和感应度系数与知识流动效率显著正相关，产业知识关联因素是各产业知识流动效率的影响因素。汽车产业、电机机械产业、其他交通工具产业、其他机械产业、计算机和办公设备产业影响力系数均大于 1，与其他各个产业的后向关联明显高于整体水平，其技术知识的产出广泛依赖其他各相关产业的技术知识流入，对其他产业有明显的带动作用。计算机和办公设备、其他机械、汽车、其他交通工具、仪器、电机机械、电子设备产业感应度系数均大于 1，与其他各个产业的前向关联高于整体的平均水平，其技术知识广泛流入其他各相关产业，受其他产业知识产出的拉动作用明显。汽车、计算机和办公设备分别是各产业中影响力和感应度系数最高的产业，在整个电动汽车领域内与其他产业的知识关联度最高，从而形成了有效的知识流动。电机机械、其他交通工具、其他机械和仪器等产业仅次于汽车、计算机和办公设备产业，与电动汽车领域其他产业的知识关联均高于平均水平，其知识流动效率也在整个领域的均值之上。可见，促进电动汽车领域各产业创新交流，提高产业间的关联度，能够促进知识流动效率的提升。

3. 政策建议

电动汽车领域技术知识网络具有复杂性，集成了多种高技术，呈现跨产业创新特点。各创新主体的知识流动能力、知识流动的渠道条件及知识交流相关主体的关系强度等知识流动条件因素都影响着知识的流动效率。因此，电动汽车领域的技术创新需由整个电动汽车产业链上下游企业及研究机构等协同创新，打破创新主体间的技术知识壁垒，使技术知识充分流动与融合。为促进我国电动汽车产业知识流动，提升知识流动效率，针对以上影响因素提出以下几点建议。

1）加快电动汽车领域人才培养，提高创新主体知识吸收整合能力

电动汽车技术模块化水平高，跨产业技术知识流动需要专业技术人才对不同产业技术领域、不同模块的技术知识进行整合，对于各个不同模块及各模块间的联系都要有深入的理解。电动汽车创新网络中的知识个体既是知识的拥有者也是知识的接收者，各知识个体自身所具备的专业技术知识和知识水平直接影响知识流动效率。电动汽车产业是一种技术密集型产业，复杂的技术系统决定了其技术创新的实现需要长期的技术知识积累和专业人才储备。技术决定电动汽车产业的未来，而技术知识的转移和吸收最终要由人来完成，因而电动汽车市场的竞争最终将归结于人才的竞争，具有掌握核心技术的专业人才是取得创新突破的最有力保障。发达国家汽车行业研发人员占从业人员比重一般会在30%以上，而我国虽然是汽车工业大国，但研发人员比例低下，与发达国家在汽车人才方面差距较大。我国汽车技术人才，特别是电动汽车领域的专业人才缺乏有完善体系的专业教育，高水平技术研发人才的缺失制约着我国电动汽车领域的技术创新。若想在电动汽车产业实现我国汽车产业的"弯道超车"，需建立专业人才培训基地，着力培养电动汽车领域的骨干人才和团队。

2）整合电动汽车领域创新主体，创建技术知识交流共享平台

传统汽车的技术和市场都已趋于成熟，而电动汽车产业作为新兴产业，其技术仍不够成熟，制约电动汽车市场化的关键技术仍有待突破，由于技术的不确定性，其开发者面临较大的风险与成本。如果单纯依靠市场力量来推动电动汽车技术的发展，需要克服重重困难，其过程会相对漫长，而且单独依靠一两个企业是不能实现的。创建技术知识交流共享平台能够疏通知识流动渠道，在电动汽车领域创新网络中各节点企业自身拥有的知识难以取得突破时，与其他相关企业或科研机构通过特定的知识和技术的共享与交流形成一定的信任和合作关系，获得知识和技术的积累，有可能共同实现技术创新突破。从其他国家的经验来看，不论是传统的汽车强国还是新兴的发展中国家，各国都在积极投入力量进行电动汽车的研发。由政府通过对企业和高校及研究机构的有效整合从而优化资源配置形式，形成推动电动汽车技术创新和加速电动汽车产业化的重要力量。在制约电动汽车领域发展的电池等关键技术的研发过程中，政府应承担起搭建平台、疏通渠道、整合不同企业和研究机构的专业人才队伍及跨学科资源等责任，为技术交流和产品研发创造条件。

3）建立电动汽车跨产业创新联盟，强化核心技术领域企业的技术知识关联

建立整车企业牵头、配件企业和科研机构协同研发的电动汽车跨产业创新联盟，根据相关车型开发的实际技术需要，与相关配件企业协作，加强不同技术领域企业间的关联强度，使科研开发的各个环节都围绕共同目标进行。通过协同研发关键产品和技术关联度较高的产品，围绕统一的目标集中科研资源组织研发，扩大高校、研究所等科研机构的参与度，充分利用已有科技成果，从较高起点进行研发活动，可以促进各创新主体间进行技术知识交流，提高研发效率。并且通过这种创新联盟的方式组织研发可以有效缩短新兴技术的开发时间，抵御风险并降低研发成本，使联盟中的企业规避各自独立研发创新所需付出的高昂成本、减少自身技术实力不足及信息和资源获取不畅等方面的制约，达到电动汽车产业链各企业的互利共赢，推动电动汽车领域的整体发展。

4. 研究不足与展望

首先，本章对电动汽车领域跨产业创新的技术知识流动分析基于电动汽车领域的专利数据，虽然专利文献是一种技术创新信息的有效载体，在技术分析相关研究中被广泛应用，但也应看到其局限性。专利文献不能完全包含所有创新活动，并不是企业或个人的所有的技术知识都能够被编码化并申请专利，记录到专利文献当中，并且出于利益保护的目的，某些创新主体并不希望其创新成果以专利的形式公开。因此，在今后对技术创新和知识流动的研究中，可以将专利与其他产业技术情报等资源相结合，使研究更加全面。

其次，本章的专利数据来源于德温特数据库，虽然该数据库全面详细地收录了世界各国大部分专利，但由于德温特专利数据库将所收录的专利文献以专利家族为单位合并，且导出数据中只包含其施引信息，其被引情况不能批量导出，追踪专利引用关系难度较大。本章通过对检索得到的电动汽车领域专利数据建立数据库，通过编程等技术手段合并提取了各族专利之间的引用关系，但引用关系仅局限于电动汽车领域专利数据内，由于数据量过多，不能全面追踪电动汽车领域内专利与不在本章专利样本中的其他领域专利间的引文关系。在今后的研究中，对于少量专利样本可在本章提取德温特专利数据引文关系方法的基础上，尝试手工或其他方法追踪详尽的引文关系。

对于知识流动及其效率的评价在现有研究中以定性研究为主，少数定量研究其数据来源也大多为调查问卷和专家咨询，带有主观因素的影响。本章尝试基于电动汽车领域专利引文关系构建技术知识流动网络，以专利数据和网络指标定量对知识流动的条件与结果进行表征，避免了主观因素的影响，为相关研究提供一种新的思路。然而本章的方法尚有不成熟之处，且由于数据的种种局限，研究深

度也有不足，希望在今后研究中做进一步的完善。

参 考 文 献

[1] Pavitt K. Patent statistics as indicators of innovative activities: possibilities and problems. Scientometrics, 1985, 7（1）: 77-99.

[2] Narin F. Patent bibliometrics. Scientometrics, 1994, 30（1）: 147-155.

[3] Narin F. Patents as indicators for the evaluation of industrial research output. Scientometrics, 1995, 34（34）: 489-496.

[4] Chen D Z, Lin W Y C, Huang M H. Using essential patent index and essential technological strength to evaluate industrial technological innovation competitiveness. Scientometrics, 2007, 71（1）: 101-116.

[5] Griliches Z. Patent statistics as economic indicators: a survey. Journal of Economic Literature, 1990, 28（4）: 1661-1707.

[6] Meyer M. Does science push technology? Patents citing scientific literature. Research Policy, 2000, 29（3）: 409-434.

[7] Meyer M. What is special about patent citations? Differences between scientific and patent citations. Scientometrics, 2000, 49（1）: 93-123.

[8] Kostoff R N, Schaller R R. Science and technology roadmaps. IEEE Transactions on Engineering Management, 2001, 48（2）: 132-143.

[9] Verbeek A, Debackere K, Luwel M, et al. Linking science to technology: using bibliographic references in patents to build linkage schemes. Scientometrics, 2002, 54（3）: 399-420.

[10] Guan J C, Gao X. Exploring the h-index at patent level. Journal of the American Society for Information Science & Technology, 2009, 60（1）: 35-40.

[11] 杨中楷, 刘佳. 基于专利引文网络的技术轨道识别研究——以太阳能光伏电池板领域为例. 科学学研究, 2011, 29（9）: 1311-1317.

[12] 康宇航, 苏敬勤. 技术创新机会的可视化识别——基于专利计量的实证分析. 科学学研究, 2008,（4）: 695-701.

[13] 邱均平, 马瑞敏, 徐蓓, 等. 专利计量的概念、指标及实证——以全球有机电激发光技术相关专利为例. 情报学报, 2008, 27（4）: 556-565.

[14] Rizzi F, Annunziata E, Liberati G, et al. Technological trajectories in the automotive industry: are hydrogen technologies still a possibility? Journal of Cleaner Production, 2014, 66（3）: 328-336.

[15] Felix Eggers, Fabian Eggers. Where have all the flowers gone? Forecasting green trends in the automobile industry with a choice-based conjoint adoption model. Technological Forecasting & Social Change, 2011, 78（1）: 51-62.

[16] Gilbert B A, Campbell J T. The geographic origins of radical technological paradigms: a configurational study. Research Policy, 2015, 44（2）: 311-327.

[17] 王健美, 刘志芳, 戴爱兵. 纯电动汽车产业关键技术演进分析——专利引文分析视角. 图书情报工作, 2014,（14）: 21-27.

[18] 张立超, 刘怡君. 技术轨道的跃迁与技术创新的演化发展. 科学学研究, 2015,（1）: 137-145.

[19] Tran M, Banister D, Bishop J D K, et al. Simulating early adoption of alternative fuel vehicles for sustainability. Technological Forecasting & Social Change, 2013, 80（5）: 865-875.

[20] Yang C J. Launching strategy for electric vehicles: lessons from China and Taiwan. Technological Forecasting & Social Change, 2010, 77（5）: 831-834.

[21] 于晓勇, 赵晨晓, 马晶, 等. 基于专利分析的我国电动汽车技术发展趋势研究. 科学学与科学技术管理, 2011,（4）: 44-51.

[22] 杨利锋, 陈凯华. 中国电动汽车技术水平国际比较研究——基于跨国专利的视角. 科研管理, 2013,（3）: 128-136.

[23] 张嶷, 汪雪锋, 郭颖, 等. 中国专利数据检索策略研究. 科学学研究, 2011,（6）: 833-839.

[24] 张嶷, 汪雪锋, 郭颖, 等. 基于文献计量学的技术路线图构建模型研究. 科学学研究, 2012,（4）: 495-502.

[25] 沈君, 王续琨, 高继平, 等. 基于文献计量指标的关键技术的探寻——以第三代移动通信技术为例. 情报杂志, 2011,（9）: 34-39.

[26] 张杰, 刘粉香, 翟东升, 等. 基于共现网络的核心技术领域识别研究. 情报杂志, 2012,（11）: 35-39.

[27] 王贤文, 刘则渊, 侯海燕. 基于专利共被引的企业技术发展与技术竞争分析：以世界 500 强中的工业企业为例. 科研管理, 2010,（4）: 127-138.

[28] Girvan M, Newman M E J. Community structure in social and biological networks. Proceedings of the National Academy of Sciences of the United States of America, 2002, 99（12）: 7821-7826.

[29] 黄鲁成, 石媛嫄, 吴菲菲. 基于专利引用的技术轨道动态分析——以太阳能电池为例. 科学学研究, 2013,（3）: 358-367.

[30] 范维熙, 费钟琳. 基于德温特专利引文网络的技术演进路径研究——以太阳能电池技术为例. 情报杂志, 2014,（11）: 62-66.

[31] Verspagen B, Van T, Slabbers M. MERIT concordance table: IPC-ISIC（rev. 2）. 1994.

[32] 孙海生. 作者关键词共现网络及实证研究. 情报杂志, 2012,（9）: 63-67.

[33] Charnes A, Cooper W W, Rhodes E. Measuring the efficiency of decision making units. European Journal of Operational Research, 1978, 2（6）: 429-444.

[34] 武春友, 赵奥, 卢小丽. 中国不可再生能源全生命周期效率评价研究. 科研管理, 2012, 33（2）: 147-155.

[35] 马占新. 数据包络分析模型与方法. 北京：科学出版社, 2010.

[36] 祁延莉, 李婧. 用于知识流动测度的专利引文指标分析. 中国基础科学, 2014,（2）: 25-33.

[37] Hamel G. Competition for competence and interpartner learning within international strategic alliances. Strategic Management Journal, 1991, 12（S1）: 83-103.

[38] Cohen W M, Levinthal D A. Absorptive capacity: a new perspective on learning and innovation. Administrative Science Quarterly, 1990, 35 (1): 128-152.

[39] Kim L. Crisis construction and organizational learning: capability building in catching-up at Hyundai Motor. Organization Science, 1998, 9 (4): 506-521.

[40] Zahra S A, George G. Absorptive capacity: a review, reconceptualization and extension. Academy of Management Review, 2002, 27 (2): 185-203.

[41] 唐方成, 席酉民. 知识转移与网络组织的动力学行为模式（Ⅱ）：吸收能力与释放能力. 系统工程理论与实践, 2006, (9): 83-89.

[42] Davenport T H, Prusak L. Working Knowledge: How Organizations Manage What They Know. Boston: Harvard Business School Press, 1998.

[43] Galbraith C S. Transferring core manufacturing technologies in high-technology firms. California Management Review, 1990, 32 (4): 56-70.

[44] Granovetter M S. The strength of weak ties. American Journal of Sociology, 1973, 78 (6): 1360-1380.

[45] 李伟, 刘军, 董瑞华. 关系网络在技术创新知识流动过程中的作用——基于信息空间理论的视角. 科学管理研究, 2009, (2): 68-71.

[46] 王晓红, 张宝生. 知识网络结构特性对知识流动作用分析. 价值工程, 2010, (2): 11-13.

[47] 列昂惕夫 W. 投入产出经济学. 崔书香译. 北京: 商务印书馆, 1980.

[48] 陈锡康, 杨翠红. 投入产出技术. 北京: 科学出版社, 2011.

第8章 产业不连续创新中模块化的影响因素案例研究

本章在深入分析相关文献的基础上，探讨和界定了产业不连续创新的分析维度，进而以三家典型企业为研究样本，运用探索性多案例研究方法，对产业不连续创新中模块化过程的关键影响因素进行了分析和讨论，最终提出了相关的假设命题和理论分析框架，从而对不连续创新的分类研究和模块化理论进行有益的扩展和补充，也为制造业不连续创新活动提供参考与借鉴。

8.1 引言

随着经济全球化进程的加快，伴随着层出不穷的新技术、新市场和新规则，企业层面的不连续创新行为不断涌现，在产业层面则引发了技术不连续、市场不连续及业务模式不连续现象。此外，模块化过程作为产品、组织和产业等众多层面广泛出现的战略行为，也受到学者们的广泛关注。然而，对于这一创新过程中的具体影响因素，现有相关文献却缺乏深入分析和实证研究。

柳卸林认为，企业不连续创新的实现包括发现新知识和发现新市场空间[1]。如果某种技术进步的速度超越了用户需求或者不能满足用户的需求，技术应用的扩展就会出现不连续性[2]。宋艳和银路提出，新兴技术形成的必要条件是技术进步和应用扩展的不连续性的共同作用[3]。王海龙等[4]为探讨不连续创新对科技创业企业绩效的作用机理，提出了不连续创新导向和创业绩效的结构模型并运用 176

家科技创业企业的数据进行了实证分析，认为科技创业企业应在高不确定性条件下采取不连续创新导向的战略以提升创业绩效。王海龙和武春友[5]以元研究为主的方法对不确定环境下不连续创新和创业企业绩效相关的研究现状进行了文献综述，识别了环境因素、创新战略和企业能力等影响创新或创业绩效的关键因素，提出了在不确定性条件下科技创业企业面向不连续创新的成长路径与机理研究框架。Anderson 和 Tushman[6]将不连续创新分为工艺不连续创新和产品不连续创新，Magnusson 等[7]指出产品不连续创新主要是指架构创新和模块化创新，Henderson 和 Clark[8]提出了一个得到广泛认可的"模块—架构"理论框架，指出不连续创新包含模块创新、架构创新和突破性创新。作为一个新的创新研究主题，业务模式创新是指如何将技术实现经济产出的方式，主要关注价值创造和价值捕捉[9]。

　　模块化是使复杂问题简单化的方法之一。模块化生产最先是运用到钟表行业，之后逐渐被运用到计算机与软件开发、汽车制造、国防工业等行业。诺贝尔经济学奖得主 Simon[10]最早对模块化理论进行研究，他指出，科层（hierarchy）结构是由相互联系的子系统构成的，而子系统还有自己的内部结构及子系统。青木昌彦和安藤晴彦[11]指出，模块集中化有两种模式：①以美国 IBM/360 电脑设计为典型，提出包括事先设计与规定好的模块之间联系规则的"A"模式；②以日本丰田公司汽车生产制造为典型，提出模块之间联系规则可以不断改进的"J"模式。Pine[12]指出模块化可分为组件互换模块化、组件共享模块化、量体裁衣模块化、混合模块化、总线模块化和组合模块化六种形式。

　　面对日益增加的环境不确定性和复杂性，模块化过程为产业创新提供了一种有效应对不确定性和复杂性的途径[11]。那么，产业不连续创新中的模块化过程受到哪些关键因素影响呢？Hobday 等[13]提出企业的系统集成能力是复杂产品创新的核心能力。Nightingale[14]指出了包括市场识别、创新费用、模块合理的外包等影响复杂产品系统项目的成功因素。Rothwell[15]指出大规模定制需要建立能够组配成多种最终产品和服务的模块化构件。Langlois[16]指出标准化规则是模块化的重要影响因素，主要由体系结构与界面接口两部分组成：体系结构界定系统各部分的模块及其功能；界面接口详细描述各个模块如何相互作用。Baldwin 和 Clark[17]认为界面规则（包括部件替代、设计架构等）是影响产品模块化过程的关键因素。青木昌彦和安藤晴彦[11]指出，影响模块制造商与模块分包商成功的因素有产品系统的结构、模块接口与技术标准。Teece[18]认为，率先创新的企业的成功前提是拥有互补性资产，如专业化制造能力、分销渠道、服务网络和互补性技术等因素。Jacobides 等[19]认为，在产业结构体系内的技术创新企业可以同时发展互补性资产的移动性与互补性，从多个伙伴企业之间互补性资产的分布及其关系中更好地获取商业价值。薛红志和张玉利[20]认为，既有企业拥有的专业化互补性资产在突破性创新出现后仍保留其价值,那么这些资产会使既有企业免遭竞争力破坏。周永庆等[21]通过实证分析识别出复杂产品创新绩效的关键影响因素,包括项目层战略定位因素、产品的技术复杂性因素、过程因素、集成商的技术能力因素、软能力因素及市场环境因素等。罗珉和赵红梅[22]认为中国制造的秘密是通过互补性资产形成的跨组织大规模协作网络,在产业领域的产品主导设计出现后进行模块化和网络化生产。杨燕和高山行[23]的实证研究表明,创新驱动通过自主性对创新绩效产生影响。巫景飞和芮明杰[24]以计算及产业演化为例指出,新进入者会破坏在位企业的竞争优势、加速产业模块化。沈于和安同良[25]认为技术演化驱动着模块化分工的演变,主导厂商实现再集成可采取两种途径,即独立研发或外购知识。

　　通过对国内外相关文献的分析可以看出,现有研究在以下方面还有待于深入和扩展。现有文献一般将不连续创新分为产品不连续和市场不连续两个方面,但这一分类未能涵盖业务模式创新;另外,现有研究主要关注复杂产品系统创新的过程与机理,但是从模块化的视角探索如何实现产业不连续创新以及在此过程中的模块化受到哪些关键因素的影响是一个较新的领域,国内外的相关研究还很少见。综合看来,产业不连续创新是企业在环境不确定条件下的战略性适应行为,是指企业在产品、市场、业务模式维度上通过资源或能力的创建、集成或重组对现有产品或服务进行的重大改进或替代过程[26],其本质是导致产业知识基础、市场基础、业务模式部分或全部发生重大变化的创新。由此,不连续创新不仅包含了破坏性创新和突破性创新的概念,而且还涵盖了业务模式创新。

8.2　研究方法与样本选择

8.2.1　研究方法

　　本章研究主要采取探索性多案例研究方法。案例研究通常基于多途径数据来源,对于某种现象的具体表现进行丰富的、实证性的描述[27]。案例研究的一个重要功能就在于能够服务于新理论的构建,通过案例研究构建理论是指运用一个或多个案例,根据案例中的实证数据创建理论构念、命题和/或中程理论的一种研究策略[28]。案例研究可以分为单案例研究和跨案例研究,但多案例研究往往能为理论构建提供更坚实的基础[27]。作为一种初步归纳理论的有效工具,案例研究的目的是发展理论而不是检验理论,所以只要理论抽样合适,即案例本身具备足够的典型性和特殊性就可保证良好的效度[28]。因此,案例研究通常对样本有如下要求。一方面,选定样本应与研究主题在性质上具有高度相关性;另一方面,案例研究关键在于对样本研究的深度，而研究样本数量相对不重要[29]。

8.2.2　样本选择

基于模块化实施产业不连续创新的样本有众多企业案例。考虑到典型性和代表性以及不同制度背景和市场化程度等差异的影响，我们分别选择计算机产业中的美国苹果公司、复印机产业中的日本佳能公司、移动通信设备产业中的中国华为公司这来自三个不同国家、不同产业的案例作为样本展开分析。样本数据主要是二手数据，即通过大量查阅公开资料、书籍、新闻媒体报道、产业或行业报告、公司网站及出版物等公开的二手资料来获得关于案例对象的背景资料，大致涉及企业发展历史、公司创新战略、合作关系、与产业创新和模块化有关的业务等。

8.3　产业不连续创新中的模块化典型案例

8.3.1　华为 3G 商用系统的技术模块化

华为公司于 1988 年创办，创办之初仅有 2 万元人民币启动资金，10 多位员工。目前，华为公司已成长为一家跻身全球 500 强、领先的下一代电信网络提供商，在全球用户达 10 亿个以上，客户涵盖了世界 50 强运营商中的 36 家。

对核心技术的掌握能力被视为是华为的生命。当国内很多企业还在迷恋于学习模仿国外先进技术时，华为始终将目标瞄准新一代的技术发展方向，通过自主创新拥有自主知识产权的核心技术，占领新一代不连续技术创新领域的制高点。这一思路非常适合华为所处这样一个技术更新迅速、产业创新破坏度高的行业。产业突破技术可能会替代原来的主导技术，使率先开拓新技术的企业实现技术跨越式发展，走在技术创新的最前沿。例如，华为对 3G 技术的大力投入充分验证了这一点。

在 2G 技术上，华为一直处于追赶状态。但华为并没有在 2G 技术追赶中迷失方向，而是迅速地捕捉到新一代的替代性技术，即 3G 技术。华为于 1998 年就开始了 3G 商用系统的研发，随之而来的是 3G 商用系统长期巨额研发资金的投入。这时，华为意识到开发 WCDMA 与具有特定用途集成芯片 ASIC 技术是一种必然发展趋势。当时通信行业还没有任何成熟的 ASIC 技术，某西方企业已经公开宣布它将于 2002 年推出 ASIC 技术。因此，当时很多企业都认为自己开发 ASIC 风险太大，不如今后直接购买该企业的 ASIC 技术。但是华为公司认为，要想提升

WCDMA 产品的国际与核心竞争力，就不能在关键技术上受制于人，因此必须启动公司自己的 ASIC 项目。事实证明，华为的决策是正确的，在华为 ASIC 技术获得突破后，这家西方公司却一再宣布延期推出芯片，最后这家西方公司彻底放弃了该芯片的开发。如今，华为公司已经全面掌控 WCDMA 3G 核心技术，成为全球少数几家能够提供整体商用系统的生产厂商之一。华为的 3G 产品已经跻身世界第一阵营，率先在马来西亚、阿拉伯联合酋长国（简称阿联酋）、毛里求斯实现商业用途，还突破了欧洲市场，承建荷兰 3G 网络建设。华为的 3G 系列产品在美国、日本和欧洲等全球所有主要的 3G 市场均有所斩获。

目前，华为是中国为数不多的站在技术创新前沿的企业，成功地运用了 IBM 的基于信息技术的模块化技术创新平台，每个参与产品开发人员按产品架构及模块进行分工协作、共享技术信息，对创新进度和成果进行实时管理[30]。高强度的研发投入形成了众多的技术专利。

为了成为世界一流的设备供应商、世界级领先企业，华为通过在全球范围内配置资源，保持产品模块设计规则适度开放性。华为初创的时候，国际电信列强垄断了中国的交换机市场，而国内电信设备制造企业大都技术落后、机制体制僵化，与国际电信巨头根本不在一个层次上。在恶劣的生存环境中，华为为了适应模块化时代要求，寻求突破性创新，必须抓住市场上稍纵即逝的机会，为此，华为在通信产业不连续创新中的模块化过程首先是在市场机制的前提下，按功能将通信产业系统界面规则进行模块化分解，变为各个局域模块；其次，开放各个能力模块之间设计良好的界面规则，引导各个模块自己完成相应的不连续创新行为与动作；最后，对系统框架（集成模块）进行模块化整合。华为几乎所有产品硬件的通用模块都通过外包模式进行制造，仅硬件模块集成保留在华为内部。华为通过控制产品的核心架构技术及架构设计能力，从而控制产品创新网络；另外，对产品的核心模块进行持续的技术创新，不断促进产品架构创新。此外，华为与 TI、英特尔、微软等公司的合作，有效地利用了外部资源。

8.3.2　佳能小型复印机的产品模块化

1937 年，凭借光学技术起家的佳能公司成立。对技术研发的重视和投入，使佳能在此后的数十年间不断发展壮大，成长为行业的领导者。佳能对技术创新与把握技术发展的能力主要体现在：投资研发核心技术，通过购买技术和与其他公司合作增强技术优势；内部设置多层次的研发机构分别负责基础技术与创新产品的开发；组建由不同技术背景的人员构成的交叉功能小组进行新产品开发。

佳能产品的战略目标是"制定标准，创造经典"。20 世纪 50~60 年代，美国施乐利用独占的 PPC 技术垄断了超过 90%的复印机市场。但是，佳能以 NP 系列复印机成功进入复印机市场并迅速在行业中立足。此后，佳能运用模块化手段推出创新的个人复印机，开辟了新的巨大市场并确保了在复印机行业的领先地位。在佳能复印机开发过程中，公司通过走访用户，发现了大型复印机价格太高、集中复印不方便、保密性欠佳等几个致命缺点。由此，佳能提出了全新的解决方案：设计一台造价便宜、简单易用、占用空间小的小型复印机，每个办公室都可以拥有一台。佳能和施乐复印机产品的市场定位差异见表 8.1。

表8.1　佳能与施乐复印机产品的比较

项目	佳能	施乐
市场定位	小公司、家庭、低端市场	大公司，高端市场
特征	体积小、重量轻、价格低	体积大、重量大、价格高
性能与操作	功能简捷、操作简单	高性能、操作复杂
日常使用	无需维护，通过Cartridge技术更换耗材	使用过程中需维护保养
销售方式	通过子公司和代理商销售	主要通过自己的销售代表销售
服务成本	出售耗材，可由使用者自己更换	需大量专业服务人员进行日常维护

佳能设计出小型复印机产品后，将其发明设计低价转让给其他日本同行，以尽快刺激市场需求。由此，佳能在复印机市场上占据了领导地位。可见，佳能公司将墨盒等部件采用模块设计达到了用户个人能够进行产品维护的目的，打破了施乐公司在售后服务体系方面的竞争优势，实现了市场不连续主导的产业创新。

8.3.3　苹果移动智能终端的组织模块化

业务模式不连续创新作为一种新兴的创新现象也逐渐引起学者们的重视。关于业务模式是否属于创新的问题，从各国对业务模式授予专利情况可以做出判断。例如，1999 年美国联邦最高法院做出的一项裁决使电子商务中的网络商业模式成为专利主题，欧洲和日本也扩大了对商业方法专利的保护政策。中国也有了对电子商务商业模式的专利申请，如花旗银行从 1996 年以来就在中国申请了 19 项金融产品的"商业方法类"发明专利[31]。因此，业务模式创新无疑属于创新的一种。

Christensen 的理论最初关注于破坏性技术[32]，但是后来该理论被泛化用于解释各种破坏性创新，而破坏性创新理论并没有严格区分业务模式创新和产品创新这两种本质不同的现象。为此，Markides 指出应该对业务模式创新和技术创新、产品创新加以区分，业务模式创新不是"发现"新的产品或服务，而是对现有产品和服务"是什么"和"如何"提供给客户的方式进行重新定义[33]，业务模式创新和突破性产品创新是两种不同的破坏性创新。Markides 根据现有业务模式和创新业务模式所强调的绩效特征差异（表 8.2），对多个行业的新旧业务模式进行了区分，如图书零售业的亚马逊（Amazon）和巴诺书店（Barnes & Noble）；经纪业的嘉信理财（Charles Schwab）与美林证券（Merrill Lynch）；航空业的易捷（easyJet）和英航（British Airways）；等等。

表8.2　现有业务模式和新业务模式强调的关键绩效属性[33]

产业	现有业务模式强调的绩效属性	新业务模式强调的绩效属性
银行业	广泛的全国范围分支网络和个人服务	24小时服务、便捷、价格
保险业	通过广泛的代理网络进行个人面对面的咨询	便捷和低佣金率
航空业	轴-辐式系统、奖品服务、赠餐、行李检查	价格、去除虚饰
经纪业	研究与咨询	执行速度和价格
照片洗印	洗印速度	价格、规模和质量
手表业	精准性和功能性	设计
钢铁	质量	价格
汽车	速度与功率	规模和价格
书店	连锁超市提供良好的环境与服务	广泛选择、速度、价格、便捷
汽车租赁	位置（如机场）和汽车质量	位置（如市区）和价格
计算机	速度、内存容量、功率	设计与用户友好

苹果公司发展的过程也是企业技术自主能力不断发展演化的过程，从早期专注于产品与技术不连续创新，再到市场与业务模式的不连续创新，以及其产业不连续创新方式的不断成长演变，我们也看到了苹果自有技术的不断成功。尽管，苹果在 20 世纪 80 年代遭遇到 IBM 这一重量级竞争对手的挑战并一度衰落，但苹果近 10 年来在全球范围内再次成功崛起。从 1984 年推出革命性的 Macintosh 电脑产品，直至 2012 年推出的 iphone5、iPad mini 等系列产品，如表 8.3 所示。

表8.3　苹果公司创新产品系列

年份	产品系列
1984	Macintosh电脑产品
1998	Imac
2001	iPod数位音乐随身听
2002	第二代iPod播放器
2003	第三代iPod音乐播放器
2004	第四代iPod数码音乐播放器
2005	第五代iPod播放器
2006	第六代iPod及第二代iPod nano数码音乐播放器
2007	第三代iPod nano超薄数码音乐播放器
2008	iPod nano 第四代和iPod touch第二代

续表

年份	产品系列
2009	MacBook Pro笔记本电脑、iPod shuffle、iPhone 3Gs的新款iPhone
2010	3G、wi-fi+3G 等iPad系列产品
2011	Iphone4S、iPad2
2012	Iphone5、iPad mini

苹果电脑建立初期，其个人电脑产品采取开放策略，即把产品的技术标准与规范公开。苹果电脑凭借着创意的产品设计迅速崛起，很快占据了整个家用个人电脑市场，成为当时个人电脑市场的主导厂商。1980 年，苹果的革命性产品 Apple II 的年销售额超过了 3 亿美元[24]。可以说，苹果 Apple II 的不连续创新绩效与其设计规则开放程度有密切关系。

相反，同样是苹果公司的另一款具有划时代意义的新型电脑 Lisa 却命运完全不同。1983 年，苹果推出了一款超越它所处时代的创新产品 Lisa，同时还推出了与 Lisa 相配套的操作系统。Lisa 实际上可以看做 Macintosh 的前身，因为在 Macintosh 早期开发的很多操作系统软件都是在 Lisa 上设计的。由于苹果始终没有开放自己的界面规则标准，所以苹果电脑没有实现大规模的产业化，而且过于高昂的价格和缺少软件开发商的配套支撑，使苹果公司又一次失去获得市场份额的良机，只能成为一个小众的产品。Lisa 于 1986 年被彻底终止，剩余的货品被埋在犹他州的垃圾堆填区。由于缺乏适度的设计规则开放性，苹果的电脑败给了安装 Windows 操作系统的 IBM PC 机。

苹果公司的 iPhone 颠覆了客户对传统手机的产品概念并创造了全新的业务模式。例如，在完整的基础应用配备上，iPhone 还集成了邮件、股票信息、地图、天气等众多互联网应用。iPhone 操作系统提供了非常出色的 UI 库，这些标准的控件和视图都经过精心研制才得以真正派上用场。而且 iPhone 操作系统各个能力模块之间设计良好的界面规则能够保证各个模块自己完成相应的功能。另外，iPhone 的应用软件开发者和用户已经对这些软件非常熟悉，如果没有更好更实用的创意，均应遵循 iPhone 的控件规范。

苹果产品制造组织模式中的外包也是一个突出特色。以苹果公司的 iPad 产品为例，苹果 iPad 把 40%以上的材料成本都用在了显示器、触摸屏和其他用户界面部件上。苹果公司的集成模块带来了专业化设计、生产运作与系统集成，而互补性局域模块之间在设计规则的一致性与界面清晰性的保证下，通过信息共享和知识交换，极大地降低了市场开发成本。在高不确定性的市场环境中，苹果公司的集成制造商通过保留产品研发、产品设计的技术控制，将高度模块化的生产过程外包给各个模块供应商。正是对企业内外部互补性资产的整合，使 iPad 产品从一个最初的创意发展到简陋的原型机,迅速发展到一个精致的现实产品并直至最后占领市场。

8.4 结果与讨论

8.4.1 跨案例分析结果

通过华为、佳能、苹果公司的跨案例比较分析可以看出,三者在产业创新方面独具特色,但又表现出共性的特征和因素。例如,三家企业的主导产品均采用了模块化架构,且在技术、市场、业务模式三个方面都有出色的创新表现,但是三种创新模式占据的地位不甚相同:华为公司的 3G 商用系统等项目属于技术结构模块化驱动的不连续创新,佳能公司的小型复印机项目属于产品模块化驱动的不连续创新,苹果公司的移动智能终端则属于组织模块化驱动的不连续创新。深入比较三家企业在产业创新中的模块化过程可以发现,产业不连续创新中模块化过程的价值实现依赖于核心模块技术自主性、界面规则开放性和互补性资产三个因素的综合作用。总结苹果 iPhone、佳能个人复印机及华为 3G 商用系统项目产业不连续创新中模块化过程影响因素的结果,如表 8.4 所示。

表8.4 产业不连续创新中模块化过程的影响因素跨案例分析

项目	案例		
	华为3G商用系统	佳能小型复印机	苹果移动智能终端
产业不连续创新的核心驱动	技术结构模块化驱动的不连续创新	产品模块化驱动的不连续创新	组织模块化驱动的不连续创新
技术自主性	对核心技术的掌握能力被视为华为的生命,自主开发ASIC技术	在喷墨、激光打印机技术方面居领先地位	掌控核心操作系统和核心硬件模块
规则开放性	保持产品设计规则的适度开放	产品设计转让给其他厂商	应用软件标准与规范开放
互补性资产	几乎所有产品硬件通用模块外包,仅保留核心模块和集成	与竞争对手合作,联手做市场	与谷歌等合作,网络应用软件开发者可自由开发
产业不连续创新绩效	站在技术创新前沿的企业、全球领先的下一代电信网络供应商,近几年海外销售收入几乎以100%以上的增长率递增	推出创新的个人复印机,开辟了新的巨大市场并形成领导地位	颠覆传统手机概念,占有全球手机市场一半以上的利润

8.4.2　理论构建

1. 产业不连续创新的驱动因素

现有研究较少从模块化的维度考虑不连续创新的驱动因素，本节的跨案例研究表明，面向产业不连续创新的模块化过程存在技术结构模块化、产品结构模块化和组织结构模块化等关键驱动因素。因此，分析产业不连续创新应综合考虑技术层面、产品层面和组织层面的模块化在应对技术不连续性、市场不连续性及业务模式不连续性时的关键驱动作用。

2. 模块化过程的影响因素

综合跨案例研究结果，提出如下假设：核心模块技术自主性、设计规则开放性和互补性资产对产业不连续创新中的模块化过程起着关键作用（图 8.1）。

图 8.1　产业不连续创新中模块化过程的关键影响因素

1）核心模块技术自主性

核心模块是指在产业不连续创新中对整个模块化产品系统起着基础性作用的模块。核心模块企业（或产品）及其通过模块整合等相互作用形成的"界面规则"是整个模块化产业系统的核心，它规定了核心模块对一般模块的联系规则，包含了整个产业创新系统的大部分标准信息，主导着整个模块化产业系统的演化与发展。核心模块是整个产业系统内的核心技术要素的集合，是模块化产业系统的技术平台。

核心模块及其关键技术的自主研发是实现产业升级及跨越式发展的关键环节。产业不连续创新中模块化过程要集中力量研发核心模块并力争获取关键自主技术，同时模块企业把一些逐渐失去竞争优势的环节转移出去，将那些边缘化的子模块进行外包，以充分利用整合资源、保持成本优势、促进产业升级。随着模块化过程的逐步深化，拥有自主技术的核心模块企业纵向一体化程度降低，产品价值链不断进行模块化分解，经过多家拥有自主技术模块企业的整合构建了一个完整的产业价值链。同时，核心模块企业在嵌入全球模块化网络的过程中需要进行必要的技术转移，但是必须保留核心模块与关键自主技术，以维护核心模块企业的核心能力。

因此，基于模块化的产业不连续创新过程建立在企业技术能力自主性基础之上，核心模块技术自主性是影响产业不连续创新中模块化过程的关键因素。由此，提出如下假设：

H1：核心模块技术自主性越高，企业的产业不连续创新绩效越高。

2）设计规则开放性

模块化时代实现了在全球范围内配置资源，这就对不同模块之间界面规则的开放程度提出了较高的要求。界面规则是各个模块企业（或产品）之间交互的最直接的层级，模块之间设计良好的界面规则能够引导各个模块完成相应的创新行为、活动及功能。对于模块知识和系统知识依赖程度均较高的产业突破性不连续创新模式而言，不同的创新主体之间存在着复杂的网络状关联，导致产业不连续创新面临高度复杂性和不确定性。模块化过程按功能将产业系统界面规则进行模块化分解，把完成同一功能或任务的模块放在集中位置，能够减少交易成本，提高创新产品的开发速度。由此可见，界面规则的开放程度是产业不连续创新中模块化过程的重要影响因素。因此，提出如下假设：

H2：适度的设计规则开放性，有助于提升企业的产业不连续创新绩效。

3）互补性资产

技术创新型企业运用互补性资产的灵活性大大降低了市场的风险，由于拥有广泛分布的互补性资产，企业可通过对现有互补性资产进行重组，以便及时、高效地对市场涌现的新需求做出反应。也就是说，技术创新型企业通过价值重组来整合创新企业内外部互补性资产，是企业能否从创新中盈利和获得竞争优势的关键。可见，互补性资产是产业不连续创新中模块化过程的关键影响因素。由此，提出如下假设：

H3：企业对互补性资产的掌控程度，影响着产业不连续创新的绩效。

8.4.3　管理启示

从苹果公司、佳能公司、华为公司产业不连续创新中的模块化过程来看，技术自主性、规则开放性和互补性资产三个方面都起到积极的推进作用，而且这些因素彼此密切关联、相互依赖。

1）核心模块技术自主性是产业不连续创新模块化过程实施的首要条件

华为的发展史就是对技术不断追求的历史，华为对核心技术的掌握能力被视为是华为的生命，大量的研发投入使华为的技术水平不断提高，并成为新兴的技术领域领跑者。佳能公司对技术研发极为重视和投入，使佳能在数十年间不断发展壮大，占据了行业领导者地位。苹果公司的自主技术能力更是毋庸置疑的，正是苹果的一项项令人惊异的创新技术产业化，使苹果公司走出低谷、再度崛起。

　　尽管苹果、佳能和华为处于不同制度情境和不同的产业环境，但是它们都通过研发投入或并购等手段获得了本领域主导产品的核心模块技术，对核心模块技术的掌控形成了它们进行产业竞争的核心能力。需要注意的是，核心模块技术自主性只是产业不连续创新的必要而非充分条件，即进行产业不连续创新要求企业必须具备核心模块技术，否则无法占据主导地位；而拥有核心模块技术却不一定能成功实施产业不连续创新。一个典型的例子是施乐公司的鼠标、个人电脑、图形用户接口（GUI）等众多影响世界的重大发明均为施乐自主技术，但是却没能由施乐形成产业不连续创新，其原因在于缺乏适度开放的设计规则性和互补性资产等要素的支撑。

　　2）适度的设计规则开放性能够推进产业不连续创新中的模块化进程

　　华为通过在全球范围内配置资源，遵从不同模块之间界面规则的开放协调机制，最终成为世界级领先企业。佳能公司将墨盒等部件采用模块设计，并适度开放界面规则，使用户能够自我进行简单维护，从而迅速占据了市场主导地位。苹果公司制定设计规则并对每个产品的局域模块设计进行定型，通过明确的模块化分解，协调整个模块化产品系统运行，从而推进产业不连续创新。

　　模块化设计要形成大规模的生产并迅速满足客户的异质性需求，需要企业保持适度的设计规则开放性。之所以适度开放是因为过度开放设计规则可能会泄露商业秘密、削弱自身的竞争地位，而完全封闭的设计规则就难以通过分工协作进行大规模生产来降低成本。对此，苹果公司的 Lisa 和 IBM 360 计算机提供了鲜明的对比范例。苹果 Lisa 机型由于没有开放界面规则标准，未能实现大规模产业化，而且过于高昂的价格和缺少软件开发商的配套支撑，导致 Lisa 项目失败。而后来的 IBM 360 则采取开放产品技术标准和规范的策略，使以兼容机为代表的个人电脑迅速崛起，占据了整个美国家用 PC 市场。

　　3）互补性资产是产业不连续创新中模块化过程推进的重要保障

　　华为仅保留了硬件模块集成部分，而将几乎所有产品硬件通用模块都采用外包模式进行制造。佳能公司把自己的发明设计以非常低的价格转让给其他日本同行包括自己的潜在竞争对手，从而联手做市场。苹果公司的集成制造商通过保留产品研发、产品设计的技术控制，将高度模块化的生产过程外包给各个模块供应商，在全球范围内配置资源。

　　模块化过程意味着企业要从传统的一体化或多元化经营战略转向专业化和归核化，在此过程中企业需要采取模块外包、规则开放、知识共享等手段与其他企业合作，形成自己的互补性资产。苹果公司的 AppleⅡ机型尽管采用一体化完全自主生产的形式获得了成功，但后来遭遇到模块化系统的 IBM 360 挑战而败北，所以近年来苹果尽管保持独特的产品个性，但还是采取了外包部分组件再进行集成的方式。佳能的小型复印机是和其他企业合作共同开发生产的，而华为的几乎所有产品硬件的通用模块都是外包的，仅保留核心模块和集成。因此，在全球化的今天，企业想独立完成产业链的所有环节几乎是不可能的，必须有效掌握和利用互补性资产实施产业不连续创新。

8.5　本章小结

本章以苹果公司、佳能公司、华为公司三个不同国家的产业不连续创新项目样本进行探索性跨案例研究，对分析结果进行了比较和讨论，识别了产业不连续创新中模块化过程的关键影响因素，发现产业不连续创新的关键因素为核心模块技术自主性、设计规则的适度开放性和互补性资产，丰富和深化了产业创新系统相关理论，对企业的产业不连续创新行为和政府产业政策制定提供决策参考。

本章的主要内容是产业不连续创新中模块化过程的关键影响因素，在研究过程中采用探索性多案例研究作为主要研究方法，尝试识别产业不连续创新中模块化过程的影响因素，寻求企业进行产业创新的路径和政府进行政策制定的借鉴。考虑到案例研究本身的局限性，本章尚存在以下局限：①尽管采取了探索性多案例研究方法以提升研究效度和信度，但案例研究本身的结论是否可扩展到更多的其他产业，尚需进一步研究；②尽管采用了多数据来源印证案例资料，但由于条件的限制，本章主要采用的是二手数据，对有些因素无法进行深入分析，在一定程度上降低了理论的信度与效度。因此，为了进一步提高本章的解释力，深化对不连续创新要素的认识，下一步可视研究需要通过调查访谈收集一手数据进行深入研究。未来的研究方向可能有两个方面：一是检验现有结论的普适性，如产业发展阶段、企业规模的适用性问题；二是深化已有结论，丰富其内容，如进一步采集正反两方面的数据实证检验产业不连续创新中模块化过程的影响因素。

参 考 文 献

[1] 柳卸林. 不连续创新的第四代研究开发——兼论跨越发展. 中国工业经济, 2000, （9）: 53-58.

[2] 徐河军，高建，周晓妮. 不连续创新的概念和起源. 科学学与科学技术管理，2003，（7）：53-56.

[3] 宋艳，银路. 基于不连续创新的新兴技术形成路径研究. 研究与发展管理，2007，（4）：31-35.

[4] 王海龙，王国红，武春友. 面向不连续创新的科技创业企业绩效实证研究. 科研管理，2008，29（6）：44-51.

[5] 王海龙，武春友. 不连续创新与创业绩效实证文献的元研究. 科学学研究，2008，26（2）：427-434.

[6] Anderson P, Tushman M L. Technological discontinuities and dominant designs: a cyclical model of technological change. Administrative Science Quarterly, 1990, 35（4）: 604-633.

[7] Magnusson T, Lindström G, Berggren C. Architectural or modular innovation? Managing discontinuous product development in response to challenging environmental performance targets. International Journal of Innovation Management, 2003, 7（1）: 1-26.

[8] Henderson R M, Clark K B. Architectural innovation: the reconfiguration of existing product technologies and the failure of established firms. Administrative Science Quarterly, 1990, 35（1）: 9-30.

[9] Zott C, Amit R, Massa L. The business model: recent developments and future research. Journal of Management, 2011, 37（4）: 1019-1042.

[10] Simon H A. The architecture of complexity. Proceedings of The American Philosophical Society, 1962, 106（6）: 62-76.

[11] 青木昌彦，安藤晴彦. 模块时代——新产业结构的本质. 周国荣译.上海：上海远东出版社，2003.

[12] Pine B J II. Mass Customization: The New Frontier in Business Competition. Boston: Harvard Business School Press, 1992.

[13] Hobday M, Davies A, Prencipe A. Systems integration: a core capability of the modern corporation. Industrial & Corporate Change, 2005, 14（6）: 1109-1143.

[14] Nightingale P. The product-process-organisation relationship in complex development projects. Research Policy, 2000, 29（7~8）: 913-930.

[15] Rothwell R. Successful industrial innovation: critical factors for the 1990s. R & D Management, 1992, 22（3）: 221-239.

[16] Langlois R N. Modularity in technology and organization. Journal of Economic Behavior & Organization, 2002, 49（1）: 19-37.

[17] Baldwin C Y, Clark K B. Design Rules: The Power of Modularity. Boston: MIT Press, 2000.

[18] Teece D J. Profiting from technological innovation: implications for integration, collaboration, licensing and public policy. Research Policy, 1986, 15（6）: 285-305.

[19] Jacobides M G, Knudsen T, Augier M. Benefiting from innovation: value creation, value appropriation and the role of industry architectures. Research Policy, 2006, 35（8）: 1200-1221.

[20] 薛红志，张玉利. 互补性资产与既有企业突破性创新关系的研究. 科学学研究，2007，（1）：178-183.

[21] 周永庆，陈劲，许冠南. 中国复杂产品系统创新关键成功影响因素研究. 研究与发展管理，2006，（1）：6-12.

[22] 罗珉，赵红梅. 中国制造的秘密：创新+互补性资产. 中国工业经济，2009，（5）：46-56.

[23] 杨燕，高山行. 创新驱动、自主性与创新绩效的关系实证研究. 科学学研究，2011，（10）：1568-1576.

[24] 巫景飞，芮明杰. 产业模块化的微观动力机制研究——基于计算机产业演化史的考察. 管理世界，2007，（10）：75-83.

[25] 沈于，安同良. 再集成：一种"模块化陷阱"——基于演化视角的分析. 中国工业经济，2012，（2）：89-97.

[26] 王海龙. 不连续创新导向与科技创业企业成长. 北京：科学出版社，2011.

[27] Yin R K. Case Study Research：Design and Methods.（3rd ed.）. Thousand Oaks：Sage Publications，2003.

[28] Eisenhardt K M. Building theories from case study research. Academy of Management Review，1989，14（4）：532.

[29] 李雪松，司有和，龙勇. 企业环境、知识管理战略与企业绩效的关联性研究——以重庆生物制药行业为例. 中国软科学，2008，（4）：98-108.

[30] 顾良丰，许庆瑞. 产品模块化与企业技术及其创新的战略管理. 研究与发展管理，2006，（2）：7-14.

[31] 张喜征. 对电子商务商业模式专利化的思考. 科学学与科学技术管理，2004，（6）：104-106.

[32] Christensen C M. The Innovator's Dilemma. Boston：Harvard Business School Press，1997.

[33] Markides C. Disruptive innovation：in need of better theory. Journal of Product Innovation Management，2006，23（1）：19-25.

第9章 基于模块化平台的产业不连续创新路径案例应用

本章在多案例研究的基础上，讨论企业在进行产业不连续创新时采用的模块化平台、不同平台模式的适用条件及路径选择。然后，研究如何通过技术、产品、组织和产业层面的模块化平台进行产业内外资源整合，实现核心模块、关键架构或更多方面的共同突破，实现产业内或跨产业的不连续创新。

9.1 引言

近年来，模块化在国内引起了学术界的重点关注，产业界也进入了一个模块化发展的高峰期。模块化思想起源于产品设计的分工过程，也起源于技术的复杂性。随着现代科学技术的突飞猛进发展，产业系统内包含的生产技术越来越复杂，当生产效率达到一定程度时，产业系统就很难发展到更高更好的水平。而模块化技术能够把复杂问题简单化，是一种针对复杂系统简化处理的新方法。产业系统引入模块化技术，使产业系统出现了若干具有独立性的模块，每个模块又可以脱离整个系统进行单独地研制开发和生产经营，使产品设计具有独特的灵活性。产业系统可以运用模块化技术不断提高其创新能力和生产效率。

所谓模块化，就是为了取得最佳效益，从系统观点出发，采用分解和集成的方法构建模块体系，并运用模块组合成产品或系统的过程[1]。Kusiak 和 Huang[2] 开创了产品模块化理论复杂化研究的开端，对基于模糊神经网络的电子产品模块化的架构进行了全方位的理论研究。Gershenson 和 Prasad[3]首次在产品模块化理论中引入产品生命周期理论,开发了一套模块化设计和模块化相关性测量的方法论。Schilling[4]从管理学角度出发,探索性地开始进行模块化管理的基础性研究,提出了模块系统通用理论。Magnusson 等[5]从创新的角度研究了架构创新与模块创新的区别,认为架构创新是产品模块在配置上的改变,而模块创新则是新技术带来的革命性创新。

产业通过模块化分解产品,产品供应中出现了可替代性的零部件。产品中零部件的替代程度越高,说明其主要部件共享界面的程度越高,最终产品模块化的程度也就越高。产品模块化程度越高,产业系统的管理体系就从传统的以产品生产为基础进行管理的体系变化为以分解的模块化设计为基础进行管理的体系。产品零部件的可替代性不仅保持了产品自身的完整性,还促进了技术的更新改造,从而产生了替代经济。产业为了获得更多的替代经济效益,就需要不断提高各个模块化产品的技术创新水平,最终能够提升整体产业价值链,提高整体产业的核心竞争力。模块化技术的快速发展加快了产品系统的创新速度。

产品模块化还可以产生模块化经济效应。一方面,如果模块化只存在于一个企业内,那么只能够提高一个企业的生产效率,增强一个企业的竞争能力,不能对整个产业产生重大影响。只有在某一产业内实现了整体高度集中性的模块化,不断增强产业内各企业间的合作竞争与协同发展的关系,才能大大提高整体产业的市场适应能力和核心竞争优势,提高整体产业的生产效率和产业的经济收益。例如,IBM 公司率先将研发出来的计算机零部件的模块化标准和规则公之于众,随后整个计算机行业广泛认同,并按照此规则操作进行生产,从而使当时计算机产业的生产效率发生了质的飞跃。实际上,产业模块化是伴随着产品模块化同步演化的。另一方面,如果一个企业在其他企业的产品或模块化组织中融入了自身具有竞争优势的产品或核心模块,也就是将协同效应从企业内逐步扩展到企业间,那么企业的生产行为就逐渐演变成产业的生产行为。由此可见,产业模块化是产品、技术和市场相互作用的结果,产业模块化将会随着产品技术水平提高与市场环境变化而持续进行下去。

不连续创新已成为近年来经济管理研究领域的热点问题。Utterback[6]认为,一个企业的创新能力和创新的基础取决于它所处的发展阶段。Christensen[7]认为,破坏性技术在某一价值体系内部特有的轨道上出现并且逐步发展。宋艳和银路[8]提出新兴技术的形成源于技术进步的不连续和应用扩展的不连续的共同作用。夏维力和孙晓菲[9]从微观角度分析了高新技术企业的产业创新路径。

9.2 产业不连续创新的模块化平台模式

9.2.1 产业不连续创新的模块化平台假设

根据上文所述，产业不连续创新类型Ⅰ为产业突破性创新，对模块知识和系统知识依赖程度均较高；类型Ⅱ为产业平台创新，对模块知识依赖程度较高而对系统知识依赖较低；类型Ⅲ为产业渐进性创新，对模块知识和系统知识依赖程度均较低；类型Ⅳ为产业架构创新，对系统知识依赖程度较高而对模块知识依赖程度较低。

参考 Humphrey 和 Schmitz[10]提出的产业升级方式，可按照技术、产品、组织和产业四个层级将产业不连续创新的模块化平台分为以下四种类型：①技术模块化平台，对应的不连续创新路径是导入先进技术平台或重新组织现有技术平台；②产品模块化平台，对应的不连续创新路径是导入新产品平台或重新组织现有产品平台；③组织模块化平台，对应的不连续创新路径是创建新组织（功能）平台或重新组合各功能平台；④产业模块化平台，对应的不连续创新路径是创建新产业平台或将某一特定环节中获得的平台能力应用于新的领域，如表 9.1 所示。

表9.1 产业不连续创新的模块化平台及实现路径

模块化平台	产业不连续创新路径
技术模块化平台	导入先进技术平台或重新组织现有技术平台，如MTK手机设计方案
产品模块化平台	导入新产品平台或重新组织现有产品平台，如汽车产品平台
组织模块化平台	创建新组织平台或重新组合企业内各种经济活动（功能），提高附加值，获得新的功能或放弃已有的功能，增加经济活动的技术含量，如创业、外包
产业模块化平台	创建新的产业平台或企业把某一特定环节中获得的平台能力应用于新的领域，如比亚迪电动汽车

技术、产品、组织和产业模块化平台的创建或重组改变了产业的主导设计[6]基础，导致产业技术基础和竞争基础也相继发生改变，因此在这个意义上，基于上述四种模块化平台的不连续创新方式均属于产业不连续创新的范畴。

9.2.2 产业不连续创新的模块化平台适用条件

市场经济的发展与科学技术的进步是相辅相成的，其相互作用的结果使产业分工在全球范围内日趋细化，产品复杂性提高。复杂产品的开发设计、生产制造和终端销售往往涉及诸多领域的知识，几乎没有一家企业能够独立完成该产品价值链上的所有环节。模块化作为一种产品设计、开发和组织构造的新手段，逐渐得到广泛应用。虽然模块化已被广泛应用在产品的生产与设计领域，但模块化不是万能的，对产业不连续创新导向的模块化平台必须考虑其基本适用条件。

面向产业不连续创新的模块化平台模式至少需要具备如下几项适用条件：①市场需求的差异性，即市场消费者群体数量众多且需求多样化；②产品的复杂系统性，即产品由多个部件组成且部件之间存在相互依赖性；③环境的不确定性，即不确定性带来了更多的创新路径组合和机会选择。因此，企业如果构建产业不连续创新导向的模块化平台模式，必须先考虑这些平台模式的基本适用条件，然后再根据内外竞争环境制定产业创新战略。

1）市场需求的差异性

产品为服务其市场需求往往体现出差异性特征，即市场上存在很多生产者和消费者，消费者对产品功能的需求多种多样，品种单一的大批量生产很难满足消费者的多样化需求，较多情况下属于批量定制。在此情况下，模块化架构设计和制造能实现零部件通用互换且组装灵活，有利于产品升级和更新，满足消费者或用户多样化、定制化的异质性需求。因此，提出如下假设：

H1：市场需求的差异性越大，基于模块化平台的产业不连续创新越容易发生。

2）产品系统的复杂性

产品系统的复杂程度高低主要表现在：构成产品系统的子系统或模块的数量；各个子系统或模块之间的相互依赖性。产品的复杂程度越高，技术创新越是难以把握，而模块化能有效地应对产品结构复杂性，将系统层面的复杂性分解到模块层面，提高创新效率。因此，提出如下假设：

H2：产品系统的复杂性越强，基于模块化平台的产业不连续创新发生频率越高。

3）环境的不确定性

环境的不确定性一般是指由于缺乏足够的信息或数据基础，从而无法对组织环境做出准确的预测，其本质是企业管理者主观感知的不确定性。环境的不确定性是经济生活的必然，产业内的企业必须学会基于此承担风险和进行创新，更进一步说是环境的不确定性为产业的不连续创新带来动力并提供了机会。因此，提出如下假设：

H3：环境不确定性与基于模块化平台的产业不连续创新有较强的相关性。

9.3　产业不连续创新的模块化路径案例

9.3.1　MTK 手机芯片技术模块化平台

1. 产业技术背景

近十多年来，中国手机产业从无到有，经历了外资垄断、逐步崛起和快速增长的过程。1998 年，国产手机市场占有率接近于零，绝大多数手机企业以代工为主，国内手机市场基本上为国外品牌垄断。然而，1999 年和 2007 年中国的手机产业发生了两次模块化整合[11]，随后分别步入快速增长轨道。根据电子信息产业统计公报显示，2010 年中国手机产量达到 9.98 亿部，位居全球首位。1998~2010 年中国手机产量增长趋势如图 9.1 所示。

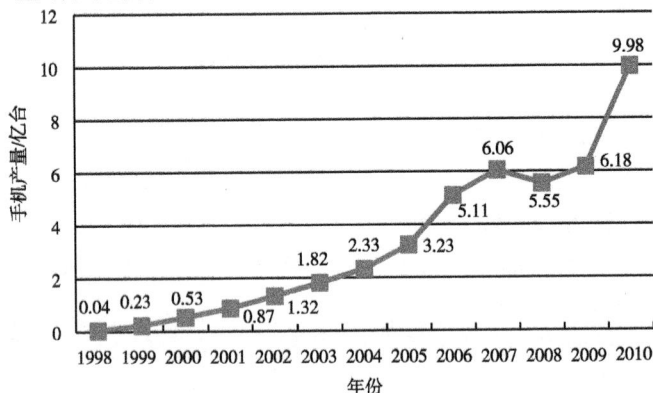

图 9.1　1998~2010 年中国手机产量增长趋势图

资料来源：根据信息产业部、国家统计局、海关总署、Gartner、IDC 等资料整理

2007 年，中国国产手机的市场份额大幅下降，厂商纷纷陷入经营困境。与此同时，一类缺资金、缺技术、无品牌的"山寨手机"企业却强势崛起。"山寨手机"的产业链结构如图 9.2 所示。

在我国珠江三角洲地区，从手机产业链的产品设计与研发、原材料的供应，到产业链各个环节的生产和组装，直至最后的整机产品的销售都有专业的分工，集聚着诸多的移动终端整机生产厂商、独立的设计公司、芯片与集成电路产品企业、电器元器件厂商、增值服务和应用软件开发企业等，产业链已经成熟。通过模块化过程，"山寨手机"制造充分发挥了整体和个体的力量，同时规避了我国企业的研发管理的短板。在"山寨手机"产业链的上游，拥有数百乃至上千家本土化的手机硬件供应商、软件供应商和配件产品供应商，这些上游供应商为"山

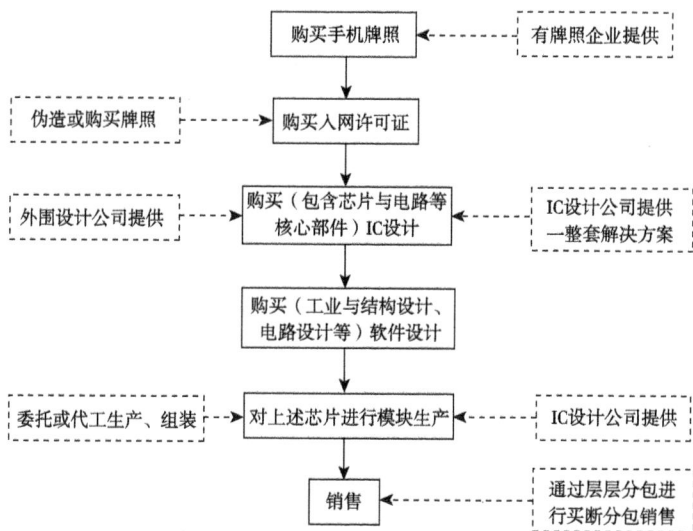

图 9.2　"山寨手机"的产业链结构

寨手机"产业的发展提供了良好的支撑。"山寨手机"生产厂家使用本土化的元件替代进口元件，使整机产品的成本更低。

"山寨手机"的崛起，很大程度上要归功于 MTK 的产业创新。MTK 于 1997 年创立，是全球领先的 IC 专业设计公司和消费性 IC 芯片组供应商，主营产品和服务包括数码消费、数字电视和无线通信等领域。MTK 通过提供"一站式解决方案"，成功地实施了智能手机产业的不连续创新。

2. 产业创新过程分析

考察中国智能手机产业，手机市场构成的多层次性是一个非常重要的因素。中国特有的广阔市场空间及较大的社会阶层间收入差距，造成国内市场的多层次化及细分化。因此，不同的消费者群体对手机功能基本需求具有多样性和异质性特征，如除了通信、短信等基本功能，还有闪存扩展卡、彩屏、自动应答留言机和键盘动感炫彩灯等外围扩展功能。根据中国的手机市场需求状况，MTK 的市场定位非常明确，即立足于开拓中国巨大的低端市场，提供集成了大量多媒体功能和主要外围部件的一站式模式，把手机生产过程大大简化，从而最终在市场上占据主导地位。

手机作为一种复杂产品，从产品的设计和生产特征来看，属于典型的模块化架构[12]。手机产品的模块化架构如图 9.3 所示。

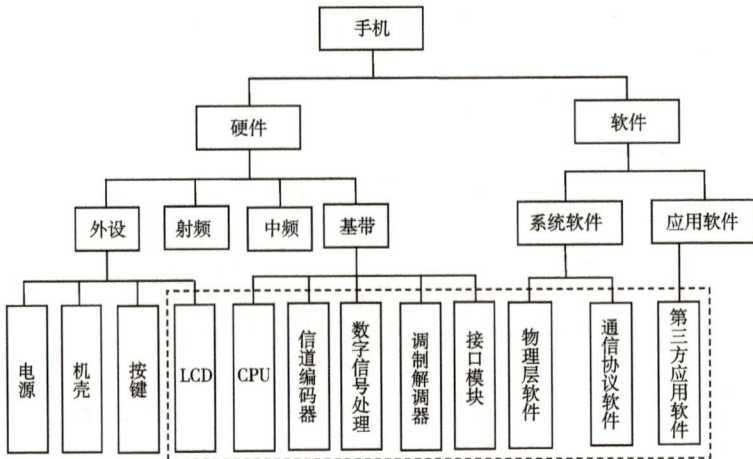

图 9.3　智能手机产品的模块化架构示意图

虚线框内为 MTK 技术平台集成的主要模块

MTK 选择的模块化方式是技术模块化平台。手机产业的技术平台主要是指以基带芯片为主的芯片组及物理层软件等构成的平台，这样的技术平台一般由芯片厂商提供，技术水平较高。2004 年，MTK 推出了一种全面解决方案，即"Turn-key"模式。该模式将核心芯片、软件平台、多媒体功能及第三方应用软件集成在单一芯片上，甚至摄像头、液晶屏等外围部件都可以一起提供给手机厂商。手机生产商只需要购买 MTK 的芯片，配上手机外壳和电池就可完成一部手机的组装，大幅缩短了手机的生产时间，提升了生产效率[11]。

"Turn-key"模式意味着 MTK 包揽了手机市场 70%~80%的研究与开发工作，不仅降低了"山寨手机"厂商的研究与开发成本，而且大幅度减少了手机的生产周期，满足了"山寨手机"厂商的需求。MTK 研发出一套完整手机技术方案之后，将此方案卖给若干家手机方案设计公司。手机方案设计公司基于技术方案进行主板硬件设计，然后卖给不同的"山寨手机"生产厂商。"山寨手机"生产厂商根据主板寻找手机外观设计公司设计不同的外观，可见同一块主板可以制造出不同外观的手机，由此实现了手机产业的不连续创新。

MTK 的优势在于其技术平台适合中国市场需求庞大的中低档手机。由于MTK 技术平台的芯片组的集成度高，技术门槛比欧美平台低得多，入门费也相对便宜，所以一上市就马上被大多数的中国手机设计公司与手机厂商所采用。MTK于 2004 年进入大陆手机基带芯片市场，提供集成多媒体功能的芯片组平台。MTK的平台从 2004 年下半年以后陆续被龙旗等设计公司采用，之后联想、波导等主流厂商也陆续采用，到了 2006 年，几乎所有的中国品牌厂商及设计公司都采用此平台。采用 MTK 平台的手机在 2005 年占据中国国产手机产量的一半以上，远远超过 TI、ADI 等主流芯片厂商，如表 9.2 所示。

表9.2　2005年中国手机厂商基带芯片采用情况

厂商	份额/%
MTK	55
TI	11
ADI	8
Agere	5
Philips	4
Skyworks	4
展讯	3
其他	10

资料来源：北京水清木华研究中心

从 MTK 的产业创新过程可以发现，产业不连续创新的模块化过程是一个有目标、有组织的活动，模块化过程既是技术（系统分解与集成）过程，也是管理（涉及模块外包、资源分配与关系管理）过程，可进一步分为市场定位、架构设计与模块识别、模块开发与外包、系统集成与检测四个阶段，如图 9.4 所示。

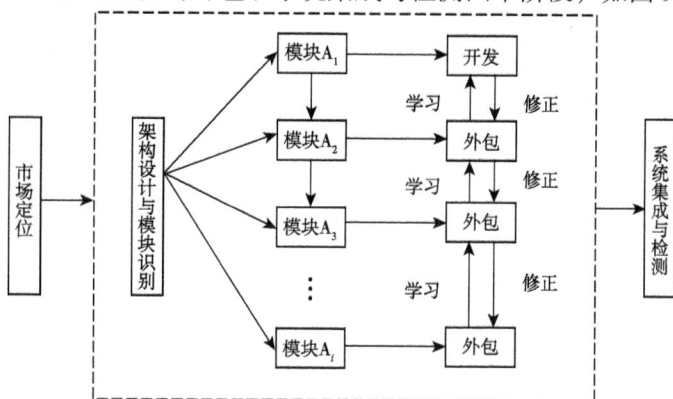

图 9.4　产业不连续创新中模块化过程示意图

1）市场定位

市场定位阶段首先是企业对不连续创新的现实和潜在市场需求进行分析，通过与用户的沟通，把客户需求转化成具体需求，其次确定企业需要从技术、产品、组织、产业哪个层面上实施不连续创新，提出系统初步架构和解决方案，以满足目标群体用户的特定需求。

2）架构设计与模块识别

架构设计与模块识别阶段的工作主要是确定模块化架构设计，并进行模块的分解和识别。架构设计过程中要结合产业特征分析其模块化架构设计的可行性或适用条件，如能否将一体化的产业结构重新组建为模块化系统；模块识别的过程中同时包含模块化操作，即考虑能否通过模块增删、替代等方式提高系统整体功能、降低成本。

3）模块开发与外包

模块开发与外包阶段主要是根据模块分解与识别结果，以及企业自身能力状况和产业竞争态势，确定模块采取自主开发还是外包战略。如果存在条件限制，企业只能采取自主开发模式；如果企业可以选择模块外包，那么可能要考虑设计规则对分包商的开放性问题。另外，对于同一产品系统的不同模块采取自主开发和外包结合的模式，各个模块开发过程中需要在统一界面规则下相互学习，不断修正，完成模块要求的功能并与其他模块接口匹配。

4）系统集成与检测

系统集成与检测阶段是指按照界面标准将各模块整合在一起构成产品系统，同时进行检测和反馈修正，完善系统功能。对于系统集成商来说，此过程表面上是对各个模块的系统集成，其实质是知识集成，即系统集成商需要了解和掌握模块技术中的关键技术，并与模块分包商进行技术学习。

就 MTK 在手机产业的不连续创新活动分析，其根本驱动因素在于 MTK 对原本独立的手机模块进行集成，形成了功能更全面的技术平台，而新技术平台的创建，导致手机产品的生产流程发生重大改变；手机芯片中集成了多媒体功能和第三方软件，使手机整机生产厂商的产品平台也由此发生改变，手机产业链上原本 2~3 个环节经 MTK 集成为 1 个环节，产业组织也随之发生改变，满足了众多低端消费者的需求，带动手机产业走出低迷。技术平台的创建改变了产业的主导设计[13]基础，导致产业技术基础和竞争基础也相继发生改变，因此在这个意义上，MTK 的创新属于产业不连续创新的范畴。当然在此过程中，政府政策的作用也非常重要，如中国政府非常重视移动通信产业，尤其为 3G 技术及其相关产业的发展提供各种政策优惠，另外取消了手机牌照审批制。总之，政策因素结合技术模块化的因素有效降低了手机产业的准入壁垒，促进起点较低但学习能力较强的中国本土企业不断赶超。

9.3.2　大众 MQB 发动机产品模块化平台

1. 大众 MQB 横置发动机产品模块化平台的背景

大众集团是欧洲最大的汽车公司，拥有 9 大来源于不同欧洲国家的汽车品牌，不同品牌的设计理念、品牌定位和技术传承都有着显著的差异。如何整合这些具有不同背景的汽车品牌，使其既保留传统特点，又在整个大众的体系下通过系统的整合，实现技术共享、成本优化，对于大众而言无疑是一个巨大的挑战。MQB就是大众集团在技术方面应对该类问题的主要策略之一。

大众汽车集团决定在旗下四大品牌——大众汽车、奥迪、斯柯达和西雅特引入 MQB 战略。MQB 战略及其横置发动机技术，是未来汽车设计和生产领域的转折点。MQB 可以把不同品牌和不同级别车型之间许多车辆部件的参数标准化。与此同时，它为新技术的应用提供了可能。MQB 平台可以将不同品牌、级别车型的许多零部件进行标准化生产，同时可以搭载各种新兴科技。这意味着从 A0~B 级车都可以用 MQB 平台生产，POLO、甲壳虫、高尔夫、尚酷、Jetta、Tiguan、途安、帕萨特等不同级别、不同轴距的车型都将是同平台产品。

理论上，MQB 平台将来可以实现不同车型的共线生产，可以说是汽车制造业的一项突破性创举。MQB 平台是大众未来主打的生产平台，其深远意义甚至对整个汽车生产业有着翻天覆地的影响，重要性可能仅次于百年前福特开创的流水生产线，所以也有海外媒体以"新时代的来临"描述大众 MQB 平台。MQB 已经掀起了汽车设计、制造业新一轮革新的浪潮，核心就在于保证品质的同时以低成本、高产量征服市场，后两者正是当初福特流水线的核心。除了 MQB 平台，大众还将为奥迪推出 MLB 平台（即纵置发动机模块化平台），为保时捷推出 MSB 平台。因此，大众 MQB 属于典型的产业不连续创新。

2. MQB 产品模块化平台的主要特征分析

MQB 平台是一种高效的生产方式，通过模块化的应用，降低设计制造成本，但通过更高级别车型科技配置的引入，实现新车的溢价。MQB 平台有五大特点，包括衍生性强、成本降低、EA211 发动机的应用、轻量化及高级车配置的导入。

1）衍生性强

MQB 模块化平台在一个核心部件基础上，可以按需装上其他各种不同套件。而 MQB 模块化平台的基础或核心要素就是发动机模块的位置是统一不变的，即油门踏板距离前轮中心的距离是相同的，发动机安装倾角也是相同的。作为新的适用于模块化平台的产品，EA211 汽油发动机汽缸盖的位置有所调整，发动机的主连接轴及发动机安装倾角的布局相比此前产品也调整到可以适用于各种发动机安装：EA211 汽油发动机在安装上从向前倾斜变为向后倾斜，调整后的安装倾角让汽油发动机变成和柴油发动机一样布局——发动机倾角同样为向后的 12 度，使各种汽油、柴油车型排气、驱动轴和变速器的位置都变为统一的。

统一的支撑位置能够有效地减少不同车型共享相同发动机时需要解决的相关空间位置安排与重心分布等技术问题与工作量。以大众首先实施 MQB 战略的四大品牌——大众汽车、奥迪、斯柯达和西雅特为例，奥迪、斯柯达和西雅特单个车型的发动机年需求量在几万到几十万台这样一个数量级分布，但是，通过 MQB 可以达到百万台以上的级别，这样就能有效地降低每台发动机需要分摊的固定成本。但是统一的发动机支撑位置需要依赖强大的整车设计能力与发动机及动力系统的设计能力来实现，所以对于大众 MQB 来说，表面的特征是统一所有发动机的支撑位置，而起核心作用的是大众为 MQB 平台引入了发动机模块的概念，包括模块化的汽油发动机（MOB 系列）和模块化的柴油发动机系列（MDB）。

　　汽油发动机模块的代表是全新的 EA211 系列，而柴油方面是 EA288 系列。这些新的发动机系列能把大众汽车集团内部的 MQB 系统生产的发动机和变速器的品种数量降低 90%左右，而且不会产生任何负面影响。除了实现传统内燃式发动机标准化以外，MQB 系统还保证了从无论是天然气动力，还是混合动力或纯电动驱动等目前各种形式的车辆，发动机拥有同样的安装位置。同一车型可以很方便地换装其他动力，这样能大大减少新能源车的开发成本。MQB 战略在大众汽车集团内部将开创新的机会，保证了集团在未来很长的时间内可以在全球范围根据各个地区市场的不同要求，都能以最高的质量和非常有竞争力的成本生产出量产车型和小众车型。与此同时，随着首批 MQB 系列车型的上市，大众汽车集团还将极大降低整车重量，并且在安全和娱乐信息系统领域推出 20 项创新技术。

　　由于衍生性强，在发动机模块位置固定的基础上，不同级别车型可共线生产。MQB 平台可对轴距、轮距、车身尺寸等参数进行变化，如前悬（车头到前轴的长度）、前轮距、后轮距、轴距和后悬等都是可以调整的。MQB 平台能够支持包括奥迪 A3、大众 POLO、甲壳虫、高尔夫、尚酷、Jetta、Tiguan、夏朗、Passat 及CC 在内车型的设计制造，囊括了大众集团目前横置平台的所有小型、紧凑和中型车。

　　2）成本降低

　　由于发动机模块的固定，MQB 平台的产品都可以共线生产，并采用一种名为模块化生产系统（modular production system）的生产方式，大幅提高了生产效率，节约了成本。可以从两个方面来看，一是大众品牌内部的车型，如 POLO 和帕萨特能够共线生产；二是集团内部不同品牌车型也可以共线生产，如大众、西雅特和斯柯达这样的不同品牌。

　　对于生产开发成本的降低，可以从下面的例子中看到：目前的几款车型，由于平台及发动机大小的不同，从发动机到防火墙的一个连接配件有多种样式，而在采用 MQB 平台打造后，这些配件均是相同的。可以想见，通过标准化、模块化的生产，大众能够将生产成本降低很多。从原来的多种规格的配件到 MQB 平台的统一配件，对成本的节省显而易见。

出自 MQB 同一模块平台的产品，可以共享同样规格的发动机、变速箱及空调等总成，共享比例大约达到整车零部件的 60%。模块化战略会给产品的生产、投资等带来优势，增加协同效应。简而言之：模块化生产第一是降低成本，第二是方便进行造型设计的改进。模块化的开发，不仅可以共享部分整车零部件，同时可在外形和轴距等方面根据产品需求进行不同的定制，以达到跨级别生产的目的。低级别车型的生产标准将向高级别看齐，高级别车型在保证品质的同时价格会更具有竞争力，当全部车型都统一平台生产之后，也意味着该平台车型都是全球统一，不会出现单独地区的定制车型。

3）系列模块化发动机

EA211 系列汽油发动机是大众发动机模块化产品平台的一个重要支柱，该系列发动机的推出，令 MQB 平台的大众发动机和变速箱的种类减少了 88%，产品种类得到了大幅精简，并且没有带来任何负面效果。除了传统内燃机之外，MQB 平台也能够搭载多种新型动力系统，如天然气、混合动力和纯电动系统。

4）轻量化

MQB 平台会显著降低整车重量，减少车重是降低油耗的一个有效方法。据悉，未来采用 MQB 平台打造的新车质量将降低 40 千克左右。例如，新车的底盘结构采用 85% 的高强度钢材料，并广泛应用热成型钢材，质量比原来低 18 千克，内饰材料应用比老款轻 10 千克。例如，新一代高尔夫车型，虽然有着更多的科技配置及更安全的设计，但是第 7 代高尔夫的车身质量预计和第 4 代高尔夫相同。

5）引入新技术

MQB 平台不仅能够保证车型的质量，同时还能够降低研发成本。大众为 MQB 平台引入了近 20 项全新的发明以及原来更高级别车型才配备的安全和娱乐舒适配置，通过更多配置的应用维持新车的价值。新技术的引入包括：基于摄像头的交通标识识别系统、疲劳驾驶检测系统、ACC 自适应巡航系统、车道保持辅助系统、环境侦测、VAQ 前桥电控横向差速器和可变助力转向系统。高配车型配有更多的安全配置，如途锐最早使用的主动乘客保护系统，多次碰撞自动制动系统。对于 MQB 平台，大众还引入了模块化娱乐系统（modular infotainment system, MIB）。例如，第 7 代高尔夫车型的多媒体液晶屏将从现款 5 英寸换成 8 英寸触摸屏，并增加 3D 语音导航等，而像蓝牙、USB 接口等将成为标配。

当然，大众 MQB 的实施需要把不同品牌和不同级别车型之间许多车辆部件的参数标准化，这需要长期的技术积累和对生产设计的深刻理解。对国内很多汽车制造商来说，在未掌握关键技术、发动机的设计与生产能力刚刚起步、发动机系列的模块化还远未实现的情况下，实现模块化产品平台模式具有相当的难度。因此，大众集团实施 MQB 有效地提升了其产品在国内的竞争力，而且该战略是其竞争对手难以模仿的，为大众集团从技术和战略层面获得竞争优势提供了保障。

9.3.3　丰田普锐斯项目的组织模块化平台

1. 混合动力技术研发背景

随着空气质量日益恶化和石油资源渐趋匮乏，开发新能源汽车，如燃料电池汽车（fuel cell vehicle，FCV）、纯电动汽车（electric vehicle，EV）和混合动力汽车（hybrid electric vehicle，HEV），成为汽车工业界的紧迫任务。目前，HEV在环境中具有更强大的优势，成为世界范围内新型汽车开发的热点。丰田产品研发系统自 1992 年以来按"开发中心"体制进行的组织变革，积极地影响着该公司的产品创新过程与结果。"普锐斯"的成功，远远超出了某些零部件或分总成系统的模块化创新或者局部设计改进，从整体上成就了一款与传统轿车有着本质差异的新车，取得产品系统层面的不连续创新[5]。

2. 丰田普锐斯项目开发过程中的组织模块化创新

1992 年之后，在丰田开发的众多品牌汽车中，"普锐斯"是丰田在油电混合动力总基础上开发出来的革命性的新产品，其开发过程充分展现了丰田在新产品开发方面的组织模块化平台创新。

1993 年 9 月，丰田公司决定研发一款适合新世纪的车型。1994 年 7 月，在明确了"燃油经济性高、小尺寸但有宽敞内部空间"的开发愿景后，丰田公司任命内山田武司担任此项目的主任工程师。内山田的专业背景是测试工程，在丰田重组研发系统期间曾担任总架构设计师，当时在丰田内部被认为是非专业的、"不在主任工程师职业发展轨道上"的人士。内山田本人对此也深感意外，他非常清楚，以丰田公司传统上对主任工程师的要求衡量，自己并非这方面的行家。内山田决定借助专家的力量，他上任后所做的第一件事，就是组建一个跨职能的专家团队，成员包括所在开发中心核心工程部门的人员、第四中心负责先行技术开发的工程师和生产系统的同步工程师等。内山田领导该专家团队，在一个他们称之为"作战室"（obeya，又称"大部屋"）的大房间内共同审查项目的各项进展及讨论所有重要的决策问题。

内山田所创建的"大部屋"制，并不是简单地让工程师们在一起上班，而是促使参与该项目的各职能小组负责人（工程经理）通过定期举行的时间可能并不长的跨职能会议来共同做出产品开发方面的决策。之前，主任工程师在做出决定前往往需要逐一与工程负责人讨论，花数周时间来获得共识。内山田则借助"大部屋"引入了关键工程负责人集体议事、共同决策的机制。而且，随着项目的推进，由跨部门的职能负责人与主任工程师一起面对面解决问题的"大部屋"，随之从设计场所转移到了生产部门中，涉及的决策事项从概念到造型设计，再到原型开发，再转到量产准备等，因此，被称为"移动的大部屋"（traveling obeya）。在频繁而密集的跨职能互动中，"大部屋"日渐发展成为行之有效的工作协调会，而不是一般的例会。

在开发"普锐斯"过程中，内山田要求专家团队研究 30 款已有的丰田车型，并要求全球四个丰田设计室参与车身方案投标竞争。尤为特别的是，在参与竞标的各个设计室分别独立开展车身造型设计的同时，车身工程部门的专家们从一开始就着手并行地开展一些初步结构工程工作，他们以各自假想的将胜出的车身外形方案为基础，采用多方案法绘制出了数以百计的车身结构草图。这与传统上在各模块的设计独立完成后再顺序开展工作的"迭代法"明显不同，丰田是在各模块开发团队并行提出的各种不同的多方案集的交叠中使彼此相匹配的设计方案最终产生。这种被摩根和莱克[14]归纳为"会聚法"（convergent approach）的方法虽然可能延缓开发决策过程，但它能使各模块之间的界面问题得到比较经济、有效的解决。同时，丰田的工程师们还使用系统的"参数化设计"方法，每当某些参数改变时，功能先进的设计软件都能迅速地显示其对系统性能的影响，以此提高交集或会聚过程的效率，防止出现不必要的返工。

另外，在各商品开发中心内多个开发项目同期推进的情况下，丰田以"均衡流"（leveled flow）的过程逻辑来组织新产品开发工作。在错开各项目以保持资源需求平衡的同时，丰田把各个具体车辆开发的总体计划拆分为具有不同内容和时间要求但又都满足在流程后期"会聚"条件约束的各子系统开发工作进度表，以便在并行工程进行中既均衡各部门的工作量，又保证各项目特定的时间（如车展、投产）要求。这样，尽管各子系统进度计划的变更会影响整个项目的进度，但"大部屋"制提供的无缝合作环境，可以为打造"均衡流"创造良好的条件。借助这种过程逻辑，丰田努力使各个子系统开发过程"成为一个紧密联结的链条"[14]。

1997 年 10 月，丰田公司向全球市场推出了具有划时代意义的"普锐斯"混合动力车。这款车在动力和造型设计方面都是行业的领先者，燃油排放指标远优于国际环保标准，很多配件和车身部件都实现了重大突破。比这款车的诞生更有意义的是，内山田在开发"普锐斯"过程中尝试的"大部屋"制，显现出了其在新车开发中促进跨职能联结方面的独特优势，从而在 1997 年被丰田公司正式确认为一种新的开发流程规范[15]。

9.3.4　比亚迪电动汽车产业模块化平台

1）比亚迪公司背景

比亚迪股份有限公司创立于 1995 年，拥有 20 万名员工，总资产额超过 300 亿元人民币，是一家集研发、生产、销售为一体的国际性企业。目前，比亚迪位居全球第一大充电电池生产商地位。比亚迪汽车作为本土品牌起步较晚，在资金、技术、设备和配套能力等方面无法与传统汽车制造企业抗衡，但它却快速成长为最具创新性的自主汽车品牌，更以独特技术领先全球电动车市场。发展至今，比亚迪汽车产业分布在深圳坪山、西安、北京、上海、惠州、长沙、韶关七大工业园，形成了集研发设计、模具制造、整车生产、销售服务于一体的完整产业链组合。比亚迪汽车在车型研发、模具开发、整车制造等方面都达到了国际领先水平，产业格局日渐完善。

2）比亚迪新能源汽车的产业模块化平台构建

电动汽车技术从 20 世纪 90 年代开始研发，尽管目前在成本、技术性能方面还不能与传统内燃机汽车相比，但电动汽车逐步取代传统汽车已成为必然趋势。在国际新能源汽车市场中，比亚迪所具有的优势是集电池技术、规模化研发团队和半自动化生产于一身的三位一体的竞争能力。首先，比亚迪利用模仿创新、核心部件流通化及产业集聚等途径，成功地实现了产品开发流程的高速化。其次，利用规模化研发团队，实施垂直整合战略，比亚迪拥有大量低成本的研发人员，形成了相对研发优势[16]。最后，比亚迪巧妙规避专利风险，利用人机共线的半自动化生产线实现低成本设备开发。

除了在电池技术上寻求突破外，2003 年 1 月，比亚迪收购西安秦川汽车 77% 的股份，获得了正式进入传统汽车行业的许可证。同年，比亚迪收购了北汽集团旗下的模具公司，拥有了提高车身品质的技术能力。2003 年 4 月，设立上海比亚迪汽车研发中心，从事轿车车身、汽车电子、安全装置及电动汽车等方面的研发。随后成立了上海汽车工业园，建立了整车检测中心、各种环境实验室，形成了齐全的汽车研发体系。2008 年 10 月，比亚迪收购了半导体制造企业宁波中纬，整合了电动企业产业链上游环节，获取了驱动电机的研发能力和生产能力[17]。

9.4　案例讨论

对上述四个案例进行跨案例比较分析，结合其适用条件假设，建立假设与上述不连续创新的适配关系，具体如表 9.3 所示。

表9.3　产业不连续创新的模块化路径适用条件跨案例研究

产业不连续创新案例	模块化平台	适用条件		
		市场需求差异性	产品系统复杂性	环境不确定性
MTK智能手机芯片	技术模块化平台	智能手机用户对手机的外观、功能等需求多样化	智能手机产品系统零部件数量较多且设计复杂,产品生产周期长	手机市场竞争异常激烈,产品生命周期较短,产业政策规制变化较快
大众MQB平台	产品模块化平台	不同品牌、级别车型的许多零部件进行标准化生产	横置发动机平台由多个单元模块和组件组成,且各组件间依赖性较高	汽车产业成本竞争加剧,客户需求多元化且多变
丰田普锐斯项目	组织模块化平台	未来汽车工业实现零排放、零污染的目标	混合动力汽车需要集成传统动力和新能源动力系统,设计复杂	非可再生能源的大量消耗,能源与经济发展矛盾问题的日益突出
比亚迪电动汽车	产业模块化平台	市场对于节能减排汽车存在多种需求	纯电动汽车平台需要电机、动力、车身等多系统构成	国家政策对于电动汽车的支持与宣传导向、汽车产业的巨大发展空间

从表 9.3 中的跨案例比较分析结果可以看出,产业内部市场的不同需求为不连续创新提供了内在动力,激发了基于模块化的不连续创新的发生;产品自身系统的复杂程度是不连续创新产生的内在需求,通过系统组织内部的整合、重组,更易于不连续创新的发展;环境的不确定性则是不连续创新的重要诱因,正因为内部与外部环境的不确定才体现出不连续创新的迫切性与关键性,从而推进不连续创新的实现。

9.5　本章小结

基于模块化平台的产业不连续创新是创新领域系统层面的突破,而市场、产品、环境作为不连续创新产生过程中的三个基本因素,对其路径的选择存在显著影响。本章通过对 MTK 智能手机芯片集成、大众 MQB 发动机产品模块化平台、丰田"普锐斯"开发中的组织模块化和比亚迪公司的产业模块化平台的案例分析,归纳出产业不连续创新可通过技术模块化、产品模块化、组织模块化与产业模块化的四种实施路径,并且这四种路径的共性适用条件是存在市场需求差异性、产品系统复杂性和环境不确定性。通过制造业领域中多案例的横向比较,对企业在不连续创新的模块化路径选择具有一定的指导意义。

随着全球化趋势逐渐加深,技术进步速度的日益加快,产业不连续创新的理论和实践将不断发展。企业在未来面对更为复杂的产品时会更多地选择模块化平台模式,并选择不同的路径以实现不连续创新,这些实践对于进一步推动我国产业结构的调整升级、提高我国的产业核心能力具有重要的研究价值和实践意义。

基于模块化平台的产业不连续创新的实现机理、路径选择等需要考虑的因素非常多，现有研究尚处于起步阶段且我国基于模块化的不连续创新实践相对较少地增加了研究的难度。本章尝试从不连续创新的路径选择角度进行探索性研究，选择的多个案例虽具有较强代表性，但由于基于模块化平台的不连续创新本身的复杂性及案例研究局限性等原因，案例分析仍不能具有全面的代表性。因此，对于更多的制造业不连续创新的路径选择，尚有待于进一步研究。

参 考 文 献

[1] 童时中. 模块化原理设计方法及应用. 北京：中国标准出版社，2000.

[2] Kusiak A，Huang C C. Development of modular products. IEEE Transactions on Components Packaging & Manufacturing Technology Part A，1996，19（4）：523-538.

[3] Gershenson J K，Prasad G J，Allamneni S. Modular product design：a life-cycle view. Journal of Integrated Design and Process Science，1999，3（4）：1-9.

[4] Schilling M A. Toward a general modular systems theory and its application to interfirm product modularity. Academy of Management Review，2000，25（2）：312-334.

[5] Magnusson T，Lindstrom G，Berggren C. Architectural or modular innovation managing discontinuous product development in response to challenging environmental performance targets. International Journal of Innovational Journal，2003，7（1）：1-26.

[6] Utterback J M. 把握创新. 高健，李明译. 北京：清华大学出版社，1995.

[7] Christensen C M. The Innovators' Dilemma. Boston：Harvard Business School Press，2000.

[8] 宋艳，银路. 基于不连续创新的新兴技术形成路径研究. 研究与发展管理，2007，（4）：31-35.

[9] 夏维力，孙晓菲. 高新技术企业的产业创新路径研究. 中国软科学，2006，（11）：151-155.

[10] Humphrey J，Schmitz H. Governace and upgrading：linking industrial cluster and global value chains research. Institute of Development Studies Working Paper120，2000.

[11] 李晓华. 模块化、模块再整合与产业格局的重构——以"山寨"手机的崛起为例. 中国工业经济，2010，（7）：136-145.

[12] 北京水清木华科技有限公司. 2004 年中国手机行业产业链研究报告. 2004.

[13] Utterback J M，Abernathy W J. A dynamic model of process and product innovation. Omega，1975，3（6）：639-656.

[14] 摩根 J，莱克 J. 丰田产品开发体系——整合企业人员、流程与技术的 13 项管理原则. 北京：中国财政经济出版社，2008.

[15] 王凤彬，李东红，张婷婷，等. 产品开发组织超模块化及其对创新的影响——以丰田汽车为案例的研究. 中国工业经济，2011，（2）：131-141.

[16] 郭燕青，时洪梅. 比亚迪新能源汽车开发中的创新方式研究. 管理案例研究与评论，2010，3（6）：469-478.

[17] 卢锐，吴云，王军. 基于破坏性创新的比亚迪创新战略研究. 中国科技论坛，2012，（2）：42-47.

第 10 章 结论与展望

10.1 研究结论

本章从模块化结构演化的视角研究产业不连续创新的驱动机理问题，以模块化理论、不连续创新、产业基础技术等理论为基础，以典型产业案例研究为切入点，分析产业不连续创新的基本特征和共性规律，讨论模块化与产业不连续创新环境的匹配性，进而解析模块化对产业不连续创新的作用机理，探明基于模块化平台的产业不连续创新实现过程，识别模块化创新过程中的关键影响因素，并提出有针对性的对策、建议，为产业不连续创新提供有效的理论指导和管理工具，为国家及区域产业技术创新平台的建设提供理论依据和智力支持。从总体上看，本书取得了以下几方面的研究成果。

第一，围绕制造业不连续创新机制所涉及的关键内容，本书对相关理论进行了系统梳理和评述，如产业创新生态系统理论、模块化理论、产业基础技术理论和不连续创新理论等，并将模块化与不连续创新进行融合，构建了本书的理论基础。首先，界定了产业不连续创新和模块化的概念；其次，依据"模块—架构"理论提出了基于模块化的产业创新分类模型；最后，构建了产业不连续创新的环境与模块化的适配关系矩阵，为产业不连续创新的实现路径提供了分析框架。

第二，结合国际上制造业强国在制造业振兴和创新战略与政策方面的先进经验，对国内外制造业创新政策进行了国际比较研究，分析了美国、德国、日本等各制造业强国的发展经验和政策措施，揭示了制造业创新生态网络的组织模式、运行机制和政策法规等一般规律，为总体研究提供坚实的实证支持。

第三，基于典型产业数据挖掘产业技术模块化与技术不连续性的演化规律，探索了模块化与产业创新的协同演化机制，建立了产业模块化与产业创新的产业复合系统协同度模型，并以 2000~2011 年我国信息通信制造业数据进行实证，表明模块化与产业创新二者之间存在互动机制。研究发现，产业的协同演化过程是产业模块化和产业创新两个子系统共同作用的结果，两者之间协同作用可以使产业形成持续良好的发展态势。实证分析结果表明，我国信息产业的模块化子系统和产业创新子系统的有序度大体呈上升趋势，但二者的协调发展程度不高，且呈波动演变态势。应利用我国经济转型的有利时机，促进产业模块化分工的调整和优化，提高产业创新尤其是突破性创新能力，使产业模块化与产业创新和谐发展，产生协同效益。

第四，分别构建了产业模块化与不连续创新的专利指标对其进行定量测度，并采用全球汽车制造业 1972~2011 年的专利数据，通过协整检验、误差修正模型和脉冲响应函数等方法，探讨产业模块化对不连续创新的影响及其因果方向。针对专利时间序列数据的实证分析表明，汽车产业模块化与不连续创新两者之间存在长期稳定的均衡关系，汽车产业模块化对不连续创新存在显著的正向影响，且产业模块化对不连续创新的长期影响更为显著。把握产业生命周期中组织层面的产业模块化和技术层面的不连续创新之间的互动机制，有助于不断推进制造业的产业升级和转型，提升制造业的技术和组织能力。

第五，从结构洞指标和中心度指标两个方面构建了基于专利引用网络的产业基础技术识别方法，并检验产业知识网络模块化与产业基础技术发明效用之间的关系，并以 1976~2000 年半导体制造业专利数据为例进行了实证分析。研究发现，社会网络分析中的中心性指标和结构洞指标可以作为产业基础技术的识别指标，知识流动影响产业基础技术的形成，知识网络模块化对基础技术发明效用存在显著正向影响。

第六，为探讨产业知识基础形成机理及其关键影响因素，采用专利计量方法对跨产业创新中的知识流动效率进行评价，通过投入产出分析方法考察产业技术知识关联与知识流动效率的关系，并以电动汽车产业为例进行实证分析。研究发现，电动汽车领域具有显著的跨产业创新特点，电动汽车领域技术知识网络与专利权人合作网络具有明显聚类现象，电动汽车领域各产业知识流动效率水平具有较大差异，庞大的产业知识基础和较高的规模效率正是汽车产业综合技术效率较高的重要原因，产业技术知识关联对知识流动效率具有显著影响。

第七，运用探索性多案例研究方法，对产业不连续创新中模块化过程的关键影响因素进行分析和讨论。以苹果公司、佳能公司、华为公司三个不同国家的产业不连续创新样本进行探索性跨案例研究，识别产业不连续创新中模块化过程的关键影响因素：核心模块技术自主性是产业不连续创新模块化过程实施的首要条件，适度的设计规则开放性能够推进产业不连续创新中的模块化进程，互补性资产是产业不连续创新中模块化过程推进的重要保障，发现技术自主性、规则开放性和互补性资产三个因素都对产业不连续创新的模块化过程起到积极的推进作用，而且这些因素彼此密切关联、相互依赖。

第八，为了更好地阐释制造业不连续创新的模块化结构驱动机理，选择 MTK 智能手机、大众 MQB 平台、丰田普锐斯项目、比亚迪电动汽车等典型不连续创新案例进行分析，从而提炼基于模块化平台的产业不连续创新路径实践经验，探明产业不连续创新存在技术平台模块化、产品平台模块化、组织平台模块化与产业平台模块化四种实现路径，发现这四种路径的共性适用条件是存在市场需求差异性、产品系统复杂性和环境不确定性。

10.2　政策建议

根据上述研究结果，对中国的产业和企业创新有如下政策建议。

第一，建设制造业创新生态网络。整合制造业创新主体，创建技术知识交流共享平台。以高校、科研机构为主体，以领军人才及研发团队为依托，围绕重点产业发展开展关键共性技术和前瞻性技术研发和服务，建立产业共性技术创新平台；以领军型企业为主体，通过市场机制与高校、科研机构共同组建，面向企业重大关键技术需求建立产业专业技术创新平台；重点依托新型工业化综合服务信息平台，开展信息、金融、知识产权、财务、法律、培训等新型技术创新专业服务，引导支持建立行业涵盖广泛、服务类别齐全的产业技术创新综合服务平台，提供科技政策信息、先进技术引进、在线知识服务、前沿信息采集等产业技术创新服务。在制约产业发展的关键技术的研发过程中，政府应承担起搭建平台，疏通渠道，整合不同企业和研究机构的专业的人才队伍及跨学科资源等责任，为技术交流和产品研发创造条件。建立跨产业创新联盟，提高核心技术领域企业的技术知识关联。推进产学研协同创新，通过联合攻关突破关键共性技术，进而依托该项技术形成产业平台，推进关键核心技术在多领域应用，实施基于模块化平台的、跨产业的不连续创新。

第二，重视制造业产业基础技术的培育和发展。鼓励企业以产业基础技术为创新基础，在基础技术领域形成重点突破。在产业竞争日趋激烈的今天，对于绝大多数积极模仿、消极研发的中国企业来说，技术自主性这一点至关重要。例如，中国的汽车产业采取"市场换技术"的合资方案，多年来几大汽车厂商始终无法推出完全意义上的自主产权车型，其根本原因在于缺乏技术自主性尤其是核心模块，如发动机、离合器等核心关键部件的技术自主性，这样的结果是既丢市场又无技术。反观奇瑞、吉利、比亚迪等企业却纷纷通过自主研发、并购等方式获得了汽车核心模块技术，在市场上占有一席之地。因此，缺乏核心模块技术的产业只能处于全球生产网络的外围，无法占据主导地位。所以，政府政策上要对企业自主创新尤其是涉及影响产业基础的核心模块技术创新项目给予大力扶持，并在补贴、税收等方面进行政策激励。

第三，推动形成模块化设计规则和产业标准实施。推动建立各个层面的技术标准体系，规范形成模块化设计规则，部分产业可依靠市场内需构建自主产业标准。在全球生产体系中，拥有标准的企业就拥有竞争主导地位。尽管发达国家基于先发优势已经制定了诸多的产业标准，但是中国由于有庞大的市场需求，还是能够在某些关键产业形成自主产业标准，跨越追赶陷阱。例如，移动通信产业的TD-CDMA 就是不同于美国和欧洲的自主产业标准。当然，制定模块化设计规则、建立自主产业标准需要政府推动和引导。

第四，加快制造业领域人才培养。制造业技术知识流动需要专业技术人才对不同产业技术领域、不同模块的技术知识进行整合，对于各个不同模块及各模块间的联系都要有深入的理解。制造业创新网络中的知识个体既是知识的拥有者也是知识的接收者，各知识个体自身所具备的专业技术知识和知识水平直接影响知识流动效率。制造业的复杂技术系统决定了其技术创新的实现需要长期的技术知识积累和专业人才储备。技术决定制造业的未来，而技术知识的转移和吸收最终要由人来完成，因而国际制造业的竞争最终将归结于人才的竞争，具有掌握核心技术的专业人才是取得创新突破的最有力保障。我国虽然是制造业大国但研发人员比例低下，与发达国家在制造业人才方面差距较大，特别是制造业领域的专业人才缺乏有完善体系的专业教育，高水平技术研发人才的缺失制约着我国制造业的颠覆性创新。若想实现我国制造业的强国战略，需改革现有专业人才教育培训体制，着力培养制造业领域的骨干人才和团队。

10.3　未来展望

尽管本书对制造业不连续创新机制的相关理论和实践问题进行了相对深入的研究，但由于该问题属于一个较新的领域，较为复杂，加之时间和篇幅限制，本书无法对研究过程中遇到的所有问题都进行深入的剖析。然而，初步研究的结果是非常鼓舞人心的。例如，从产业知识网络模块化结构变化的测度识别某些技术领域成为产业基础技术的潜力以及评价产业生命周期阶段，甚至可以进行产业不连续创新的预测。从总体上看，未来还需要对以下问题展开后续研究：①产业创新生态系统中的技术创新协调和产权保护机制问题；②产业不连续创新中的模块化知识集成与扩散机制；③产业不连续创新的模块化与标准化形成机制问题；等等。

　　总之，产业技术管理与创新机制是一个不断发展的研究领域，目前所存在的问题为今后的研究指明了方向，随着国内外学者对该领域研究的不断深入，该领域将会进一步得到丰富和发展。